철학, 땅으로 내려오다

철학, 땅으로 내려오다

초판 1쇄 발행 _ 2007년 11월 20일
초판 2쇄 발행 _ 2008년 1월 25일

지은이 _ 김민철

펴낸이 _ 유재건
주 간 _ 김현경
책임편집 _ 임유진
편 집 _ 박순기, 주승일, 박재은, 홍원기, 강혜진, 진승우
마케팅 _ 이경훈, 정승연
영업관리 _ 노수준
유통지원 _ 고균석

펴낸곳 _ 도서출판 그린비 · 등록번호 제10-425호
주 소 _ 서울시 마포구 동교동 201-18 달리빌딩 2층
전 화 _ 702-2717 · 702-4791
팩 스 _ 703-0272

책값은 뒤표지에 있습니다.
ISBN 978-89-7682-805-7 43100

그린비 출판사 나를 바꾸는 책, 세상을 바꾸는 책
홈페이지 www.greenbee.co.kr
전자우편 editor@greenbee.co.kr

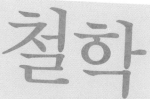

철학

철학을 내 것으로 만드는 '생각 교과서'!

땅으로
내려오다

김민철 지음

그린비

책머리에

나는 애초에 이 책을 일주일 만에 쓸 작정이었다. 그리고 책의 제목 도 『일주일 만에 쓴 철학책』이라고 붙여야겠다고 생각했다. 내가 엄 청난 능력을 가지고 있어서가 아니다. 정말로 쉽게 접근할 수 있는 철학책이라는 느낌을 주기 위해서였다. 물론 그 시도는 실패했다. 책을 쓰기 시작한 지 7개월이 지나고 나서야 이 글을 쓰고 있으니 말이다.

나는 고등학생, 대학생, 그리고 현직 교사에 이르기까지 다양한 부류의 '학생'들에게 철학을 가르쳐 왔다. 그 가운데에서 가장 편한 수업은 대학에서 철학을 강의하는 시간이었다. 철학 수업을 신청한 학생은 이미 어느 정도 철학에 관심이 있을 뿐 아니라 으레 철학이 란 심오하고 난해한 것이라고 생각하기 마련이다. 그런 준비된 학생 들에게 재미있는 수업을 하기란 어렵지 않다. 강의 시간에 학생들은 배꼽을 잡고 웃곤 했다.

그러나 논술 시험을 위해, 논술 선생이 되기 위해, 혹은 교사 연 수의 일환으로 철학 수업을 듣는 '학생'들은 경우가 전혀 달랐다. 그들은 철학에 관심도 없을 뿐만 아니라 철학에 대해 본능적인 공포감을 가지고 있었던 것이다. 그들에게 짧은 시간에 철학이 무엇이고, 어떤 내용을 공부하는 학문인지를 가르쳐 주기 위해서는 머리를 싸매야만 했다.

그런 학생들에게 철학을 '사랑하는' 선생님은 최악이다. 길거리에서 막무가내로 전도를 하는 종교인처럼, 그도 청중은 전혀 고려하지 않고 철학에 대한 자신의 신념과 애정을 침 튀어가며 떠벌일 것이 분명하기 때문이다. 물론 자신이 사용하는 용어에 대한 친절한 설명이나 예시는 전혀 등한시한 채 말이다.

철학에 대해서 그런 과도한 애정을 가지지는 않았다 하더라도 대다수의 철학 선생들이 그러하듯이, 그런 청중들에게 특정 철학자의 사상을 가르쳐 주려고 했다가는 낭패를 보기 십상이다. "자, 먼저 거론할 사람은 ~라는 철학자입니다"라고 청중들에게 소개하는 순간, 그들 중 반은 넋을 놓아 버리게 된다. 그들은 이미 졸 준비를 하고 있는 것이다.

어쨌든 머리를 싸매고 고민한 결과 기대했던 성과를 거두는 경우가 많아졌다. 내가 기대하는 성과란 철학에 대한 두려움을 없애고, 철학에 대해 조금 더 배워보고 싶다는 동기를 부여하는 것이었다. 그런 소박한 목표에 만족할 수밖에 없었던 것은 물리적인 한계 때문이다. 대학에서 철학 강의를 맡으면 일주일에 3시간씩 16주, 총 48시간 정도가 주어진다. 그러나 고등학생이나 논술강사 지망자 혹은 현직 교사를 대상으로 하는 수업은 길어야 서너 시간이 주어지기 마련이었던 것이다.

하지만 일차적인 목표를 달성하고 나면 항상 곤혹스러운 질문이 그 뒤를 따르곤 한다. 철학에 대해 좀더 알고 싶은데 무슨 책을 읽으면 좋으냐는 것이다. 그 질문이 왜 곤혹스럽냐고 묻는 분들은 다시 한번 그 청중의 성격과 심리에 대해 생각해 보기 바란다. 단순히 철학사나 철학 이론에 대한 책을 소개하는 것은 어렵게 살려 놓은 불씨에 찬물을 끼얹는 격밖에 되지 않는다. 그들은 책장을 몇 쪽 넘긴 후 철학에 대한 흥미를 잃고 다시 두려움과 거리감을 느낄 테니 말이다.

물론 철학 입문자들을 위한 책은 너무나 많다. 어떤 책은 쉬움을 표방하기도 하고, 또 어떤 책은 내용의 충실함을 표방하기도 한다. 그러나 둘 다를 겸한 책을 찾기는 어렵다. 쉬운 책에서 발견할 수 있는 단순한 논리 게임 정도로는 철학에 입문할 수 없다. 반대로 충실함을 표방한 책들은 독자를 배려하지 않고, 설명하고 있는 내용에 대해 또 설명이 필요하게 만든다.

입문자들에게 그런 책들을 소개해 줄 수는 없었다. 그래서 그냥 일반적으로 유명한 책들을 소개하면서 그 문제점을 말해 주거나, 혹은 솔직히 여러분에게 맞는 책이 없다고 고백하기도 했다. 그런 과정 속에서 언젠가는 내가 그들이 필요로 하는 책을 써야겠다고 맘을 먹었다. 쉽고 재미있으면서도 내용을 갖춘 철학 입문서를 말이다. 그리고 이 책은 그 첫 걸음마이다.

대학원에서 석사과정을 마치기까지는 나도 철학이 그런 것인 줄 알았다. 심오하고 난해하기 때문에 '꾹 참고' 외워가며 공부해야 하는 것 말이다. 그러나 가방끈이 좀더 길어지면서 의문을 참지 못하고 따져묻기 시작했다. 그러다 놀라운 사실을 발견했다. 내게 질문을 받은 철학자들이 내 질문에 대해 설명을 하기보다는 다른 어려운 말을 계속 늘어놓고 있는 것이었다. 그리고 그것이 설명이라고 우기는 것이었다.

철학자와 일반인의 대화였다면, 일반인은 더이상 따져 묻지 못하고 학자의 권위에 눌려 자신의 무식을 자책했을 것이다. 그러나 나는 그래도 철학과에서 박사과정까지 밟은 사람이다. 서당개 3년이면 풍월을 읊듯이, 서당개보다 대여섯 배 이상 많은 시간을 철학과에 몸담았으니 내 자질이 아무리 보잘 것 없어도 내가 이해할 수 없다면 대다수의 일반인들은 더 이해하기 힘들 것이라는 생각을 하게 되었다.

철학자의 임무는 '철학함'이다. 철학적인 사유들을 발전시켜 인간의 문화를 더욱 풍요롭게 하고, 인류의 역사가 보다 합리적이고 정의로운 방향으로 발전할 수 있도록 그 초석을 놓아 주는 것이다. 그러나 그 '철학함'이 자신들만의 것이라면, 다시 말해서 자신들만이 이해하는(실제로는 이해한다고 '생각'하는) 언어를 "씨부린다면", 그들은 또 다른 특권층 행세를 하는 것일 뿐이다. 그리고 이는, 철학뿐만 아니라 모든 학문에 공통된 문제이기도 하다.

몇 년 전 나는 논술 업체의 관리자로 일한 적이 있다. 이른바 SKY 대학의 박사과정 재학생이나 박사 학위를 받은 사람들을 섭외해서 특목고 학생들에게 논술 특강을 하는 회사였다. 그런데 내가 당면한 가장 큰 문제는 그들의 강의가 학생들에게 안 먹힌다는 사실이었다. 학생들은 강의에 불만을 토로하고 강의 자체를 거부하기 일쑤였다. 도대체 알아먹을 수가 없다는 것이었다.

문제가 된 선생들과 해결을 위해 대화를 나누던 나는 더 황당할 수밖에 없었다. 학생들에게 비토(veto)당한 선생들의 반응이 더 가관이었다. 선생들은 자신의 강의를 거부한 그들을 무식하고 건방진 것들로 치부해 버렸는데, 명문대학생들도 자신의 강의를 불만 없이 듣고 있다는 것이 그 이유였다.

그러나 대학생들이 그의 강의를 불만 없이 듣고 있는 이유는 내가 앞에서 설명한 것과 같다. 그들은 이미 철학에 관심이 있고, 또 강의가 어려울 것임을 미리 짐작하고 있었던 것이다. 다시 말해 그들은 '준비된 청중'이었던 것이다. 문제는 준비 안 된 청중을 만났을 때 드러나기 마련이다. 그 청중들은 자비를 베풀지 않고 너무나도 솔직한 반응을 보이기 때문이다.

개그맨이 자신의 개그에 웃음을 터뜨리지 않는 청중들에게 개그를 이해 못하는 무식한 사람들이라고 비난한다면 어떻겠는가? 개그맨은 자신의 배꼽이 아니라, 청중의 배꼽을 뽑아 놓을 만한 개그를 해야 한다. 그래야 훌륭하고 성공적인 개그맨이다.

선생 역시도 자신에게 잘 이해되는 방식이 아니라 학생들에게 잘 이해되는 방식으로 가르쳐야 한다. 그래야 역시 훌륭한 선생인 것이다. 청중들이 웃지 않는 것은 청중 탓이 아니라 개그맨의 탓이듯이, 학생들이 이해하지 못하는 것은 학생들의 탓이 아니라 선생의 탓인 것이다.

자신은 철학자이지 선생이 아니라고 항변할 수도 있다. 물론 그가 천재적인 초일류 철학자라면 그런 항변이 정당할 수도 있다. 그의 임무는 천재적인 생각을 해내는 것이고, 그것을 잘 이해하고 전달하는 것은 다른 학자 및 해석자들의 몫일 수도 있는 것이다. 그러나 적어도 우리나라 대다수의 학자들에게 그런 경우는 적용되지 않는다. 오히려 리처드 도킨스나 제레드 다이아몬드 같은 세계 초일류 학자들이 자신의 이론을 얼마나 쉽게 설명하는지를 보고 반성해야 할 뿐이다.

철학자들의 일차적 임무가 '철학함'이라는 것은 앞에서 말한 바와 같지만, 그에 선행되어야 하는 과정이자 자질은 자신의 철학을 잘 설명하는 능력을 배양하는 것이다. 아무리 훌륭한 이론을 창안해 낸다 하더라도 사람들이 이해할 수 있는 방식으로 설명해 주지 못한다면 그것은 아무런 쓸모없는 공상과 다를 바가 없기 때문이다. 이해하기도 쉽고 내용적으로도 충실한 철학책이 없다는 현실은 철학자들이 그런 전제조건을 충실히 이해하지 못하고 있음을 반증하는 것이다.

미국이나 유럽과 같은 학문 선진국에서는 최소한의 자질과 관심을 가진 사람이라면 누구나 쉽게 읽을 수 있는 책을 발견하기가 어렵지 않다. 학자들은 그런 작업을 통해 사회에 기여할 뿐만 아니라 자신이 그 학문을 진정으로 이해하고 있는지 반성해 볼 수 있게 된다. "당신들이 이해할 수 있게 설명할 수는 없지만, 나는 그 사상을 잘 이해하고 있소"라는 말이 얼마나 허무맹랑한지는 자명하기 때문이다.

이제 나는 많은 학자들이 방기한 그 의무를 이행하는 시도를 해 보고자 한다. 고등학생, 대학 초년생부터 일반인과 전공자에 이르기까지 정규적인 중등 교육을 받고 최소한의 관심이 있는 사람이라면 누구나 읽을 수 있는 철학책을 써 보고자 한 것이다.

철학은 정말로 어려워 보이는 학문이다. 하지만 실제로 철학은 어려운 학문이 아니며, 또 그래서도 안 된다. 잘 이해가 되지 않는 문제에 대해서 의심을 품고 따져묻는다면, 그는 이미 철학에 발을 들여 놓고 있는 것이다. 잠잘 시간이라고 말하는 부모에게 "왜 꼭 그 시간에 잠을 자야 하나요?"라고 묻는 아이는 세계의 근원을 묻는 사람 못지않게 철학적인지도 모른다. 그렇다! 철학은 '따져묻기'인 것이다.

나는 이 책에서 철학이 따져묻기임을 설명할 뿐만 아니라, 철학 자체에 대해서도 따져묻기를 시도함으로써 독자 여러분의 궁금증을 가능한 한 쉽고 광범위하게 풀어 주려 하였다. 여러분이 힘들어 할 만한 지경에 처할 때쯤이면 생활 주변에서 쉽게 발견할 수 있는 사례를 들어 이해를 돕고자 했다.

사실 현대에는 '따져묻기'가 대세이다. 정치판에서든 학문의 장에서든 분야를 막론하고 이제 힘으로 싸울 수는 없으니, 논리적인 말로 대결하는 것은 불가피한 것이다. 철학적인 훈련이 갖추어진 사람은 어디를 가나 논리와 말로 승부하는 곳에서는 두각을 나타내기 마련이다.

독자 여러분은 이 책을 부담 없이 읽어 주기 바란다. 중요한 내용들은 적절히 반복될 것이다. 그리고 책을 읽어 갈수록 여러분의 철학적 사유 능력은 발달할 것이므로, 그에 맞추어 난이도를 조절하고자 하는 노력도 또한 기울였다. 처음부터 끝까지 막힘 없이 읽을 수 있을 것이며, 자신도 모르는 사이에 철학적인 사고 능력과 지식을 갖추게 될 것이다.

물론 책을 관통하는 주제가 없어서도 곤란하다. 이 책은 철학을 '하늘에서 땅으로' 끌어 내리기 위한 시도이다. 과거에 철학은 이해하기 어려운 하늘나라의 형이상학적인 이야기였을 뿐만 아니라 극소수 엘리트의 지배를 뒷받침하는 권력의 이데올로기였다. 나는 그 철학 이론들의 문제점을 지적하고, 철학의 역사가 만민의 자유와 평등, 그리고 그에 기반한 민주주의를 지지하는 쪽으로 진행되어 왔음을 보여 주고자 한다.

동양철학 전공자인 내가 서양철학 개론서 격인 이런 책을 쓴 것에 대해 의아심을 품을 사람들도 많을 것이다. 그러나 철학에는 궁극적으로 동서양이 있을 수 없다. 게다가 동양철학자가 쓴 철학책이라면 더 부담 없이 읽고, 비판을 가할 수 있지 않겠는가? 많은 분들의 비판이 가해져 보다 재미있고 충실한 책들이 지속적으로 나올 수 있기를 바란다.

이 책뿐 아니라 나의 모든 성과물은 사랑하는 우리 집사람의 것이기도 하다. 그녀는 언제나 나를 믿고 존중하며 따라주었다. 사랑과 신뢰만큼 힘을 주는 것은 없다. 그녀에게, 그리고 사랑하는 우리 딸에게 이 책을 바친다.

2007년 10월
경기도 광주의 멋진 우리집 서재에서

:: 차 례

1부

철학은 어렵다는 오해를 버려!

멀고 어렵게만 느껴지던 철학, 용기 내어 따져물을 수 있다면 나도 이제 철학자!

우리는 너무나 많은 것들을 당연시하며 살아간다. 그러나 일단 의문을 품기 시작하면 세상에는 이해할 수 없는 일들이 너무 많다. 왜 전교생이 머리를 바짝 자르고 똑같은 옷을 입어야만 학생다워지는 걸까? 왜 군대는 남성만 가야 하는 걸까? 왜 남자는 치마를 입거나 화장을 하면 안 되는 걸까?

아무도 전혀 의문시하지 않는 문제에 대해 궁금해 한 사람들이 있다. 어떤 사람은 사과가 나무에서 떨어지는 이유를 알고 싶어 했고, 어떤 사람은 자신이 알을 품어도 과연 부화가 되는지를 알고 싶어 했으며, 어떤 사람은 애초에 세상이 어디에서 시작되었을까를 궁금해 했다.

누구도 따져묻지 않는 문제에 대해 의심을 품고 따져물었던 사람들로 인해 세계와 인류의 역사가 바뀌었다. 철학은 바로 거기에서 출발한다. 의심이 풀릴 때까지 묻고 또 묻다 보면 자신이 어느덧 철학을 하고 있음을 느끼게 될 것이다. 그리고 철학이 세상을 바꿀 수 있는 힘을 가지고 있다는 사실도 깨달을 수 있게 될 것이다.

1 _ 철학은 '따져묻기' 이다

철학 전공자나 철학에 애정을 가진 사람이 아니라면, 철학자들이 미리에서 돗자리 깔고 점을 쳐 주는 사람이라고 생각하거나 혹은 철학이란 심오하고 난해한 이야기라는 생각에 거부감을 가지거나, 둘 중의 하나이기 마련이다. 따라서 철학에 대한 이런 오해를 풀어 주기 위해서는 '철학' 이라는 말의 정확한 의미부터 설명하고 넘어가지 않으면 안 된다.

철학에 대한 경외감과 공포감을 가진 사람들은 아직 잘 납득이 가지 않겠지만, 쉽게 말해서 철학은 '따져묻기' 이다. 나는 중고등학생들과 종종 이런 내용의 대화를 하곤 한다.

나 : 너희들은 교복 입고 머리를 짧게 자르고 다니는 것이 좋으니, 아니면 두발과 복장을 자유롭게 하고 싶니?

학생 : 당연히 자유롭게 하고 싶죠.

나 : 그러면 왜 교복 입고 짧은 머리를 하고 다니지?

학생 : (뻔한 것을 왜 묻냐는 표정으로) 교칙에 그렇게 규정되어 있으니까요.

나 : 그러면 선생님께 왜 교칙에서 그렇게 규정하고 있는지 물어본 적은 있니?

대화가 여기에 이르면 대다수의 학생들은 물어본 적이 없노라고 대답한다. 따져묻지 않는 이유는 크게 두 가지이다. 첫째, 그런 식으로 물었다가는 혼이 나거나, 심한 경우 맞을지도 모르기 때문이다. 둘째는 그렇게 뻔해 보이는 것을 묻는 것은 스스로의 지적 열등성을 드러내는 것에 불과할지도 모른다는 두려움 때문이다.

다행히 물어보았다는 학생이 있으면 대화는 지속된다.

학생 : 선생님께서는 그것이 학생다운 것이기 때문이라고 하셨어요.

나 : 너도 그에 동의하니?

학생 : 글쎄요…… 잘 모르겠는걸요.

나 : 그럼 다시 물었겠구나. 교복을 입고 머리를 짧게 자르는 것이 왜 학생다운 것인지.

학생 : 아니요.

나 : 왜 묻지 않았지?

학생 : 물론 혼날까봐 그랬겠지요. 하지만 저도 대충은 알 것 같아요. 학생의 본분은 공부를 하는 것이잖아요. 사복을 입고 머리를 자유롭게 기르면 공부에 방해가 되고…….

나 : 그렇다면 대학생들도 교복 입히고 두발 규제해야겠구나.

학생: ……

무비판적으로 받아들이던 사회의 규범과 규제에 대해 '왜?'라고 따져묻기 시작할 때 우리는 철학에 발을 들여놓게 되는 것이다.

만약 학생이 자신에게 이해가 될 때까지 계속 따져물었다면 이야기는 다음과 같은 철학적인 내용에까지 이르게 되었을 것이다. "교육의 목적은 무엇인가?", "그러한 교육의 목적을 달성하기 위해서는 자율성을 보장해야 하는가, 아니면 규제가 필요한가?" 등등. 이러한 질문들이야말로 '교육 철학'과 관련된 핵심적인 질문이다. 그리고 더 캐 들어가면 "인간의 본성은 선한가, 악한가", "이상적인 인간상은 무엇인가?"와 같은 철학 일반의 문제까지 거론하지 않을 수 없게 된다. 그런데 상대방의 권위와 자신의 무지에 대한 중압감과 두려움이 철학적인 토론을 할 기회를 잃게 만든 것이다.

인간은 누구나 자신에게 주어지는 상황에 의문을 가지고 논리적으로 사고하고자 한다. 하지만 대다수의 사람들은 특정 상황이 반복적으로 주어지면 더이상 의심을 품지 않고 그것을 당연시한다.

시집살이 한 며느리가 다시 시집살이를 시키는 법이다. 조폭들이 자신의 집단에 처음 들어온 사람들에게 지속적으로 무차별적인 매타작을 놓는 것도 동일한 이유이다. 계속해서 반복적으로 맞다 보면 때리고 맞는 것에 대해 의심을 품지 않게 된다. 매를 당연시하는 것이다.

누구나 예상 외의 상황을 당하면 의심을 품는다. 이유 없이 맞게 되면 "왜 때려요?"라고 묻는 것이 정상이다. 하지만 그렇게 묻는다고 해서 그것이 곧 철학은 아니다. 그 정도 물음은 누구나 던지기 때문이다. 그러나 지각을 하거나 숙제를 안 해서 선생님에게 매를 맞은 학생이 "왜 때려요?"라고 묻는다면 상황은 다르다. 사실 그렇게 묻는 학생도 거의 없을뿐더러, 묻는 것이 현실적으로 쉽지도 않지만 말이다.

묻지 않는 이유는 너무 간단하고도 당연해 보인다. 지각을 하거나 숙제를 안 했을 경우, 대개는 학생 스스로도 자신의 잘못을 인정한다. 학교에서는 잘못에 대해 처벌이 있는 것이 당연하다고 생각한다. 매, 즉 체벌은 처벌 가운데 하나이다. 그러므로 매를 맞는 것에 대해 의심을 품을 이유가 없다고 생각하는 것이다.

그러나 철학을 하기 위해서는 평소에 아무 의심 없이 받아들이던 것에 대해 의심을 가지고 따져물어야 한다. 이 상황에서 우리는 최소한 두 가지 질문을 던질 수 있다. 첫째는 지각을 하거나 숙제를 안 하는 것이 과연 잘못인가 하는 점이다. 이런 질문을 던진다면 다소 이상하고 비정상적인 학생으로 보일 수 있을 것이다. 남들은 당연하게 받아들이는 것에 대해 의문을 던지기 때문이다. 철학자는 이 상하고 비정상적인 사람으로 보일 수도 있는 것이다.

철학자에 대한 많은 오해가 여기에서 발생한다. 철학자가 진짜로 이상하고 비정상적인 사람은 아니다. 남들과 전혀 다르게 행동하면서도 그에 대해 설명하지 못하는 사람은 단순한 '괴짜'나 정신병자에 불과할 뿐, 철학자는 아니다. 한여름에 롱코트를 입고 다닌다거나, 학교 도서관 앞 나무에 대고 자신의 신념을 하루 종일 이야기하는 사람(우리 학교에는 실제로 그런 사람이 있다)을 철학자라고 부를 수는 없는 것이다.

지각을 한 학생은 집안 사정이 어려워 우유배달을 하느라 불가피하게 지각을 했노라 말할 수 있고, 숙제를 안 한 학생은 수술 후 병원에 입원 중인 부모님 간호 때문에 숙제를 못했다고 말할 수 있다. 이렇게 불가피한 경우에도 교칙을 반드시 지켜야 하는가를 따져 묻게 되면 "모든 규칙을 무조건적으로 준수해야 하는가?"라는 보다 일반적인 문제와 만나게 된다. 만일, 거기까지 생각하게 된다면 철학을 하고 있는 것이다.

모든 규칙을 무조건적으로 준수해야 하는가 하는 문제는 단순히 그 자체만으로 해결될 수 있는 것이 아니다. 그와 관련해서 또 다시 생각해 볼 수밖에 없는 문제는 "규칙은 무엇 때문에 존재하는가?"이다. 규칙의 존재 목적이 인간 개개인의 행복이라면, 앞의 예에서 지각을 하거나 숙제를 안 한 것이 잘못이라고 말하기는 힘들어진다. 만약 그들이 반드시 규칙을 지키고자 했다면, 커다란 불행을 감수해야 했기 때문이다.

두번째로 던질 수 있는 질문은 좀더 현실적인 것이다. 앞의 학생과 같은 불가피한 사정이 있는 것은 아니어서, 지각이나 숙제를 안한 것이 잘못임을 인정한다 하더라도, 그에 대해 매를 때리는 처벌이 과연 정당한가를 물을 수 있다. 어떤 잘못에 대해 어떤 종류의 처벌이 적당한지를 묻는 것이다(이러한 유형의 문제 중에 사회적으로 이슈가 되고 있는 대표적인 것으로는 사형제 존폐 논쟁이 있다).

대개의 경우 그 학생이 "왜 때려요?"라고 물으면, 선생님은 "네가 지각을 했잖니?", "너는 숙제를 안 했잖니?"라고 대답할 것이다. 선생님의 대답은 "네가 잘못한 걸 모르겠니?"라는 것과 같다. 그에 대해 학생은 "제가 잘못한 건 인정합니다. 그러나 그에 대해서는 선생님께 꾸중을 듣는 것이나 반성문을 쓰는 것 정도로도 충분한 처벌이 된다고 생각합니다"라고 대답할 수 있다.

만약 그에 대해 선생님이 "너 같은 녀석 때문에 문제야. 너 같은 녀석을 그냥 두면 다른 학생들이 어떻게 생각하겠어? 너는 맞아도 싸"라고 대답한다면, 문제는 진정 철학적인 국면으로 접어든다. "처벌은 행위자의 잘못에 대한 응보인가, 아니면 미래의 효용을 위한 일벌백계인가?" 선생님은 후자를 택한 것이다. 그러나 만약 학생이 "제 잘못에 대해 벌을 받는 것까지는 인정한다 하더라도, 제가 왜 다른 학생들의 본보기감으로 희생되어야 합니까?"라고 묻는다면, 학생은 전자를 옹호하고 있는 것이며, 두 사람 사이의 견해 차이는 일상적인 대화로는 풀리지 않을 것이다. 철학이 필요한 것이다.

2 _ 따져묻기의 원조들 :
이름을 잘 몰라도 되는 몇몇 철학자들

'철학'에 해당하는 영어 단어 'philosophy'는 philos와 sophia의 합성어이다. 영어에서 접두사 'phil-'이 붙는 말은 모두 '사랑'을 의미한다. 150년 전통을 자랑하는 악단인 '뉴욕 필하모니 (philharmony) 오케스트라'는 조화로운 화음을 사랑한다는 뜻이다. 그리고 여자 아이 이름에 흔한 '소피'는 '지혜'라는 뜻이다. '철학'이란 단어의 어원은 '지혜에 대한 사랑'인 것이다.

지혜를 가지기 위해서는 지식이 필요하다. 그러나 지식과 지혜는 다르다. 지혜는 단순히 어떤 사실을 아는 것만으로는 부족하다. 지혜의 대명사격인 솔로몬왕의 현명한 판결에 반드시 광범위하고 심오한 지식이 필요한 것이 아니다. 역으로 TV의 퀴즈 프로그램에서 여러 차례 우승한 사람이 반드시 솔로몬과 같은 현명한 판단을 내릴 수 있는 것도 아니다.

지혜란, 지식을 완전히 자신의 것으로 체득하여 그와 관련된 상황이 주어질 때 최선의 판단을 도출해 내는 정신적 능력이다. 그러기 위해서는 단순한 암기를 하는 것으로는 부족하다. 모든 지식을 그 원리에서부터 이해하려는 노력이 필요하며, 거기에는 '따져문기'가 필수적인 것이다. 이제부터는 그 원조격인 사람들에 대해 알아볼 시간이다.

이야기를 시작하기 전에 한 가지를 짚고 넘어가야겠다. 독자 여러분은 아마도 위의 제목 자체가 의아할 것이다. 이름을 알 필요가 없으면 아예 빼버리든지, 아니면 그런 말을 쓰지 말든지 해야 하지 않느냐고 말이다. 그러나 내가 이런 제목을 쓴 이유는 따로 있다. 철학에 대해 설명하면서, "~라는 사상가가 말하기를"이라고 시작하면 청중의 반은 이미 초주검이 된다. 잘 알지도 못하는 사람의 사상을 이해해야 한다는 중압감 때문에 말이다.

도가의 창시자인 장자는 옳고 그름, 즉 시비(是非)란 자신에게 친숙한가 그렇지 않은가에서 발생한 개념이라고 설명한다. 그에 따르면 '시'(是)라는 것은 본래 '옳을 시'가 아니라 '이것 시'이다. 그리고 그 반대말은 '아닐 비'(非)가 아니라 '저것 피'(彼)이다. 영어로 말하면 '시'(是)란 단순히 'this'라는 의미를 가진 말이었는데, 그 의미가 확장되어서 'right'라는 의미까지도 가지게 되었다는 것이다.

우리는 친숙하고 익숙한 것은 '옳은 것'이라고 여기며 부담 없이 받아들인다. 우리나라 사람들은 내장탕에 대해서는 아무 거부감이 없지만, 곤충을 익혀 먹는 사람들에 대해서는 야만인 취급하는 경향이 있다. 그리고 그 음식을 먹으라고 한다면 심한 거부감을 느낄 것이다. 하지만 서양인들이 개고기에 대해 거부감을 느끼는 것과 마찬가지로, 그 이유는 단지 그것에 익숙하지 않기 때문일 따름이다. 우리는 낯선 것에 대해 거부감과 부담을 느끼고, 그것을 비정상적인 것으로 여긴다.

철학을 전공한 사람이 아니라면 이제부터 설명하려는 철학자들에 대해서 낯설고 두려운 느낌을 가지기 쉬울 것이다. 익숙하지 않기 때문이다. 사람들의 강박관념 중 하나는 새로운 내용을 알게 됐을 때, 그것이 누구의 사상인지를 기억해야 한다고 생각하는 것이다. 그러나 그보다 중요한 것은 바로 사상사의 '맥락'이다. 그것이 어떤 환경에서 어떤 문제에 대한 대답으로 제기되었는가를 이해해야 한다는 것이다.

최초의 철학적 질문 : "세계의 근원은 무엇일까?"

최초의 철학자라고 일컬어지는 사람의 이름은 탈레스이다. 그는 아무런 글도 남기지 않았으며, 그에 관한 자료도 많지 않다. 전해지는 바에 따르면, 그가 따져물은 것은 "세상의 근본 물질은 무엇인가?" 하는 점이었다. 그리고 그는 세상의 근본 물질이 '물'이라고 대답했다. 그는 왜 물을 세상의 근본 물질이라고 여겼을까? 물은 기체로도, 고체로도 변할 수 있다는 가변성 때문일까? 세상의 어떤 생명체도 물이 없으면 존재할 수 없기 때문일까? 아니면 그 외의 어떤 다른 이유 때문일까?

그가 최초의 철학자로 일컬어지는 이유는 그의 '대답' 때문이 아니다. 중요한 점은 그가 세계의 존재에 대해 '따져물었다'는 사실이다. 그는 눈에 보이는 세계 그대로를 믿은 것이 아니라, 그 이면의 세계에 대해 궁금해 하고 질문을 던진 것이다.

다음으로 거론할 철학자는 철학 전공자들 가운데에도 이름을 알지 못하는 사람이 많을 정도로 유명하지 않은 인물이다. 그러니 이 책의 독자 여러분들께서 그 이름을 모르는 것은 더욱 당연하다. 하지만 그의 따져묻기는 매우 철저했으며, 그 내용도 흥미로웠을 뿐만 아니라, 후대에 미친 영향도 지대하다. 따라서 이름 따위에 부담을 갖지 말고, 내용을 재미있게 읽고 생각해 보기 바란다. 이 철학자에 대한 이야기는 다음과 같다.

어떤 말이 참인지 아닌지를 알아보는 가장 좋은 방법은 직접 눈으로 확인하는 것이다. 예를 들어, 어떤 사람이 "남대문이 무너졌다"라고 말했는데 그 말을 믿을 수 없다면, 가서 확인해 보면 된다. 일상적인 사고방식으로 생각한다면 이는 너무나도 소박하고 간단하기 그지없는 생각이며, 엄밀히 따져보지 않는다면 그에 대해서는 의심할 나위가 없다.

그러나 문제는 그리 간단치 않다. 먼저 눈으로 보고 귀로 듣는 것과 같은 감각적인 방식을 통해서 얻은 정보에는 한계가 있다. 우리의 눈으로는 자외선이나 적외선뿐만 아니라 멀리 떨어진 물체도 볼 수 없다. 개가 맡을 수 있는 냄새를 인간은 맡지 못한다. 우리의 감각에 포착되지 않는다고 해서 반드시 무언가를 믿지 말아야 하는 것은 아니다.

또한 우리의 감각에는 착각의 소지가 다분하다. 물컵에 담긴 젓가락이 굽어 보인다고 해서 그것이 굽었다고 믿는 사람은 없다. 경

위 그림은 라파엘로의 대표작 「아테네학당」이다. 그림 왼쪽 아래에서 책을 펴들고 뭔가를 말하고 있는 이가 파르메니데스다. 따져묻기의 철학자인 그는 말했다. "세상의 모든 것은 열결되어 있고, 변화와 운동이란 존재하지 않는다."

기도 의왕시에 가면 '도깨비 도로'라는 곳이 있다. 오르막길인데 깡통을 놓으면 굴러 내려가지 않고 오히려 위로 굴러 올라간다. 귀신의 장난이 아니다. 그것은 단순한 착시 현상인 것이다. 오르막길로 보이지만 사실 그 길은 내리막길이다. 주변 도로의 배치 여건상 오르막길로 보일 뿐이다.

동일한 사물이라도 보는 사람에 따라 달라지며, 동일한 사람이 본다고 할지라도 때와 장소에 따라서, 그리고 심지어는 보는 사람의 기분에 따라서 그 대상이 다르게 보이기도 한다. 이번에는 앞에서 말한 것과는 반대로, 눈에 보인다고 해서 무조건 믿어서는 안 되는 것이다.

이런 이유로 파르메니데스는 '눈에 보이는 것'과 '실제로 존재하는 것'을 구분한다. 그는 "있는 것은 있고, 없는 것은 없다"라는 명제로부터 출발한다. 그가 이런 명제로부터 출발하는 이유는 그것이야말로 의심의 여지없이 합리적으로 참인 명제이기 때문이다. "철수는 철수이다"처럼 동어반복의 형식을 띠고 있는 명제는 때와 장소, 그리고 그것을 대하는 사람에 상관없이 언제나 참이기 마련이다(이런 명제를 항진명제라고 부른다). 그리고 그가 제시한 명제도 동일한 형식을 띠고 있다.

하지만 이 단순한 명제로부터 놀랍게도 "세상의 모든 것은 연결되어 있고, 변화와 운동이란 존재하지 않는다"라는, 전혀 믿을 수 없는 결론이 도출된다. 나는 내 강의를 듣는 여성들에게 "당신과 나, 우리 두 사람 사이가 아무것도 없는 상태로 딱 붙어 있다면 어떻겠어요?"라고 묻곤 한다. 강의실만 아니라면 성희롱으로 체포될 발언이지만, 파르메니데스가 증명하고자 하는 것이 정확히 그와 같은 내용이다.

내가 도화지에 파란색과 빨간색을 여백 없이 칠했다고 해보자. 미리 선을 긋거나 하지는 않았다. 그저 붓이 가는 대로 칠을 하되, 두 색이 겹치지 않도록 주의해서 도화지를 가득 채운 것뿐이다. 파란색과 빨간색 사이에는 무엇이 있는가? 아무것도 없다. 분명 선을 그어서 구분한 것이 아니므로, 두 색 사이에 선이 존재한다고는 할 수 없다. 그리고 선조차 존재하지 않는다면 두 색 사이에는 아무것도 없는 것이다. 둘 사이에 아무것도 존재하지 않는다면 둘을 어떻게 구분할 수 있는가? 눈에 구분되어 보인다고? 그것은 앞에서 말한 착시 현상 아닌가?

이제 앞에서 말한 성희롱 비슷한 사례로 돌아가 보자. 나와 그녀 사이에 무엇이 존재하는가? 공기가 존재한다고는 말할 수 있을지언정, "없는 것이 존재한다"라고는 말할 수 없다. 우리의 출발점은 "없는 것은 없다"이기 때문이다. 논리적으로도 없는 것은 존재할 수 없다. 공기가 존재한다고 대답했다면, 다시 따져물어보자. 나와 공기 사이에는 무엇이 존재하며, 그녀와 공기 사이에는 무엇이 존재하는가? 옷? 그렇다면 나 혹은 그녀와 옷 사이에는?

나와 옷 사이에는 아무것도 없다. 그녀와 옷 사이에는 아무것도 없다. 나와 내 옷, 그리고 그녀와 그녀의 옷은 앞에서 말한 파란색과 빨간색처럼 구분할 수 없다. 그리고 옷과 공기도 구분할 수 없다. 역시 사이에 아무것도 없기 때문이다. 그렇다면 결국 그녀와 내가 떨어져 보이는 것은 착시 현상일 뿐, 그녀와 나는 구분할 수 없이 딱 붙어 있다는 결론이 나온다.

이런 식으로 생각해 보면 세상 모든 것은 다 붙어 있다. 그리고 모든 것이 빈 공간 없이 붙어 있으므로, 운동이란 불가능하다. 운동이 불가능하므로, 변화도 불가능하다. 이러한 결론은 감각적 지각을 통해서가 아니라, 이성적 추론을 통해 얻은 것이다. 따라서 우리는 착각 투성이인 '눈에 보이는 세계'를 믿을 것이 아니라, 이성적 추론으로 얻은 '실제 존재하는 세계'를 믿어야 한다.

기가 막힌 결론 아닌가? 하지만 그는 눈에 보이는 상식의 세계를 거부하고, 엄밀하고도 집요하게 따져물은 끝에 그런 결론을 얻었을 것이다. 그의 주장에서 논리적 허점을 발견하지 못한다면, 그의 말을 인정할 도리밖에 없다. 여러분은 어떤 허점을 발견할 수 있는가? 한번 노력해 보시라.

정말 믿기 힘든 결론이지만, 더욱 놀라운 것은 우리가 그 결론의 내용을 상당 부분 공유하고 있다는 사실이다. 첫째로 우리 대부분은 본능적이고 감각적인 것보다는 이성적이고 합리적인 판단을 따라야 한다고 생각한다. 둘째, 이 세상 너머 어딘가에 영원불변한 진리의 세계가 있다고 믿는다. 이 두 가지 믿음의 원조가 바로 파르메니데스인 것이다.

2부

따져묻기의 지존, 소크라테스

소크라테스는 "악법도 법이다"라고 하지 않았다!?

왜 법을 지켜야 하느냐고 물으면 사람들은 자신도 철학자인 양 "소크라테스가 악법도 법이라고 말했지 않느냐"고 당당하게 반문하곤 한다. 하지만 악법도 법이라면 모든 법을 무조건 지켜야 한다는 결론이 나온다. 그렇다면 차별법에 맞서 싸운 흑인과 여성, 장애인들은 옳지 못한 행동을 한 것인가?

철학자의 따져묻기는 혁명의 원동력이다. 그리고 소크라테스는 인류 올스타 철학자 팀의 MVP이다. 과연 그가 "불만이 있더라도 닥치고, 무조건 법의 명령에 따라야 해!"라고 말했을까? 만약 그랬다면 그 이유는 뭘까? 소크라테스 아니라 소크라테스 할아버지라도 무조건적으로 믿고 따라서는 철학자가 될 수 없다.

소크라테스는 악법도 법이라고 말하지 않았다. 그러면 그는 왜 부당한 사형 판결에 반항해 탈출하지 않고 독배를 택했을까? 질문을 던지고 궁금증을 풀어 나아가다 보면 양심적 병역 거부로 대표되는 시민 불복종 운동이라는 거창한 현대 사회의 이론까지 이해할 수 있다.

철학, 정말 멋지지 않은가!?

1 _ 그것은 소크라테스의 말이 아니다

철학에 커다란 관심이 없더라도 대다수의 사람들은 '철학자' 하면 소크라테스를 떠올린다. 그러나 왜 그가 철학자이며, 그가 철학한 내용이 무엇인지를 아는 사람은 거의 없다. 단지 그가 말했다고 전해지는 "너 자신을 알라!"와 "악법도 법이다"라는 말로 그를 기억할 뿐이다. 심지어는 철학을 전공한 사람들 중에서도 그가 왜 철학자인지, 그리고 그가 무슨 철학을 했는지를 정확히 설명할 수 있는 사람은 많지 않다.

위에서 말한 두 가지 금언을 되뇌며 식자인 척 했던 사람들에게는 유감이지만, 그 금언들은 소크라테스가 한 말이 아니다. "너 자신을 알라!"는 말은 소크라테스가 살던 아테네의 델피라는 신전에 새겨져 있던 말이다. 그리고 "악법도 법이다"라는 말은 소크라테스가 죽음을 앞두고 친구이자 제자인 크리톤이라는 사람과 나눈 대화의 내용이 와전된 것이다.

사실 소크라테스가 어떤 삶을 살았는지, 그리고 그의 사상이 무엇이었는지 정확히 아는 것은 불가능하다. 그는 평생 한 권의 저서도 남기지 않았기 때문이다. 그에 관해 알려진 사실은 대부분 그의 제자인 플라톤의 저작에 기반한다. 뒤에서 설명하겠지만, 플라톤은 스승인 소크라테스의 죽음에 충격을 받고, 민주주의를 혐오하게 된다. 그리고 언제나 스승을 자기 저작의 주인공으로 등장시켜, 그의 입을 빌려 자신의 사상을 전한 것이다.

그렇기 때문에 사상적인 측면에서 보면, 어디까지가 소크라테스의 사상이고, 어디서부터가 플라톤의 것인지 구분할 수가 없다. 그러나 단편적으로나마 남겨진 소크라테스의 삶의 궤적은 그가 왜 철학의 대명사인지를 짐작할 수 있게 해준다. 그는 대다수의 사람들이 아무 의심 없이, 너무나 쉽게 받아들이던 것들을 따져묻고, 자신이 합리적으로 얻은 대답을 실천에 옮긴 사람이기 때문이다.

2 _ 소크라테스, 따져묻다가 사형을 당하다

소크라테스의 친구 가운데 한 사람이 델피 신전에 가서 무녀에게 신의 뜻을 알아 달라고 부탁한다. 질문의 내용은 소크라테스보다 더 현명한 사람이 있는가 하는 것이었다. 대답은 "그렇지 않다"였고, 그 이야기를 전해 들은 소크라테스는 당황했다. 그는 스스로 지혜롭지 못한 사람이라고 생각했는데, 그런 신탁을 받았기 때문이다. 그는 신탁의 내용을 검증해 보기로 결심한다. 따져 보기로 한 것이다. 소크라테스 자신의 입을 빌리자면, 자신보다 더 현명한 사람을 찾아내면 그것이 반증이 될 것이기 때문이었다.

그는 먼저 가장 지혜롭다는 평판을 듣고 있는 사람을 찾아가기로 했다. 그 사람은 정치가였다. 자타가 지혜롭다고 공인하는 그 사람과의 대화 결과, 소크라테스는 자신이 그 사람보다 지혜로움을, 다시 말해서 신탁이 옳았음을 알게 된다. 소크라테스 자신의 말에 따르면, 그 사람은 아무것도 알지 못하면서 알고 있다고 생각하지만, 자신은 스스로가 무지하다는 사실을 알고 있기 때문이다.

그는 다음으로 지혜롭다는 사람들을 차례로 찾아갔다. 시인들을 찾아갔고, 그 다음으로는 장인(匠人)들을 찾아갔다. 그러나 그들 역시 천부적인 재능으로 자신의 직분을 수행하고 있었을 뿐, 그들이 하는 일에 대한 심도 있는 이해를 하지는 못하고 있다는 결론을 얻을 수 있었다. 그래서 소크라테스는 결론을 내린다. 신이 신탁을 통해 인간의 지혜란 보잘것없음을 보여 주고자 한 것이라고 말이다.

상대방의 눈으로 본 소크라테스

여기에서 한 가지 주의해야 할 것이 있다. 이러한 진술들은 모두 소크라테스를 가장 존경했던 제자인 플라톤의 작품 속에서, 소크라테스의 입을 통해 이루어지고 있다는 사실이다. 나는 상황을 재구성해 볼 필요가 있다고 생각한다. 그렇지 않다면 소크라테스의 상대편이었던 사람들에게 너무나 불공평할 테니 말이다. 소크라테스의 방문을 받은 정치가와 시인, 장인들의 눈을 통해서 보면 상황은 다음과 같았을 것이다.

소크라테스라는 사람이 있다. 몇몇 마니아들에게는 존경받는 인물이지만, 대다수의 권위자들에게는 따지기 좋아하는 골치 아픈 사람으로 알려져 있다. 어느 날 그 사람이 찾아와 다짜고짜 이것저것 캐묻기 시작한다. "정치란 무엇인가요?", "백성을 이롭게 해준다는 것은 무엇을 의미하지요?", "시의 본질은 무엇인가요?", "절대적 선의 존재와 당신이 하고 있는 일과의 관계를 아시나요?"와 같은 질문을 말이다.

환영하고 싶은 사람은 아니지만, 막 대하기에는 골치 아픈 사람이라 처음에는 묻는 말에 나름대로 성의껏 대답을 해주었다. 그러나 그는 전혀 만족하지 않았고, 질문이 꼬리에 꼬리를 물었다. 식사 시간이 지나 배도 고프고 서서히 짜증이 나기 시작했다. 뿐만 아니라 대답 속에서 꼬투리를 잡아 계속 질문을 한다면 그에 대답할 수 있는 사람은 없을 것이다.

결국 나는 감정을 참지 못하고 분통을 터뜨리고 말았다. 몇 시간이나 계속되는 질문 공세에 짜증이 나서, "몰라요, 몰라!"라고 대답해 버리고 만 것이다. 좀 찜찜하기는 했지만, 어쨌거나 그는 다소 실망한 듯도 하고 만족한 듯도 한 묘한 표정을 지으면서 돌아갔다. 속이 시원했다. 그런데 얼마 지나지 않아 이 나라의 다른 권위자들도 나와 같은 봉변을 당했다는 소식이 들려 왔다. 괘씸하기 그지없다는 생각이 들었다.

그런데 문제는 거기에서 그치지 않았다. 그 자의 행동거지를 보거나 전해 들은 젊은이들은 고소해 했다. 젊은이들이란 원래 그렇지 않은가? 현실을 생각하지 않고 그저 권위에 도전하는 것을 용기로 여긴다. 그들은 소크라테스가 우리를 곤혹스럽게 하는 것을 보고 통쾌해 했다. 그리고 소크라테스의 행동을 따라하기 시작했다. 전에는 범접도 못했을 권위자들과 윗사람들에게 꼬치꼬치 따지고 묻기 시작한 것이다. 그것은 유행이 되었고, 들불처럼 번져 나갔다. 이 모든 것이 그 자 때문이다. 그냥 방치해 둔다면 이 사회에 커다란 암적 존재가 될 것이다. 젊은이들이야 세상 물정 모르니까 그런다 쳐도, 나름 원로로 인정받는 자가 그렇게 행동할 수 있단 말인가?

별것도 아닌 일로 왜 사형을 받았는가?

소크라테스는 젊은이들을 타락시켰으며, 국가가 믿는 신이 아닌 새로운 신을 믿는다는 죄목으로 고발된다. 소크라테스의 증언만 가지고 보면 상대편이 정말로 터무니없는 일을 가지고 소크라테스를 고발했다고 생각하기 쉽지만, 상대편의 입장에서 생각해 본다면 소크라테스는 기존 사회의 권위에 도전하는 위험한 자이다.

물론 혼자의 힘으로 사회를 뒤엎을 수는 없다. 그러나 소크라테스의 예에서 볼 수 있는 것처럼, 따져묻는 것을 본 사람들이 그에 동조하여 기존의 사고와 전통에 대해 의심을 품게 된다면 실로 혁명적인 힘을 발휘할 수도 있다. 철학자는 언제나 비판정신으로 충만해 있다. 실제로 소크라테스는 자신이 등에(동물의 피를 빨아먹는 파리처럼 생긴 곤충)와 같은 존재라고 말한다. 거대하고 둔한 국가를 비판과 설득으로 각성시킨다는 것이다.

변론이 있은 후 유무죄를 결정하는 투표에서 소크라테스는 근소한 차이로 유죄가 결정된다. 당시 아테네의 재판 관습에 따르면, 유죄 선고가 내려진 후에는 원고와 피고가 형량을 제안하도록 되어 있었다. 소크라테스를 고발한 원고 측에서는 사형을 제안한다. 그런데 소크라테스는 놀랍게도 자신이 받아 마땅한 처벌은 (현대적으로 번안해서 말하면)최고급 호텔 뷔페 무료 시식권 10장이라고 말한다. 하지만 그것을 처벌로 제안할 수는 없는 노릇이다. 그는 다른 처벌을 제안하며, 그 처벌을 정한 이유를 설명한다.

그는 자신이 다른 사람에게 나쁜 일을 한 적이 없으므로, 자신에게 해가 될 징역형과 같은 처벌을 제안할 수는 없다고 말한다. 죽음이 좋은 것인지 나쁜 것인지는 알 수 없기 때문에, 그것을 피하기 위해서 나쁜 것임이 분명한 징역살이를 할 수는 없다는 것이다. 추방을 제안할 수도 있겠으나, 자신은 다른 나라에서도 침묵을 지키지 못할 것이며, 그 경우 아테네에서와 똑같은 처지에 처하게 될 것이므로, 추방은 무의미하다는 것이다.

자신의 능력에서 벗어나는 벌금형을 제안할 경우, 벌금을 물지 못하면 징역을 살 수밖에 없다. 징역을 살 수 없는 이유는 이미 설명했다. 따라서 자신이 감당할 수 있는 (현재의 우리 돈으로 환산해서) 7,000원 정도의 벌금형을 내려주길 요청한다. 그러나 친구들이 보증을 서고 도와주겠다고 말하자, 최종적으로 20만 원을 제안한다.

형량은 어떻게 결정되었을까? 소크라테스의 설명이 재판관들을 화나게 만들었음은 의문의 여지가 없다. 유죄가 결정된 마당에 자신에게 정당한 처벌이 최고급 호텔 뷔페 시식권이라고 말한 것만으로도 최소한의 동정심을 거두게 하기에는 충분하다. 빌어도 시원찮을 판에 말이다. 그는 유무죄 판결 때보다 훨씬 큰 표 차이로 사형을 언도받고 만다.

3 _ 죽음을 두려워하는 것은 어리석은 짓이다!

사형을 선고받은 소크라테스가 실제로 사형에 처해진 것은 그로부터 약 한 달 후이다. 당시 아테네에서는 아폴론 신에게 제물을 바치는 배가 출발했다가 돌아올 때까지 사형 집행을 금지하고 있었기 때문이다. 그동안 소크라테스의 친구와 제자들은 감옥으로 그를 찾아가 대화와 토론을 나누곤 하였다.

소크라테스를 방문한 사람들은 하나같이 그의 태연자약한 태도에 놀라곤 하였다. 사형을 선고받고 죽음을 앞둔 사람이 어쩌면 저렇게 평온한 모습을 할 수 있느냐는 것이었다. 이에 대해 소크라테스는 죽음을 두려워하는 것은 무지몽매한 탓이라고 주장한다. 죽음이란 실제로 두려워할 만한 것이 아니라는 것이다.

그는 죽음이 두려워할 만한 것이 아님을 단순히 주장하는 것이 아니라 나름의 논리를 갖추어 논증하고 있다. 소크라테스의 설명에 따르면, 죽음은 아무런 감각이 없는 허무 상태로 돌아가는 것이거나 아니면 영혼이 다른 세계로 이동하는 것이지만, 두 경우 모두 두려워할 이유가 없다는 것이다.

먼저, 죽음이 전혀 감각이 없는 상태로 꿈조차 꾸지 않는 잠과 같은 것이라면 죽음은 두려워할 것이 아니라 오히려 득이 되는 것이다. 일생을 사는 동안 꿈도 꾸지 않고 숙면을 취한 날보다 더 즐겁고 행복한 날은 많지 않다. 그것을 영원토록 지속할 수 있다면 그것을 피해야 할 이유는 전혀 없는 것이다.

둘째로, 죽음이 다른 세계로의 이동이라도 마찬가지이다. 그곳에는 먼저 간 모든 사람들이 살고 있을 것이다. 그곳에서 신과 위대한 인물들을 만나 대화를 나눌 수 있다면 그야말로 무한한 기쁨일 것이다. 게다가 그 세계의 사람들은 지상의 사람들보다 행복할 뿐만 아니라 영원히 산다고 한다. 그러므로 어느 경우에도 죽음을 두려워할 필요는 없다.

그리고 소크라테스는 한마디 의미심장한 말을 덧붙인다. 그 세계에서는 질문을 한다고 해서 사형에 처하는 일은 없을 것이라고 말이다. 사실 소크라테스의 논증이 완결된 것은 아니다. 조금만 생각해 보면 즉각적으로 몇 가지 문제점을 지적할 수 있다. 죽음이 그렇게 바람직한 것이라면 우리 모두는 자발적으로 죽음을 택해야 하는 것이 아닌가? 저 세계에 가면 훌륭한 사람들뿐만 아니라 악인들까지도 만날 것 아닌가? 저 세계에서 영원히 산다면, 이 세계에 태어나는 영혼들은 어디에서 오는가?

이런 문제들에 대해 소크라테스는 나름의 대답을 제시하기도 했고, 그렇지 않기도 했다. 하지만 중요한 점은 그의 논리가 완전무결한가의 여부가 아니다. 그는 사람들이 무반성적으로 두려워하는 죽음에 대해, 과연 그것이 두려워할 만한 것인지를 '따져물은' 것이다. 그리고 그에 대해 나름의 설명을 제시했다.

한 가지 흥미로운 사실은 동양의 사상가인 장자도 죽음에 대해 소크라테스와 비슷한 반성적 사유를 전개했다는 것이다. 장자가 먼저 거론하는 것은 왕에게 시집간 처녀의 이야기이다. 촌에 살던 그 처녀는 자신의 의사와 무관하게 시집가게 되었다는 사실에 울고불고 서러워했다. 그러나 막상 시집을 가보니, 그 생활은 자신이 상상도 못할 정도로 편안하고 화려한 것이었고, 그 처녀는 전에 슬퍼한 것을 후회했다는 것이다.

우리는 죽음이 무엇인지 알지 못한다. 미지의 세계에 대한 막연한 공포를 가지고 있을 뿐이다. 그러나 죽음이 미지의 것이라면 그것이 부정적일 가능성 못지않게 긍정적일 가능성 또한 존재한다. 소크라테스와 장자가 지적하는 점은 바로 이것이다. 죽음을 두려워하는 이유는 죽음의 일면만을 보았기 때문이라는 것이다.

두번째는 장자 자신의 부인이 죽었을 때의 일화이다(물론 그것이 사실인지 허구인지 확인할 길은 없다). 부인이 죽자, 장자는 대성통곡하며 슬퍼했다. 그러나 가만히 생각해 보니(이 책의 말로 하면 '따져보니') 그녀는 대자연에서 왔다가 대자연으로 돌아간 것뿐이다. 그것은 슬퍼할 일이 아니라 오히려 축하할 만한 것이다. 그래서 장자는 북을 두드리며 노래하고 기뻐했다고 한다.

장자와 소크라테스는 죽고 없다. 그리고 앞서 지적한 것처럼 그들의 사유와 논변에는 허점이 있을 수 있다. 그러나 그들의 설명에 대한 반론과 재반론이 이어진다면, 사유의 변증법적 발전을 통해 우리는 갈수록 보다 합리적인 견해를 가질 수 있게 될 것이다. 그것이 바로 철학의 힘이며, 이런 면에서 그들이야말로 진정한 철학자이다.

4 _ 악법도 법인가?

앞에서 말한 것처럼 소크라테스는 "악법도 법이다"라고 말하지 않았다. 그의 죽음에 대한 정황상의 해석에서 그런 오해가 생기게 되었을 뿐이다. 어떤 정황이었기에 그런 오해가 생겼으며, 소크라테스가 진정으로 의도한 바는 무엇이었을까?

마침내 배가 돌아오고, 소크라테스의 사형이 임박하게 된다. 그의 친구이자 제자인 크리톤은 감옥으로 소크라테스를 찾아간다. 그역시 너무나 평온하고 태연자약하게 잠에 빠져 있는 소크라테스의 모습에 감탄해 마지않은 뒤, 그에게 배가 도착할 것이니 탈출하라고 권한다. 자신과 친구들이 간수를 매수할 수 있다는 것이다.

크리톤은 그가 자신의 충고를 따라 탈출해야 하는 이유를 다음과 같이 설명한다. 그가 이대로 사형을 당하면 자신을 비롯한 친구들은 소크라테스를 탈출시킬 수 있었음에도 불구하고 그렇게 하지 않았다는 오명을 쓰게 될 것이며, 소크라테스는 자신을 파멸시키고자 하는 적에게 희롱당하는 셈이 된다는 것이다. 게다가 목숨을 구할 수 있음에도 불구하고 그 기회를 버리는 것은 정당하지 않다고 덧붙인다.

하지만 소크라테스는 탈옥을 거부하고 죽음을 선택한다. 국가의 법을 어길 수 없다는 것이다. 그렇다면 결국 소크라테스는 "악법도 법이다"라고 말한 셈이 아닌가? 자신이 부당하게 사형선고를 받았다고 주장하면서도, 그리고 탈출이 가능했음에도 불구하고 그 선고에 따라 죽음을 선택했으니 말이다.

그러나 사실은 그렇지 않다. "악법도 법이다"라는 말은 모든 법을 무조건적으로 준수해야 한다는 뜻이다. 악법을 지키라고 요구하면서 올바른 법은 지키지 않아도 된다고 말하는 것은 어불성설이기 때문이다. 소크라테스가 죽음을 택한 이유는 모든 법을 지켜야 한다고 생각해서가 아니다. 자신은 아테네의 법에 동의한 셈이고, 약속은 반드시 지켜야 하므로, 사형이 선고되었다고 해서 이제 와서 그법을 어길 수는 없다는 것이다.

그렇다면 소크라테스가 아테네의 법에 동의한 셈이라고 말하는 이유는 무엇인가? 그는 크리톤을 설득하는 과정에서 다음과 같은 논지의 주장을 펼친다.

자신은 재산과 가족을 동반하여 다른 나라로 이주할 자유가 있었음에도 불구하고 그렇게 하지 않고 아테네에 거주했다. 이는 아테네의 법을 지키겠다고 동의한 셈이다.

소크라테스의 주장은 타당한가? 물론 근대 이후의 국가에서는 가족과 재산을 동반해서 자신이 가고 싶은 나라로 갈 자유가 절대적으로 보장되어 있지 않기 때문에 그런 주장 자체가 성립될 수는 없다. 그러나 동서양을 막론하고 고대국가는 대체로 속지주의(屬地主義)를 원칙으로 하지 않았기 때문에 다른 나라로의 이주가 용이했다. 소크라테스가 살던 아테네와 같은 도시국가의 경우에는 더 말할 것도 없었다. 따라서 소크라테스의 논변은 일견 타당해 보인다.

그러나 또 다른 측면이 존재한다. 조금만 곰곰이 생각해 보면 그 주장 자체만으로는 논리적 타당성이 보장되지 않음을 알 수 있다. 이런 가상적인 상황을 한번 생각해 보자. A, B, C라는 세 개의 나라가 존재한다. 그 나라의 법과 제도에 대해 나는 각각 80%, 60%, 30%의 만족을 느낀다. 거주이전의 자유가 보장되어 있다면 나는 어디에 살아야 하는가? 당연히 A에 살아야 할 것이다.

하지만 그렇다고 해서 내가 A의 모든 법을 지키겠다고 약속한 것은 아니다. 나는 분명 A의 법체계에 대해 20%의 불만을 가지고 있다. 단지 100% 만족스러운 국가가 존재하지 않기 때문에 상대적인 만족도가 가장 높은 A에 거주하고 있을 따름이다. 따라서 A국가는 그곳에 거주한다는 사실만을 근거로 내가 그곳의 법을 모두 지키기로 동의한 셈이라고 간주해서는 안 된다. 따라서 소크라테스의 주장에는 보완이 필요하다.

소크라테스는 그리 만만한 사상가가 아니다. 그는 한 가지 조건을 더 덧붙인다. 자신이 살고 있는 나라의 법과 제도에 대해 비판할 자유가 있음에도 불구하고 그렇게 하지 않았으니, 아테네의 법에 동의한 셈이라는 것이다. 평소에 무단횡단자들이 처벌받는 것을 보면서 아무런 비판도 가하지 않던 사람이 자신이 무단횡단으로 처벌받게 되자 그 법은 악법이기 때문에 자신을 처벌하는 것은 정당치 않다고 말한다면, 그 항변은 설득력을 가질 수 없을 것이다. 이제, 소크라테스의 주장은 강력하다.

우리는 평소 법의 정당성에 대해 거의 반성하지 않는다. 그저 법은 지켜야 한다고 생각할 뿐이다. 그리고 어디선가 주위들은 "악법도 법이다"라는 말을 되뇌인다. 그 유명한 철학자 소크라테스가 그렇게 말했으니, 내가 그렇게 생각한다고 해서 문제될 것이 뭐 있겠냐는 듯이 말이다. 그러나 소크라테스는 그렇게 말하지 않았다. 자신이 동의한 법을 지켜야 한다고 말했을 뿐이다.

그가 말한 이른바 '암묵적' 동의의 두 가지 조건은 시사하는 바가 크다. 첫번째, 자신이 살고 있는 국가의 법과 제도가 마음에 들지 않으면 그 나라를 떠나야 한다. 그런데 현대국가에서 그렇게 할 자유는 크게 제약을 받고 있다. 그렇다면 국가는 국민이 그 나라에 거주한다는 이유만으로 준법을 강요해서는 안 된다. 역으로 말해 시민들의 입장에서도 부당한 법이 자신에게 강요되고 있지는 않은지 감시의 눈초리를 게을리 해서는 안 된다.

두번째 조건은 적극적 시민의 역할을 더욱 더 강조하고 있다. 소크라테스의 주장을 뒤집어 생각해 보면, 자신이 부당하다고 생각하는 법이 있을 경우, 설사 그 법의 영향력이 자신에게 미치지 않았더라도 언제나 그에 대해 적극적으로 비판하는 시민의식을 발휘해야 한다는 것이다. 자신의 일이 아니라고 방관하다가는 자신이 그 법의 피해자가 되더라도 아무 변명의 여지가 없다는 말이다.

그러면 이제 우리도 초보 철학자의 입장에서 한번 따져물어보자. 소크라테스의 논변은 완전무결한가? 그렇지 않다. 어떤 면에서 그렇지 않은가? 그것은 바로 현대국가 법체계의 복잡성 때문이다. 법의 '공지성'(公知性)의 중요함이 부각되는 대목이다. 이에 대해서는 나의 개인적 사례를 통해 설명해보겠다.

몇 년 전 내 아내가 소송에 휘말린 적이 있다. 상대는 LG화재 (현재는 LIG화재로 개명)라는 대기업이었다. 사건의 경과는 이랬다. 그때로부터 2년여 전에 아내가 교통사고를 낸 적이 있었다. 아내는 피해자에게 당시로서는 거액의 돈을 주고 민형사상의 모든 책임을 묻지 않겠다는 합의서를 받았다. 그러나 그 피해자는 무보험차에 사고를 당했노라고 보험회사로부터 다시 돈을 받았다. 사고를 빌미로 이중으로 이익을 챙긴 것이다

그리고 그로부터 2년이 훨씬 지나고 나서 보험회사로부터 소송이 들어왔다. 피해자에게 내 아내가 배상을 해야 하는데 자신들이 했으니 그 돈을 자신들에게 갚으라는 것이다. 이른바 구상권(求償權; 다른 사람을 위해 그의 빚을 갚은 사람이 다른 연대 채무자나 주된 채무자에게 상환을 요구할 수 있는 권리)을 청구한 것이다. 문제는 간단하다. 합의서를 찾아서 그 피해자가 이중으로 수혜를 보는 범법행위를 했다고 밝히면 된다. 그러나 2년이 훨씬 지난 일이고, 안심하고 있던 아내는 합의서를 어디에 두었는지 잃어버리고 말았다.

나는 아내 대신 법정에 나가 항변했다. 자신들이 피해 배상을 했을 당시에 구상권을 청구했다면, 우리는 당연히 합의서를 제출했을 것이고 문제는 쉽게 해결되었을 것이다. 그런데 자신들의 업무 태만으로 3년 가까이나 질질 끌다가 구상권을 청구하는 것은 문제가 있다는 주장이었다. 그러나 상대방의 주장은 간결했다. 법에 구상권의 청구는 3년 이내에 하면 된다고 되어 있다는 것이다.

나는 그 법을 알지 못했다. 사실 그런 전문적인 법의 내용을 알

고 있는 사람은 거의 없을 것이다. 그렇다면 나는 이 나라에 거주하면서, 구상권 청구에 대한 법에 아무런 불만이나 비판을 제기하지 않았기 때문에 그 법에 암묵적으로 동의한 셈인가? 그렇지 않다. 소크라테스의 주장은 복잡다단해진 현대국가에는 적용되기 힘들다. 철학적 사유에 의해 논리적인 해결책을 찾은 문제라도, 시대와 사회가 변하면 새로운 문제점을 노출시키게 되는 것이다.

5 _ 소크라테스와 양심적 병역거부

소크라테스 얘기를 하다가 왜 갑자기 양심적 병역거부가 나오는지 의아한 독자들이 있을 것이다. 하지만 너무 당혹스러워 하지는 말기 바란다. 양심적 병역거부는 앞에서 제기된 "악법도 법인가?"에 대한 소크라테스의 대답과, 사회의 변화로 인해 새롭게 제기되는 문제에 대한 해결 방안을 암시하기 위해 찾아낸 적절한 사례이다. 순서가 뒤바뀐 감이 없지 않지만, 부담 없이 읽고 나면 이 두 가지가 어떻게 연결되는지 감이 잡히리라 본다. 그리고 사례로부터 출발해서 일반적인 원리를 이해하는 방식이 언제나 효과적임을 감지한다면 그것도 또 하나의 소득일 것이다.

양심적 병역거부에 대한 오해들

양심적 병역거부는 집총거부라고도 부른다. 여호와의 증인이라는 기독교의 한 종파가 살인 도구로 이용된다는 명목으로 총을 잡을 것을 거부한 데에서 유래했다. 그러나 얼마 전부터는 불교 신자와 무신론자까지 동참하면서 특정 종교의 울타리를 벗어나게 되었다. 명칭만 놓고 본다면 후자가 더 정확한 이름이다. 그들이 병역 자체를 거부하는 것은 아니기 때문이다. 총을 잡고 하는 살인훈련이 아니라 사회봉사 같은 일이라면 그들도 기꺼이 받아들일 수 있을 것이다.

꽤 오래 전 양심적 병역거부가 사회의 주목을 받기 시작했을 때, TV 토론에서 그 문제를 다룬 적이 있다. 나는 그때 토론자들이 다람쥐 쳇바퀴 돌듯이 식상한 문답만을 주고받는 것을 보고 실망을 금치 못하고 있었다. 참가자들은 대학 교수나 정치인 등 사회적 지위와 명망을 갖춘 사람들이어서, 대중들에게 끼칠 영향을 생각하면 철학의 부재가 얼마나 위험한 것인지 새삼 느끼고 있던 참이었다.

양측의 주된 주장 가운데, 가장 한심한 내용은 다음과 같은 것이었다. 양심적 병역거부를 인정해야 한다고 주장하는 측에서는 헌법에 보장된 '종교와 양심의 자유'를 이야기했다. 반대편에서는 "그들이 '양심적' 병역거부라면 군대에 가서 병역을 이행하는 사람들은 비양심적인가? 당신들 주장의 이름을 '종교적 병역거부'로 바꿔라"라고 주장했다. 얼핏 보아서는 그럴싸한 주장이지만, 그들의 주장에 대해 근거를 '따져묻기' 시작해 보면 그들이 얼마나 황당한 주장을 하고 있는지 알게 된다.

헌법에 보장된 종교와 양심의 자유를 통해 양심적 병역거부를 옹호하려 한다면 논리적 오류에 부딪힐 수밖에 없다. 그들의 주장에 따르면, 헌법은 병역법보다 상위법이므로 헌법 조항이 우선한다는 것이다. 물론 이에 대한 반론으로 헌법에 병역의 의무를 규정하고 있다고 말하는 것도 무의미하다. 그렇다면 다시 둘 중 어느 것이 우선인가 하는 문제에 접하게 되기 때문이다.

결론부터 말하자면 헌법에 보장된 종교와 양심의 자유는 오직 마음속에서만 유효하다. 생각이 외적 행위로 표출되면 실정법의 제한을 받아야 한다. 물론 그 실정법이 헌법 조항에 명백히 위배되지만 않는다면 말이다. 예를 들어, 내가 평소에 몹시 못마땅해 하던 X라는 사람을 마구 때려 죽였다고 해보자. 그 사람은 몹시 부도덕하고 부정의한 사람이었으므로 나는 그 사람을 때려 죽인 데 대해 일말의 가책도 느끼지 않으며, 또 그럴 필요도 없다고 생각한다. 그렇다면 나는 양심적으로 행동했기 때문에 아무 죄가 없는가? 내가 살인죄로 처벌받아야 함은 논의의 여지가 없다.

또 다른 예를 들어 보자. 과거 한 사이비 종교의 교주가 교인들을 시켜 사람을 죽인 일이 있었다. 자신들 종교의 교리를 어겼다는 것이 그 이유였다. 그러면 그 교주는 헌법에 보장된 종교의 자유에 의거하여 무죄라고 해야 하는가?

종교와 양심의 자유가 무슨 의미인지를 쉽게 이해하는 데 도움이 되는 사건이 있었다. 1993년 이인모라는 노인이 북으로 송환되었다. 그는 한국 전쟁 때 북한 측 종군기자로 참전하였으나, 인민군이 퇴각하자 빨치산 활동을 벌이다가 1953년 체포되어 수감생활을 해왔다. 그는 무려 40년간의 수감생활 끝에 73세의 나이가 되어서야 북으로 돌아가게 되었다.

여기에서 한 가지 궁금증이 생긴다. 한국 전쟁 중에 체포된 인민군이나 빨치산이 한둘이 아닐 텐데, 왜 유독 그만이 문제가 되는가? 나머지는 왜 송환되지 않는가? 대답은 간단하다. 나머지는 그렇게 오래 수감생활을 하지 않았다. 전향서를 쓰고 석방된 것이다.

그럼 이인모 노인은 왜 그렇게 오래 수감생활을 했는가? 그 역시 간단하다. 전향을 거부하고 북한에 돌아갈 것을 고집했기 때문이다.

또 다시 궁금증을 가질 수 있다. 전향서야 그냥 거짓말로 쓰면 되는 것인데, 왜 쓸데없는 고집을 부린 것일까? 그 사람의 양심이 허용치 않은 것이다. 전향서는 원래 일제가 독립운동가들의 의지를 꺾기 위해 만든 것인데, 독재정권이 그것을 양심수들에게까지 강요한 것이다. 자신의 사상이 잘못되었으며, 북한이 아니라 남한에 충성을 다하겠다는 내용의 전향서를 쓰는 것은 그에게는 40년의 수감생활보다 힘들었을 것이다.

헌법에 보장된 종교와 양심의 자유는 바로 이런 것을 막기 위한 것이다. 마음속으로는 어떤 생각을 하든, 어떤 종교를 믿든 그것은 자유라는 것이다. 김일성 만세를 외치든, 이웃을 토막살해하든, 극단적인 교리를 주장하는 종교를 믿든 말이다. 종교와 사상은 개인의 양심에 의해 자유롭게 가질 수 있다. 그것을 강요해서는 안 된다.

이인모 노인은 사상을 고칠 것을 강요받았다. 그러나 그는 양심적으로 그것을 거부하고 수감생활을 택했다. 그런 사람을 우리는 '사상범', '양심수'라고 부른다. 하지만 마음속의 생각을 행동에 옮기면 상황은 달라진다. 토막살인 계획서를 작성하고, 도구를 준비하기 시작했는데, 살인 대상자가 그것을 눈치채고 신고하면 그는 살인미수가 되는 것이다.

그렇다면 양심적 병역거부의 경우는 어떤가? 앞에서 말한 것처럼 마음속으로야 병역을 기피하든, 탈영을 하든, 밀항을 하든 자유이다. 그러나 실정법에 정해진 내용을 어기면 처벌받는 것은 너무나 당연하다. 그것이 정말로 헌법에 위배됨을 증명하는 방법이 있겠지만, 앞에서 말한 것처럼 종교와 양심의 자유 조항으로는 안 된다.

반대로 양심적 병역거부를 인정하지 말자는 측에서 '종교적 병역거부'라고 불러야 한다고 주장하는 데에도 문제가 있다. 그렇다면 일차적으로 무신론자는 집총거부를 할 수 없다는 말이 된다. 하지만 이미 무신론자도 집총거부에 동참한 사례가 있는데, 그들은 어떻게 할 것인가? 그들이 집총거부를 종교적 측면에 국한시켜야 한다고 주장하는 데에는 집총거부에 대한 그들의 정서적 반감이 크게 작용했으리라 생각한다. 그러나 저항권 행사로서의 시민 불복종 운동을 제대로 이해하지 못하고 있는 것도 커다란 원인 중의 하나다.

양심적 병역거부와 시민 불복종 운동

'양심적 병역거부'라는 이름에 왜 '양심'이라는 단어가 들어갔는지를 이해하기 위해서는 먼저, 집총거부 운동이 시민 불복종 운동의 일환임을 이해할 필요가 있다. 시민 불복종 운동이란 민주주의 사회에서 시민들이 악법에 저항함으로써 자신들의 권리를 지키고 악법을 개정하고자 하는 운동이다. 시민 불복종 운동에 대해서는 다음과 같은 몇 가지 단계를 거쳐 이해할 수 있다.

민주주의 사회에서 어떻게 악법이 있을 수 있는가?

가장 먼저 물을 수 있는 것은 진정한 민주 사회라면 악법이 존재할 수 없지 않은가 하는 점이다. 법 제정에 시민들 모두가 참여하여 자신의 의견을 개진하고 반영할 수 있기 때문이다. 그러나 완벽한 민주적 절차를 거쳐서 법이 만들어지는 사회가 존재한다 하더라도 악법이 존재할 가능성은 상존한다.

대표적으로 생각해 볼 수 있는 경우는 두 가지이다. 첫째, 직접민주주의 사회에서도 악법은 존재할 수 있다. 법이란 시대와 사회에 따라 달라지기 마련이다. 직접 민주주의하에서 성원들 전체가 만장일치로 합의한 법이라 하더라도, 시간이 흘러서 상황이 변한다면 악법이 될 수 있다. 어느 마을에서 쌀이 부족해서 쌀 수입을 자유화하는 법을 만들었다고 해보자. 그런데 수십 년 후 그 마을 주민들의 다수가 경작지를 개간해서 농사를 짓게 되어 쌀 생산이 소비를 초과하게 되었다면, 애초에 좋은 의도로 설계되었을 뿐 아니라 당시에는 훌륭한 법이었던 것이 악법이 될 수도 있는 것이다.

두번째는 우리가 직접민주주의가 아닌 '대의민주제'를 택하고 있다는 사실에서 기인한다. 대의민주제하에서 시민들은 구체적이고 개별적인 법안 자체에 대하여 자기의 의견을 개진하는 것이 아니라, 자신을 대표하는 인물들이 내세운 공약을 보고 대표자를 뽑음으로써 시민으로서의 권리를 행사하게 된다. 따라서 시민들은 결국 '법률 꾸러미'에 투표하는 셈이 되기 때문에, 비록 자신이 찬성한 법안 꾸러미라고 하더라도 그 속에 자신이 반대하는 법률이 들어 있을 수도 있는 것이다.

이는 소크라테스의 '암묵적 동의'에서 설명한 내용과 유사하다. 대통령 선거에 X, Y, Z라는 세 후보가 출마했다고 해보자. 각각이 내세운 공약에 대한 나의 선호도가 30%, 50%, 70%라면 나는 당

시민 불복종 운동의 일례인 양심적 병역거부에 대해 따져묻기를 하다 보면 그 속에 담긴 소크라테스의 정신을 엿볼 수 있다.

연히 Z를 찍을 것이다. 하지만 그렇다고 해서 내가 그의 모든 공약을 찬성하는 것은 아니다. 내가 뽑은 후보의 정책에도 내가 반대하는 내용이 있을 수 있는 것이다.

시민 불복종 운동의 목적은 무엇인가?

시민 불복종 운동의 목적은 악법을 개정하는 것이다. 그러나 민주주의 사회에 있어서 최종적인 결정은 결국 다수결에 의거할 수밖에 없다. 따라서 시민 불복종 운동을 벌이고자 하는 사람이 목표하는 바는 자신이 악법이라고 판단하는 것에 대해 다시 한번 다수의 관심을 촉구하는 것이다. 이때 시민 개개인이 악법을 판단하는 기준은 자신의 '양심'이다. '양심적 병역거부'라는 명칭도 바로 여기에서 유래한 것이다.

시민 개개인은 자신의 양심에 의거해 어떠한 법이 '악법'이라는 판단을 내릴 수가 있다. 그러나 그 개개인의 판단이 올바른 것임을 보장할 수 있는 방법은 공개적인 토론과 합의를 거쳐 다수의 동의를 이끌어 내는 방법밖에는 없다. 시민 불복종 운동이란, 다수의 구성원들로 하여금 특정한 법에 대해 다시 한번 심의해 볼 필요성이 있다는 것을 알리기 위해 의도적으로 법을 어기는 행위를 가리킨다.

양심적 병역거부자들은 "온 국민에게 획일적인 병역을 강요하고 있는 병역법이 악법"이라고 주장한다. 그들은 자신들을 살인 도구로 만드는 집총훈련을 거부한다. 소크라테스가 펼쳤던 주장에 의거해 보자면, 그들은 자신들이 병역법에 동의하지 않는다고 적극적으로 항변하고 있는 것이다. 하지만 살인과 관련된 훈련이 아니라 다른 대체복무가 주어진다면 그들은 기꺼이 그에 응할 것이다.

그들의 판단은 단지 그들의 양심에 따른 것일 뿐이다. 그러나 그들은 그 양심이 옳은지 여부를 다수의 동의를 구함으로써 확인하고자 한다. 자신의 신념을 수호하고 다수의 관심을 이끌어 내기 위해서는 적극적이고 공개적으로 법을 어김으로써 자신을 희생하여 처벌받는 행위가 필요한 것이다.

시민 불복종 운동과 위법의 차이점은 무엇인가?

시민 불복종 운동에 대한 올바른 이해를 위해서 시민 불복종 운동자와 위법자를 구분해 볼 필요가 있다. 시민 불복종 운동을 하는 사람의 목적은 악법 개정이고, 위법자의 목적은 자신의 개인적인 이익 증대이다. 그러나 사람의 의도나 목적은 검증 불가능하다. 위법자도 말로는 좋은 목적을 가지고 위법 행위를 하였노라고 주장할 것이다. 따라서 두 가지를 경험적으로 검증할 수 있는 방법이 필요하며, 실제로 그러한 수단이 존재한다.

시민 불복종 운동을 하는 사람은 어떤 법이 악법이라는 자신의 판단에 대해 다수의 동의를 이끌어 내고자 한다. 그들이 다수의 동의를 이끌어 내는 방법은 자기 희생이다. 자기 스스로가 그 악법의 희생자가 됨으로써 그것을 지켜보는 사람들로 하여금 그것이 악법이라는 생각을 가지도록 하는 것이다.

30대 이상인 독자들은 문익환 목사와 임수경을 기억할 것이다. 두 사람 모두 통일운동을 하는 과정에서 북한을 방문하였다. 문익환 목사는 김일성 주석과 만나 회담을 하였으며, 임수경은 북한에서 열린 학생축전에 참가했다. 두 사람은 국가보안법을 위반했다. 그렇다면 그들은 모두 간첩인가?

만약 두 사람이 북한에 몰래 다녀왔다면 간첩과 별반 다를 것이 없지만, 두 사람은 갈 때는 비밀리에 갔어도(그렇지 않았다면 북한에 갈 수조차 없었을 것이다), 돌아올 때에는 판문점을 통해 당당히 돌아왔으며, 판문점을 넘어서자마자 남측 보안당국에 의해 체포되었다. 그 장면은 TV를 통해 전국에 방영되었으며, 많은 사람들이 통일과 국가보안법에 대해 다시 한번 생각하는 계기가 되었다.

90년대를 거쳐 21세기에 들어서면서 남북관계에는 엄청난 진전이 있었다. 과거에는 「남북의 창」과 같은 프로그램을 통해서나 북한의 모습을 볼 수 있었고, 남한 초등학생들은 반공 포스터에서 북한 사람들을 뿔난 도깨비로 묘사할 정도였지만, 이제 남한 사람 누구나 원하기만 하면 금강산을 비롯한 북한 지역 관광에 나설 수 있다. 남한의 기업이 북한에서 활동하고, 남한 기자가 평양 거리를 취재하기도 한다.

이 모든 것의 시발점에는 문익환 목사와 임수경, 두 사람이 있었던 것이다. 그들은 스스로를 희생함으로써 국가보안법의 부당함과 통일의 당위성을 국민들에게 알리고자 했다. 비록 국가보안법이 여전히 존재하고 있지만, 남북관계에 대한 국민의 인식 전환을 가져온 것은 그들과 같은 사람들의 희생이 있었기에 가능했다.

양심적 병역거부의 사례를 통해서 보더라도 위법자와 시민 불복종 운동자의 구분은 확연하다. 위법자에 해당하는 병역 기피자는 몰래 병역을 피하면서 처벌도 피하고자 하지만, 시민 불복종 운동에 해당하는 양심적 병역거부자는 공개적으로 병역을 거부함으로써 자발적으로 병역법에 의해 처벌받는 희생자가 된다.

자기 희생에도 불구하고 다수의 동의가 없다면?

스스로가 처벌받는 자기 희생적인 방법을 택했음에도 불구하고 다수의 동의가 없다면 이는 그 법에 대한 자신의 판단이 (최소한 잠정적으로나마)잘못되었음을 반증하는 것이다. 따라서 불복종 운동을 벌이던 사람이 택할 수 있는 대안은 두 가지이다. 첫째, 자신의 판단이 잘못된 것이 아니라는 확신을 계속해서 가지고 있다면 다수가 공감할 때까지 지속적으로 자기 희생을 감수할 수 있다. 둘째, 자신의 판단이 그른 것임을 시인하고 불복종을 포기한다.

양심적 병역거부자들의 경우에는 첫번째 길을 택했다. 과거에는 그들에게 주로 2~3년 형이 선고되었으나, 최근에 들어서는 18개월 형이 선고되는 경우가 대부분이다. 18개월 형을 선고하는 이유는 18개월 이상의 실형을 살 경우 병역이 면제되기 때문이다. 만약 그 미만의 형을 선고한다면, 현행법하에서는 또 다시 병역거부를 선언하고 재판을 받아야 하는 악순환이 계속될 것이다. 18개월은 그들의 의도에 부합하는 최저형이다. 그들의 주장이 공감대를 얻어 가고 있는 것이다.

| 암묵적 동의 이론과 시민 불복종 운동 |

소크라테스는 "악법도 법이다"라고 말하지 않았다. 그는 단지 자신이 동의한 법은 준수해야 마땅하다고 말했을 뿐이다. 그리고 앞에서 말했듯이 그가 주장한 '암묵적 동의' 이론은 시사하는 바가 크다. 국가가 부당한 법을 통해 국민을 강제하지는 않는지 언제나 감시해야 하며, 양심에 비춰 볼 때 부당한 법이 존재한다고 생각한다면 적극적으로 비판하고 저항하는 시민의식을 발휘해야 한다는 것이다.

2천 년이 훨씬 지난, 누가 보더라도 구닥다리라고 여길 만한 소크라테스의 사상에서 우리는 양심적 병역거부와 같은 시민 불복종 운동의 근거와 정신을 발견할 수 있다. "악법도 법이다"가 아니라, "동의한 법은 지켜야 한다. 그렇지 않으면 비판하고 저항하라"는 소크라테스의 정신이 현대에 실현된 것이다. 철학은 그런 것이다. 모두가 의심 없이 당연시하는 생각이나 제도를 의심하고, 따져봄으로써 보다 합리적인 삶과 사회를 만들어 나가려는 노력인 것이다.

6 _ 알면 곧 행한다(知行一致)?

우리가 소크라테스의 사상을 처음 접하는 것은 대개 고등학교 윤리 교과서를 통해서이다. 소크라테스에 대해 교과서에서 배우는 내용은 '지행일치'(知行一致), '산파술', '대화법' 등이다. 이 장에서 중점적으로 설명하고자 하는 것은 앎과 행동이 일치하는가의 문제이지만, 그에 앞서 산파술과 대화법에 대해 잠시 언급하고 넘어가고자 한다.

산파술이란 선생이 자신의 지식을 일방적으로 전수하는 것이 아니라 출산을 거드는 산파처럼 옆에서 돕는 역할을 한다는 뜻이다. 산모가 복중에 태아를 가지고 있는 것처럼 지식은 이미 우리 안에 있다. 선생은 출산을 돕는 산파처럼 끊임없는 질문과 대화를 통해서 그 지식을 이끌어 내는 것이다(그러기 위해서는 우리 모두에게 이미 진리에 대한 앎이 있음이 전제되어야 한다. 이에 대해서는 뒤에서 다시 언급할 것이다).

소크라테스는 언제나 상대방과의 대화를 통해 학문을 했다. 그러니 그의 교육 방법을 '대화법'이라고 하는 것은 너무나 당연하고 하등 이상할 것이 없다. 중요한 것은 이러한 방법이 우리가 너무나 어려워하는 '변증법'이라는 개념과 상통한다는 사실이다. '변증법'이라는 이름이 그리스어의 '대화술' 혹은 '문답술'이라는 말에서 유래했기 때문이다.

변증법은, 철학에 관심이 있든 없든 누구나 한 번쯤은 들어 보았을 개념이다. 그리고 고등학교에서는 이를 '정-반-합'의 논리라고 가르친다. 시험을 위해서는 누구나 외웠을 테지만, 그 의미에 대해서는 오리무중인 경우가 대부분이다. 무엇을 의미하는지 따져물어보지 못하고 그냥 외운 셈이며, 대부분의 선생님들도 역시 외워서 가르친 셈이다.

변증법이 대화와 관련이 있음을 생각한다면 그 논리를 쉽게 이해할 수 있다. 아테네 사회에서 권위를 인정받는 상식적인 견해가 있었다. 그것이 바로 '정'(正)에 해당한다. 소크라테스는 그 일반적인 견해에 대해 따져묻기를 한다. 상대방을 비판하고 그들의 의견에 오류가 있음을 지적하는 반론을 내세운 것이다. 이것이 '반'(反)이다. 기존의 주장에 대한 비판과 그에 대해 응대하는 과정을 통해 대화의 쌍방은 나름의 합의에 도달하게 된다. 두 의견의 종합이 이루어지는 것이다. 그것이 바로 '합'(合)이다. 그러나 종합된 의견은 그것으로 완전무결한 것이 아니다. 국면은 새로 시작되며, 이전에 종합된 의견이었던 것이 이제는 기존의 주장인 '정'(正)이 된다. 그에 대한 새로운 비판과 반론이 제기되고, 또 다시 종합이 이루어진다.

이러한 과정이 계속 되풀이된다고 생각해 보자. 그러면 처음의 의견과 그런 과정을 여러 차례 거친 후의 의견에는 어떤 차이가 있겠는가? 여러 차례의 비판과 반론에 응하면서 형성된 것인 만큼, 이전의 것들보다 훨씬 정합적이고 논리적이며, 질적으로 세련된 이론이 형성되었을 것이라고 기대할 수 있다. 이것이 바로 변증법적인 발전의 과정이다.

변증법적 발전의 과정은 어디에나 적용될 수 있다. 우리나라 사회의 발전을 예로 들어 보자. 70~80년대 군부독재 시대에는 그에 대해 비판하고 반발하는 다양한 민주화 세력이 존재했다. 다만 둘 사이에 있었던 것은 대화가 아니라 투쟁이었다. 군부독재의 세력이 '정'이고, 민주화운동 세력이 '반'에 해당한다. 두 세력이 투쟁한 결과로 김영삼 대통령으로 대표되는 문민정부가 탄생했다.

그러나 그 문민정부가 완벽한 민주정부의 형태를 갖춘 것은 아니었다. 어쩌면 완전한 형태란 존재 불가능한 것인지도 모른다. 어쨌든 문민정부는 다시 '정'이 되었고, 그에 대한 반발과 비판으로 김대중 대통령의 '국민의 정부'가, 그리고 이어서 노무현 대통령의 '참여정부'가 등장했다. 하지만 변증법적 발전 과정은 여전히 진행형임을 누구나 짐작할 수 있다. 그리고 말도 많고 탈도 많지만, 한국 사회가 발전하고 있음 또한 사실이다. 대통령을 탄핵하고, 일기예보가 맞지 않는 것까지 대통령 탓으로 돌릴 수 있는 세상이 되었으니 말이다.

변증법적 발전이라는 개념에는 많은 것들이 함축되어 있다. 무엇보다 중요한 것은 세상이 끊임없이 변한다는 사실이다. 어떤 주장이나 이론이 나와도 거기에 대한 비판과 반론, 그리고 종합이 필연적이라면 변화를 피할 수는 없다. 그로부터 다시 꼬리를 물고 이어지는 전제는, 세상에 완벽한 것은 없다는 점이다. 우리는 완벽을 향해 끊임없이 노력하고 접근해 나갈 뿐인 것이다.

산파술과 변증법은 내용을 알면 이해하기 힘들지 않은 개념이다. 이해하기 쉬울 듯하면서도 곰곰이 생각해 보면 이해가 안 되는 것은 지행일치(知行一致), 즉 앎과 행동은 일치한다는 주장이다. 만약 그가 주장한 것이 "앎과 행동은 일치해야 한다"라면 하등 문제될 것이 없다. 그렇게 주장할 경우 앎과 행동이 일치하지 않을 수도 있음을 인정하기 때문이다.

그러나 그가 주장한 내용은 "앎과 행동은 일치한다"이다. 앞에서 설명한 내용을 다시 떠올려 보자. 사형을 선고받은 후 감옥에서 사형이 행해지기를 기다리면서도, 그는 태연자약한 태도로 평온한 삶을 유지했다. 의아해 하는 사람들에게 그는 사람들이 죽음을 두려워하는 이유가 '무지'의 탓이라고 말했다. 죽음에 대해 합리적이고 논리적으로 사고하여 죽음이 어떤 결과를 가져올지 알게 된다면 두려워하지 않게 된다는 것이다.

그러면 진정으로 앎과 행동은 일치하는가? 이는 우리의 상식과는 전혀 합치하지 않는 주장이다. 일상적으로 알면서도 행하지 않는 것들이 너무나 많기 때문이다. 무단횡단을 해서는 안 되는 줄 알면서 그렇게 하고, 담배를 피우는 것이 몸에 해로운 줄 알면서도 담배를 끊지 못하고, 체중 감량을 위해 밤에 먹어서는 안 되는 것을 알면서도 달콤한 치즈케이크의 유혹을 물리치지 못하며, 아침에 일찍 일어나야 지긋지긋한 교통지옥에 갇히지 않을 것을 알면서도 '10분만 더' 늦잠을 자고, 공부를 해야 시험에 붙을 것을 알면서도 공부를 하지 않는다.

하지만 이제부터 나는 앎과 행동이 일치할 수도 있음을 설명해 보도록 하겠다. 내가 그것을 믿어서가 아니다. 내가 의도하는 것은 우리 대다수가 너무나 당연시했던 앎과 행동의 괴리가 실제로 따져 보면 그리 분명치 않음을 보여 주고자 하는 것이다. 두 가지 주장 가운데 어느 쪽이 정합적인지를 결정하는 것은 이제 어느 정도 철학자가 되었을 독자 여러분의 몫이다.

이때 주목해 보아야 할 가장 중요한 사실은, 과연 우리가 오직 한 가지 앎에 의거해서 행동하는가이다. 어떻게 행동해야 할지를 고민할 때, 우리는 대개 서로 상충하는 두 가지 이상의 앎 사이에서 고민하고 있는 것이며, 결과적으로 그 순간에 보다 확실하게 알고 있다고 느끼는 쪽으로 행동하기로 결정한다. 앞의 여러 가지 사례들의 경우 어떤 앎들이 충돌하고 있는지 살펴보면 그 사실이 보다 확실히 드러날 것이다.

우리는 무단횡단을 해서는 안 된다는 것을 안다고 말하지만, 우리가 동시에 알고 있으면서도 표현하지 않는 앎이 한 가지 더 있다. 무단횡단을 하면 건널목까지 가서 신호를 준수해서 건너는 것보다 신속하고 편하게 길을 건널 수 있다는 사실이다. 담배나 치즈케이크, 늦잠의 경우에는 그것이 얼마나 달콤한지를 알고, 공부하는 것보다는 노는 것이 당장 재미있음을 안다.

서로 반대되는 두 가지 앎이 충돌할 경우, 둘 가운데 더 강한 앎에 의거해서 행동하게 된다는 것은 이미 말한 바와 같다. 시민의식을 지키고 벌금을 물지 않는 것이 중요하다는 것을 알지만, 지금 당장 급하게 이 길을 건너지 않으면 비행기를 놓친다는 사실을 절실하게 안다면, 무단횡단을 할 것이다. 그러나 그 길을 건너던 사람들 모두가 교통사고로 사망하거나 장애인이 되었다는 새로운 정보를 알게 된다면 비행기를 놓치더라도 무단횡단을 하지 않게 될 것이다.

담배가 건강에 해롭다는 것을 알면서도 피운다고 주장하는 사람도 마찬가지이다. 사실 그는 담배의 해로움보다 현재의 순간적인 쾌락의 필요성을 더 절실하게 알고 있는 것이다. 유명한 야구 해설가 하일성 씨의 경우처럼, 당장 담배를 끊지 않으면 죽음에 이르게 될 것을 알게 된다면 담배를 피우지 않게 될 것이다. 담배의 해로움에 대한 앎이 더 강해짐으로써 순간적 쾌락의 필요성에 대한 앎을 압도한 것이다.

다른 경우에도 반대편의 앎을 강화시킴으로써 행동을 변화시킬 수 있다. 치즈케이크의 경우에는 지금처럼 밤마다 그것을 먹을 경우 1년 후의 변한 모습을 사진으로 보여 주면 된다. 늦잠을 자서 시험에 떨어지면 지난달에 사설 금융 기관에서 대출받은 돈을 갚을 수 없고, 그렇게 되면 조폭들에게 끌려가 신체의 일부나 목숨을 포기해야 함을 일러 주면 된다. 바람피는 사람에게는 그의 배우자가 경찰을 동반하여 당신의 모습을 숨어서 촬영하고 있다는 정보를 주면 행동이 달라질 것이다.

이런 측면에서 보면 알면서 행동하지 않는다는 것은 불가능하다. 진정으로 제대로 알고 있다면 그렇게 행할 수밖에 없는 것이다. 이제 앎과 행동이 일치함은 증명된 것인가? 그렇지는 않다. 앎과 행동이 일치한다는 주장은 사람들이 통상적으로 믿는 앎과 행동의 괴리에 대한 '반'으로서 제기될 수 있는 것이다. 두 주장의 종합으로는 무엇이 나올 수 있으며, 그에 대한 또 다른 '반' 으로는 무엇이 나올 수 있을까? 이 논쟁은 어떤 식으로 전개되어 갈지 생각해 보는 것도 여러분의 몫이다.

여기에서 여담 한마디! 동양에서 지행일치를 주장한 대표적인 학자로는 명나라 때의 유학자이자 양명학의 창시자인 왕양명이 있다. 그는 이렇게 말한다.

알고도 행하지 않는 사람은 없었다. 알면서도 행하지 않는다면, 그것은 아직 알지 못하기 때문일 따름이다. …… (『대학』大學에서는) "마치 아름다운 여인을 좋아하듯이 하고, 악취를 싫어하듯이 하라" 라고 말했다. 아름다운 여인을 보는 것은 앎에 속하고 아름다운 여인을 좋아하는 것은 행동에 속한다. 아름다운 여인을 보게 되면 이미 스스로 좋아하게 되는 것이지, 본 후에 좋아해야겠다고 마음먹는 것은 아니다.

양명의 주장에 대해 어떤 평가를 내릴 수 있을까? 그의 주장 자체에 대한 평가를 내리기에 앞서, 양명은 논변 과정에서 우리가 범하기 쉬운 오류 한 가지를 직접 보여주고 있다. '아름다운 여인을 좋아하는 것' 은 과연 행동에 속하는가? 대화자 스스로가 이른바 '언어적 입법자' 노릇을 자처해서는 안 된다는 것이다. 무언가를 좋아하고 싫어하는 것은 '감정' 이고, 감정은 행동의 영역보다는 심리상태에 속하는 것이 아닐까? 그것을 '행동' 이라고 정의내려 놓고 논변을 하자고 한다면, 어느 누구도 반론을 제기할 수 없는 것이다.

3부

전근대적 사고의 특징, 형이상학

「교실 이데아」를 노래한 서태지는 '이데아'를 알고 있었을까?

> 매일 아침 일곱시 삼십분까지 우릴 조그만 교실로 몰아넣고
> 전국 구백만의 아이들의 머리속에 모두 똑같은 것만 집어넣고 있어
> 막힌 꽉 막힌 사방이 막힌 널 그리고 우릴 덥썩 모두를
> 먹어 삼킨 이 시꺼먼 교실에서만 내 젊음을 보내기는 너무 아까워
> 좀더 비싼 너로 만들어 주겠어 네 옆에 앉아 있는 그애보다 더
> 하나씩 머리를 밟고 올라서도록 해
> 좀더 잘난 네가 될 수가 있어
> 왜 바꾸진 않고 마음을 조이며 젊은 날을 헤맬까
> 바꾸지 않고 남이 바뀌길 바라고만 있을까
> 왜 바꾸진 않고 마음을 조이며 젊은 날을 헤맬까
> 바꾸지 않고 남이 바뀌길 바라고만 있을까
> 됐어 이젠 됐어 이제 그런 가르침은 됐어

서태지는 교실의 타락을 노래하면서 교실의 '이데아'를 꿈꾼다. 그러나 그는 알고 있었을까? 이데아는 오직 저 세상에만 존재하는, 그래서 우리에게 접근이 허용되지 않은 형이상의 존재라는 것을.

1 _ 사례로 형이상학 이해하기

근대 이전의 사고를 근대적인 사고와 구분해 주는 뚜렷한 특징을 한 가지만 꼽으라면, 근대 이전의 사고는 대체로 형이상학적이라는 점이다. '형이상학'이라는 말은 그야말로 철학의 심오함을 대표하는 단어처럼 보인다. 누군가가 이해하기 어려운 이야기를 하면 "야! 너무 형이상학적이다"라고 말하고, 생활과 직접적으로 연결된 비근한 이야기는 그와 반대로 '형이하학적'이라고 부르는 것을 들어 보았을 것이며, 한 번쯤은 직접 사용해 본 경험도 있을 것이다.

형이상학이 이해하기 힘든 내용을 다루는 것은 맞다. 그러나 겁 낼 필요는 없다. 두려움은 무지에서 온다. 개가 마구 짖으면서 쫓아오면 사람들은 겁을 낸다. 그러나 개가 짖는 것은 상대방에 대한 두려움과 경계의 표시이다. 짖는 개는 잘 물지 않음을 알면, 짖으며 쫓아 오는 개에 대한 두려움이 사라질 것이다.

형이상학에 대한 두려움과 거부감 역시, 철학에 대한 그것과 마찬가지로 무지에서 온다. 형이상학이 무엇이며, 어떤 성격의 이론

혹은 주장을 지칭하는 말인지를 알게 되면 그러한 두려움을 느끼지 않게 될 것이다. 그리고 모든 형이상학적 이론에 당당하게 맞서 따져물을 수 있게 될 것이다. 그 내용을 설명하기에 앞서, 대표적인 형이상학적 이론 한 가지에 대해 이야기해 보고자 한다. 예를 드는 것보다 더 좋은 설명 방법은 없으니까 말이다.

│왜 키스도 사랑이고 회초리도 사랑일까? │

우리는 다양한 대상에 대해 '이름'을 부르며 산다. 이름에는 이순신, 유관순처럼 세상에 단 하나밖에 존재하지 않는 것을 지칭하는 이른바 '고유명사'가 있고, 나무, 사람, 동물, 국가처럼 하나의 명칭 속에 다수의 개체가 포함되는 '일반명사'가 있다. 이제부터 이야기하려는 것은 바로 후자, 즉 일반명사에 대한 내용이다. 먼저 다음 그림을 보자.

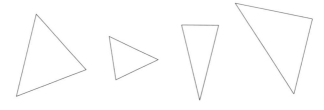

우리는 이 네 개의 그림을 전부 '삼각형'이라고 부른다. 크기도, 모양도 다른데 왜 똑같은 이름으로 부르는 것일까? 물론 쉽게 떠올릴 수 있는 대답은 "세 변과 세 각으로 이루어진 도형을 삼각형이라고 부르기로 약속했다"라는 것이다. 그러나 '삼각형'과 같은 이름들이 모두 약속에 의해 결정된 것일까?

이와 유사한 사례는 무수히 많다. 피부색과 체격, 얼굴 등이 모두 달라도 우리는 어떤 대상들을 동일하게 '인간'이라고 부른다. 책상, 나무, 꽃 등에 대해서도 마찬가지이다. 이러한 대상들에 대해서도 공통된 어떤 특징을 정해 놓고, 그 특징을 가진 것은 모두 그 이름으로 부르기로 약속한 것인가? 결국 모든 문화적 성과는 약속과 합의의 산물인가?

사례를 바꾸어 보면 생각만큼 쉽지 않다. 길을 가다가 어두운 골목길에서 서로 껴안고 키스를 나누는 남녀 한 쌍을 보면 그 두 사람이 어떤 사이라고 생각하겠는가? 당연히 '사랑'하는 사이라고 생각할 것이다. 하지만 무단결석한 자식에게 부모가 회초리를 때리는 것도 자식을 '사랑'하기 때문이다. 이 '사랑'도 약속된 개념인가? 어떤 것을 사랑이라 부르기로 약속한 것인가?

'정의'(justice)나 '좋음'(good)과 같은 개념의 경우에는 더욱 아리송하다. 무엇을 '정의'라고 부르기로 하였는가? 사용자와 노동자가 임금 협상을 하는 경우를 생각해 보라. 양측 모두는 협상을 잘 진행하여 정의로운 결과를 도출해 내기로 합의한다. 그러나 좀처럼 결과에 대한 합의에는 이르지 못한다. 사용자는 자본을 투자한 사람이 많은 몫을 가지는 것이 정의라고 생각하고, 노동자는 상품의 생산에 직접적으로 노동력을 투여한 사람이 보다 많은 몫을 가지는 것이 정의라고 생각하기 때문이다. 하지만 어쨌든 세상 어디에도 일처리를 정의롭게 하자는 데 반대할 사람은 없다.

'좋음'은 다양한 대상에 사용된다. 좋은 술, 좋은 옷, 좋은 사람, 좋은 결과 등등 말이다. 그렇다면 '좋음'도 '삼각형'을 "세 변과 세 각으로 이루어진 도형"으로 정의하는 것처럼 정의할 수 있는가? '정의'나 '좋음'과 같은 개념이 합의를 통해 이루어진 것으로 설명하기 힘들다면, 그에 대해서는 다른 방식의 설명이 필요할 것이다. 그리고 그 설명이 성공적으로 이루어질 수 있다면, '삼각형'이나 '인간', '책상', '나무', '꽃' 등에 대해서도 그런 방식으로 설명할 수 있을지도 모른다.

여러분은 '긴 손수건꼬리 원숭이'를 아는가? 아마도 잘 모를 것이다. 그렇다면 만약 여러분이 그놈을 만난다면, 그것이 원숭이임을 알아볼 수 있겠는가? 여러분 중 대다수는 '그렇다'라고 대답할 것이다. 어떻게 그런 대답을 하게 되었는지 설명을 요구받는다면 당황하겠지만 말이다. 혹시 이런 설명 방식은 어떤가? 우리는 이미 표준적인 원숭이를 알고 있다. 그리고 그놈도 원숭이인 한 그 표준적인 원숭이와 닮았을 것이다. 그러므로 나는 그놈을 보면 그놈이 원숭이인 줄 알아볼 수 있을 것이다.

이러한 설명 방식에 동의한다면, 그런 설명이 다른 모든 개념에 대해서도 성립할 수 있음에 주목하라. 피부색과 외모, 체형 등이 천차만별인 사람들을 모두 '인간'이라고 부르는 것은 그들이 우리 마음속에 있는 '표준적인 인간'과 닮았기 때문이 아닐까? 책상이나 꽃, 나아가 정의나 사랑에 대해서도 동일한 논리가 성립할 수 있지 않을까?

그러면 우리는 그 '표준적인 것'을 어떻게 알게 되었을까?(잊기 전에 여기에서 한 가지 고백하고 넘어가야겠다. '긴 손수건꼬리 원숭이'는 존재하지 않는다. 내가 만들어 낸 개념일 뿐이다.)

이 세상 너머에 있는 완벽한 세상

정말로 그렇게 설명한 사람이 있었다. 그에 따르면, 태어나기 전에 우리의 영혼은 그 '표준적인 것들'이 있는 하늘나라에서 살았다. 그 곳에는 우리의 영혼과 '표준적인 것들', 그리고 신들이 산다. 이 신들 가운데 하나가 그 표준적인 것들의 형상을 보고 이 세상에 존재하는 모든 것들을 만들었다.

이런 생각은 기독교의 창조론과 유사하기도 하고 다르기도 하다. 기독교의 유일신(God)은 말로 세상을 창조했고, 오직 인간만을 자신의 형상에 따라 만들었다. 그러나 아직은 전지전능한 유일신 개념이 등장하기 이전이었다. 신이 세상을 창조하기 위해서는 일종의 설계도가 필요했었나 보다.

그리고 그 신은 전지전능에 미치지 못하다 보니, 피조물을 설계도와 똑같이 만들지 못했다. 우스개로 말하듯이, 흑인은 너무 구워졌고 백인은 덜 구워졌다는 등의 이야기와 유사하다. 그래서 세상에는 다양함이 생기게 되었다. 앞의 다양한 삼각형은 '표준적인 삼각형'의 모사이다. 다양한 꽃, 책상, 동물, 인간들도 마찬가지이다.

하늘나라에 살던 우리의 영혼은 세계로 내려와 육체와 결합하게 된다. 하늘나라에서 내려올 때 영혼은, 사막을 지난 후 강을 건너게 되는데 이때 사막을 지난 터라 목이 마르니, 모든 영혼은 그 강물을 마시게 된다. 그 강물의 이름은 '레테'(lethe)이며, 이는 우리말로 '망각'이라는 뜻이다.

이제 전반적인 스토리를 이해할 수 있을 것이다. 우리의 영혼은

우리의 영혼은 천상계에서 지상계로 내려오면서 망각의 강을 건넌다. 이데아는 기억할 수 없는
저 너머의 것으로 변해버리고, 불완전하고 변화무쌍한 현실을 맞닥뜨리게 되는 것이다.

하늘나라에 관한 모든 기억을 잊고 육체 속에서 이 세상의 삶을 살
아간다. 그런데 앞에서 '긴 손수건꼬리 원숭이'를 보면 그것이 원숭
이인 줄 아는 이유는 '표준적인 원숭이'를 이미 알고 있고, 지금 내
가 보고 있는 대상이 그것을 닮았다고 생각하기 때문이라고 말했다.
영혼이 하강하면서 하늘나라의 일을 망각했다면, 어떻게 다양한 개
체들이 표준적인 것들과 닮았음을 안단 말인가?

어린 시절에 살던 동네를 기억하는가? 첫사랑을 기억하는가?
수십 년 전 헤어진 친구를 기억하는가? 그와 닮은 존재를 보았을
때, 어린 시절 동네나 첫사랑처럼 다 잊었다고 생각한 대상이 아련
하게 떠오르는 걸 경험해 본 적이 있을 것이다. 그와 닮은 존재가,
망각하고 있었던 사실을 상기시켜 주는 촉매제의 역할을 한 것이다.

하늘나라에서 '표준적인 것들'을 보고 살다가, 망각의 강물을 마시고 그것을 잊었지만, 그 표준적인 것들의 형상을 본따서 만들어진 모사물들을 보면 잊혀졌던 것들이 다시 아련하게 생각날 것이다. 마치 어린 시절의 동네나 첫사랑, 헤어진 친구처럼 말이다. 정확하게는 아니지만, 최소한 그것이 삼각형의 형상을 닮았는지, 꽃의 형상을 닮았는지, 책상의 형상을 닮았는지는 알 수 있다. 나는 이미 그것을 알고 있었던 것이다.

이데아론과 철인왕

철학에 관심이 있는 사람이라면 지금까지 설명한 내용이 플라톤의 이데아론이라는 것을 쉽게 알아차렸을 것이다. 플라톤은 변화무쌍하고 불완전한 이 세계 '너머' 저편에 완전무결한 불변의 진리의 세계가 존재한다고 생각했다. 그리고 이 세상의 것들은 그 불변의 세계에 존재하는 것들을 본따서 만들어졌다고 주장했다.

이데아는 다른 말로 '형상'이라고 불리기도 한다. 그 이유도 이제는 분명해졌으리라 본다. 성경에서는 신이 인간을 만들 때 자신의 형상에 따라 만들었다고 한다. 플라톤의 이론에서는 신이 이 세상의 여러 존재들을 만들 때 이데아의 형상에 따라 만들었기 때문에 이데아를 '형상'(Form)이라고도 부르는 것이다.

플라톤은 우리가 사는 세계를 동굴에 비유한다. 우리는 동굴 속에서 손발이 묶여 있는 죄수와 같다. 우리 눈앞에는 스크린이 펼쳐져 있으며, 우리 뒤에서 지나가는 각양각색 인형들의 그림자가 그

스크린에 비친다. 사슬에 묶여 평생 그것만을 보고 살았기 때문에, 그리고 그것 외에는 볼 수 없었기 때문에 우리는 이데아의 그림자를 실제로 존재하는 참된 존재라고 생각하며 살아간다.

만약 그 구속에서 풀려나 동굴 밖에 나와서 실재 사물을 본 사람이 있다면 어떨까? 물론 그가 동굴 밖에 나오기까지, 그리고 전혀 본 적이 없는 밝은 빛 아래서 실재하는 사물을 보기까지는 무수히 많은 어려움을 이겨내야 할 것이다. 그리고 그 사람은 당연히 그림자만을 본 사람들보다 뛰어난 인식과 판단 능력을 가졌을 것이다. 플라톤은 그런 사람, 즉 철학자가 세상을 다스려야 한다고 주장한다. 이것이 그 유명한 '철인왕' 이론이다.

2 _ 형이상학은 그럴싸한 뻥이다?!

일반인들을 대상으로 철학 강의를 할 때면, 나는 형이상학을 언제나 '그럴싸한 뻥' 이라고 소개한다. 그러면 청중들은 그야말로 내가 뻥을 친다고 생각한다. 형이상학은 고상하고 심오한 학문이라고 생각해 왔기 때문이다. 하지만 내 말이 맞다. 그럴싸하게 설명해 준다는 점에서는 형이상학이 미신과 구별된다고 할 수 있지만 말이다. 형이상학을 연구하는 분들에게는 죄송한 말이지만, 어찌 보면 형이상학은 미신과 학문의 중간 단계라고 할 수 있다.

형이상학은 영어로 'metaphysics' 이다. 'meta' 는 원래 '~뒤에', '~너머' 라는 뜻이며, 'physics' 는 주지하다시피 물리학이다. 이는 원래 플라톤 못지않게 유명한 철학자인 아리스토텔레스의 저작이다. 아니, 정확히 말해서 그의 글을 모아 놓은 책의 이름이다. 아리스토텔레스의 책을 편집한 사람들이 그런 이름을 붙여 놓은 것이다.

형이상학이라는 말의 원래 의미는 우리가 생각하는 것처럼 심오하고 고상한 것이 아니었다. 그 말의 유래를 알고 보면 다소 어이 없기까지 할 정도이다. 아리스토텔레스는 당대 최고의 철학자였을 뿐만 아니라 과학자이기도 했다. 그는 『자연학』(Physica)이라는 책을 썼다. 그런데 아리스토텔레스의 저작 가운데 제목이 붙지 않은 것이 하나 있었다. 아리스토텔레스의 책을 편집하던 사람이 그 책을 『자연학』 뒤에다 두기로 결정한 것이 그 이름의 유래이다. 이름을 어떻게 붙일까 고민하다가, "에이, 모르겠다. 자연학 '뒤에' 있으니 meta-physica라고 하자"라고 하여 그런 이름이 붙게 된 것이다. 게다가 내용상으로도 현실세계 '너머'의 보편타당한 원리에 대한 내용이었으니 금상첨화였던 셈이다.

한문의 '形而上'도 이와 유사한 의미를 가진다. 이 말이 처음 등장하는 것은 점치는 책으로 유명한 『주역』의 「계사전」이라는 곳이다. 주역에서는 "형이상을 도라고 하고, 형이하를 기라고 한다"(形而上者謂之道 形而下者謂之器)라고 적고 있다. 이 구절만으로는 이해가 쉽지 않다. 이와 유사한 표현은 당송팔대가(唐宋八大家)의 한 사람인 한유(韓愈)가 쓴 「원인」(原人)이라는 글에 등장한다. 그 글에서 한유는 "저 위에 형체가 있는 것을 하늘이라고 하고 아래에 형체가 있는 것을 땅이라고 한다"(形於上者謂之天 形於下者謂之地)라고 적고 있다.

주역에서 말하는 형이상의 도란 대표적으로 저 위에서 형체가 있다고 여겨지는 하늘나라의 일을 일컫는다. 그리고 형이하란 이 땅의 사건들을 가리킨다. 한유는 형이상의 사례로 해와 달과 별, 즉 일월성신(日月星辰)을 든다. 뒤에서 살펴보겠지만, 서양과 마찬가지로 동양에서도 하늘나라에서는 이 세계를 지배하는 자연과학적 법칙이 적용되지 않는다고 생각한 것이다. 그리고 그런 세계의 일을 탐구하는 것이 바로 형이상학이다.

「계사전」에서 말하는 '도'와 '기'는 플라톤의 이데아론에서 '이데아'와 '그림자'의 관계와 거의 흡사하다. 이데아에는 구체적 사물의 이데아뿐만 아니라 '사랑'이나 '정의'와 같은 정신적이고 도덕적인 존재의 이데아도 있듯이, '도'도 모든 것의 근원이며, 모든 것에 도가 존재한다. 그리고 플라톤의 이데아와 마찬가지로 동양의 도도 시각이나 청각과 같은 감각 경험을 통해서는 확인할 수는 없는 것이다.

일상적으로 '도'는 '도리'라는 말로 풀어서 쓰인다. "학생에게는 학생의 도리가 있다"라든가, "인간의 도리를 모르는 사람"이라는 말에서는 '학생다움의 이데아', '인간다움의 이데아'를 지칭하고 있는 셈이다. 현실적으로 드러나는 행동은 '기', 즉 이데아의 그림자에 해당한다. 도리를 따라야 한다는 말은 그림자를 쫓지 말고 본질적인 진리를 찾아 그에 따라야 한다는 뜻이다.

플라톤의 이데아론을 먼저 설명한 이유는, 그것이 형이상학적 이론의 대표적인 사례이기 때문이다. 하지만 학술적이고 이론적인 설명만으로는 이해가 쉽지 않을 것이기 때문에, 보다 비근한 사례를 몇 가지 더 들어 보도록 하겠다. 하나는 가장 대표적인 형이상학적 주장이라고 할 수 있는 종교, 그 가운데에서도 우리가 가장 가까이서 접할 수 있는 기독교와 관련된 이야기이고, 다른 한 가지는 동양의 신화이다.

종교는 형이상학적 이야기들로 가득 차 있으며, 기독교도 예외는 아니다. 기독교에서 유일신은 말로 세상을 창조한다. 그냥 "있으라!"라고 말하면 존재하게 되는 것이다. 자연세계에서 어떻게 그런 일이 가능하며, 그런 일을 어떻게 시각과 청각 같은 감각적 경험으로 확인할 수 있겠는가? 그래서 종교에서는 대체로 "믿는 자에게 복이 있나니"라고 말한다. 믿을 수 있도록 보여 줄 수가 없으니, 그렇게라도 말해서 믿게 하려는 것이다.

사실 "믿는 자에게 복이 있나니"를 말 그대로 받아들이기는 힘들다. "믿지 않으면 불행하나니"로 받아들이게 되는 것이 인지상정인 것이다. 이는 공공장소에서 "예수천당, 불신지옥"을 외치고 다니는 사람들의 말과 하등 다를 바가 없다. 그저 조금 더 품위 있게 보일 뿐이다.

어쨌든 신은 세계를 자신의 뜻대로 창조하였다. 그러고 나서 그 세계를 관장할 존재를 만든다. 흙으로 자신의 '형상'에 따라 인간을 만들고, 거기에 자신의 '숨'으로 생명을 불어 넣는다. 독자 여러분들도 흙으로 뭔가를 빚어서 거기에 숨을 불어 넣어 보라. 그것이 살아나는지. 단, 아무도 없는 곳에서 해야 한다. 안 그러면 미친놈이라는 소릴 들을 테니까 말이다.

경험적·상식적으로는 말도 안 되는 이야기를 많은 사람들이 믿는다. 인간이 한 일이 아니라 전지전능한 신이 한 일이기 때문이다. 그러나 전지전능한 신의 존재를 경험적으로 확인할 방법은 없다. 물론 꿈에서 신으로부터 계시를 받았다고 주장할 수도 있다. 그러나 "남대문이 무너졌다"와 같은 주장은, 그것을 믿지 못하는 사람이 있다면 데리고 가서 직접 확인시켜 주면 된다. 그러나 전지전능한 신이 세상을 창조했다는 주장에 대해서는 그것이 불가능하다. 자연적으로도 설명할 수 없고, 경험적으로도 확인할 수 없으니, 형이상학적 주장의 전형적인 모습인 셈이다.

주제와는 다소 동떨어진 이야기이지만, 기독교의 창조론에는 중요한 내용이 암시되어 있다. 신은 '자유로운' 존재이다. 시공간적 제약의 구애를 받지 않을 뿐만 아니라, 관성의 법칙과 같은 물리 법칙으로부터도 자유롭다. 생물과 무생물을 막론하고 신이 만든 다른 존재들, 다시 말해서 '형이하'의 존재들은 자연과학적 법칙의 제약을 받는다. 그런데 인간은 좀 특별한 존재이다. 인간의 몸은 '형이하'의 존재인 흙으로 만들어졌지만, 인간의 보다 핵심적 부분인 영혼은 신의 '숨결'이다. 따라서 인간의 영혼은 자유롭다.

사실 이러한 생각은 플라톤의 이데아론에 이미 암시되어 있었다. 우리가 살고 있는 형이하의 세계는 시각 및 청각과 같은 감각 경험으로 파악할 수 있으며, 감각계의 법칙, 즉 물리 법칙의 지배를 받는다. 그러나 이데아의 세계는 감각을 통해 경험적으로는 파악할 수 없다. 오직 영혼의 '상기'를 통해서만, 다시 말해서 오직 예지력에 의해서만 파악할 수 있다. 영혼이 그렇게 할 수 있는 이유는 쉽게 상상할 수 있는 그대로다. 영혼은 예지계에 속하는 형이상의 세계에 살던 존재이기 때문이다.

다시 자세히 설명하겠지만, 이러한 생각은 인간의 독특한 지위를 설명해 준다. 무생물은 전적으로 물리 법칙의 지배를 받고, 동식물은 생물학적 법칙의 지배를 받는 데 반해, 오직 인간만이 이성적이고 도덕적인 이유가 바로 그것이라고 주장하는 것이다. 그리고 이러한 생각은 그 유명한 천부인권론의 근거가 되기도 한다. 천부인권론도 형이상학적임에 주의하라. 하늘이 인간에게 권리를 부여했음을 어떻게 경험적으로 검증할 수 있단 말인가?

그렇다면 신에 대한 사고가 왜 필요했을까? 그것은 과학 법칙의 궁극적인 원인을 찾고자 하는 욕구에서이다. 과학이란 현상적으로 드러나는 사건의 배후에 있는 원인을 밝혀, 세상의 운행 원리를 설명하고자 하는 것이다. 그러나 모든 현상에 원인이 있다고 하면 심각한 문제가 생겨난다. "A의 원인은 B이고, 그 원인은 C이며, 그 원인은 D이고……"와 같이 따져 나아간다면 궁극적으로는 아무것도 설명할 수 없는 악순환이 되는 셈이다.

그것이 왜 악순환인지 이해가 되지 않는다면 생활에서 흔히 접할 수 있는 사례를 하나 생각해 보자. 내가 귀여운 꼬마 하나를 만났다. 그 꼬마의 나이가 궁금해서 나이를 묻자, 그 꼬마는 저기 끝에 서 있는 아이와 동갑이라고 말했다. 다시 그 아이에게 묻자 그 아이는 두번째 아이보다 한 살이 어리다고 대답했다. 두번째 아이는 세번째 아이보다 두 살이 많다고 대답했다. 이런 식으로 계속 진행된다면, 궁극적으로는 누구의 나이도 알 수 없게 된다(물론 전혀 소득이 없는 것은 아님에 주의하라. 최소한 그곳에 있는 아이들의 관계에 대한 정보는 파악할 수 있게 된다).

따라서 악순환을 끊고, 궁극적인 설명을 하기 위해서는 어떤 인과관계에도 종속되지 않는 '제1원인'이 논리적으로 요청된다. 그 존재는 태초에 세상이 인과관계에 따라 변화하도록 만들어진 존재이다. 자기 스스로는 그러한 인과의 고리에서 벗어나 있는 자유로우면서도 영원불변하는 존재이면서, 다른 존재들을 변화하고 운동하게 해 주는 '부동不動의 원동자原動者'(Unmoved Mover)가 필요한 것이다. 그리고 그런 존재가 있다면 그를 '신'이라 부를 수밖에 없을 것이다.

물론 신이 개별적인 사건 하나 하나에 관여한다고 생각해서는 세상을 과학적으로 설명할 수 없게 된다. 자연과학의 위상을 구하기 위해서는 신이 세계를 창조했지만, 세상의 모든 사건 하나 하나를 주재하지 않는다고 말해야 한다. 세상이 어떤 원리에 따라 움직이도록 만들어 놓은 것이다. 그것은 신의 섭리라고도 할 수 있지만, 인간의 관점에서는 자연 법칙이라고 해야 한다. 이러한 관점에서 보면 형이상학의 목적은 세상에 존재하는 것들에 대한 궁극적인 설명 근거를 찾는 것이다.

영화로 형이상학 이해하기

앞에서 말한 것처럼 현상세계를 인과관계로 설명하다 보면 악순환이 생길 수밖에 없다. 형이상학은 이러한 인과관계의 악순환을 끊고 세계의 본질적인 모습을 밝히는 데 그 목적이 있다. 그렇기 때문에 형이상학에서는 "세계의 참된 모습은 무엇인가?", "인간의 본성은 무엇인가?", "진정한 나는 누구인가?" 따위를 묻는다.

영화 「매트릭스」에서 주인공 네오(키아누 리브스)는 자신이 현재까지 살아오던 삶이 컴퓨터 프로그램에 의해 조작된 것이었음을 알고 진정한 삶을 찾기 위해 투쟁을 벌인다. 「트루먼 쇼」의 주인공 트루먼(짐 캐리)도 자신의 삶이 방송국에 의해 기획된 것임을 알게 되자, 평화롭고 행복한 삶을 포기하고 실제 세상을 찾아 목숨을 건 모험을 강행한다. SF의 걸작으로 꼽히는 「토탈리콜」의 주인공 퀘이드(아놀드 슈월츠제네거)도 마찬가지이다.

여태까지 살아오던 삶이 실제가 아니었음을 알게 되면 어떨까? 장자가 상상하듯, 꿈에서 깨어 보니 내가 사람이 아니라 나비였다면 기분이 어떻겠는가? 그 정도까지는 아니더라도 자신의 기억이 모두 조작되어 주입된 것임을 알게 된다면 살아가는 모습이 과연 예전과 같을 수 있을까?

「토탈리콜」과 더불어 SF의 고전 가운데 하나로 꼽히는 「블레이드 러너」에서는 이러한 상황을 잘 보여 준다. 때는 2019년, 인간은 행성 개발을 위한 노예로 사용하기 위해 인간과 똑같은 사이보그를 만든다. 하지만 그들이 반란을 일으킬 가능성에 대비하여 수명은 4년으로 제한해 둔다. 그럼에도 불구하고 인간과 똑같은 감정까지 가진 사이보그들은 탈출하여 자신들의 수명을 연장하고자 한다. 주인공 데커드(해리슨 포드)는 그런 사이보그를 처단하는 요원이다. 사이보그를 개발한 회사 회장은 데커드가 인간과 사이보그를 오류 없이 구분해낼 수 있는지 확인해 보고 싶어 자신의 여비서 레이첼을 불러 데커드에게 시험을 요구한다. 오랜 확인 끝에 데커드는 그녀가 사이보그라는 결론을 내린다.

영화 「블레이드 러너」는 인간의 참된 정체성에 대한 의문을 던지고 있다. 현실 너머에 있는 세상과 자신의 참된 모습을 찾는 노력은 형이상학에 대한 탐구로 연결된다.

레이첼은 매우 당황스럽다. 그녀는 자신이 인간임을 강변한다. 사이보그의 수명은 4년뿐인데 자신에게는 어린 시절의 기억이 있다고 말하면서, 어린 시절의 이야기를 들려 준다. 데커드는 레이첼이 말한 이야기의 다음 사건을 말해 준다. 회장 손자의 기억이 주입되었다는 것이다. 레이첼은 모습을 감춘다.

누군가 당신에게 와서 당신이 사이보그임을 알려 준다면 어떻겠는가? 혹은 영화 「사랑과 영혼」에서 그랬던 것처럼 당신은 이미 죽었음을 알려 준다면? 아니면, 당신이 친한 친구 혹은 친지라고 생각해 온 사람이 사실은 당신 가족을 죽인 원수이며, 여태까지 당신을 이용하기 위해 그런 모습을 가장해 왔음을 알게 된다면? 여태까지 자신이 목표해 온 것, 행복 혹은 불행하다고 생각해 온 것들은 모두 부질없는 것이 되어 버리고 말 것이다. 세상과 인간, 그리고 나의 참모습이 현재의 모습과 다르다면 내 삶의 방향은 바뀌어야만 할 것이다.

신화에 나타난 형이상학

일반적으로 달나라에는 토끼가 산다고 생각한다. 그러나 중국 신화에서는 달나라에 토끼가 아니라 두꺼비가 산다고 말한다. 달 표면의 울퉁불퉁한 모습이 바로 두꺼비의 등껍질이라는 것이다. 그렇다면 두꺼비는 왜 달나라에 있는 것일까? 이 신화는 '형이상학적'이라는 말을 잘 이해할 수 있게 해주는 사례이다. 그 신화의 목적은 달 표면에 울퉁불퉁함이 생긴 원인을 설명하는 것이다. 이 역시 현상세계의 궁극적 원인을 설명하고자 하는 것이다.

이야기는 전설상의 성군(聖君)인 요 임금 때로 거슬러 올라간다. 신화에 따르면 태양은 옥황상제의 자식이다. 옥황상제에게는 열 명의 자식이 있었는데, 그들은 눈부시게 빛을 내는 불새의 형상을 하고 있었다. 그들이 하루에 한 마리씩 번갈아 가며 하늘에 떠올라 세상을 비추는 역할을 했던 것이다.

그런데 어느날, 어쩐 일인지 불새 열 마리가 한꺼번에 날아올랐고 세상에는 엄청난 재앙이 생겼다. 타들어 가는 더위에 생명체가 살기 힘든 환경이 되어 버린 것이다. 요 임금이 옥황상제에게 도움을 청하자 옥황상제는 예(羿)라는 신선에게 요 임금을 도우라고 명령했다. 그런데 문제는 '예'가 활의 명수이자, 고지식한 성격의 소유자였다는 사실이다.

예는 화살을 뽑아 옥황상제의 아들을 하나씩 떨어뜨리기 시작했다. 워낙 명궁인지라, 한 발 한 발이 한 치의 오차도 없었다. 그 모습을 지켜보던 요 임금은 덜컥 겁이 났다. 만약 예가 열 마리를 전부

떨어뜨려 버리면 어떻게 되는가? 세상은 암흑이 되고 말 것이다. 요 임금은 예가 준비해 온 10개의 화살 가운데 하나를 몰래 숨겼다. 그래서 결국 하나의 태양만은 남게 되었다.

보고를 받은 옥황상제는 크게 노했다. 자신의 아들들을 타이르라고 보냈더니, 아들 가운데 90%를 죽여 버렸기 때문이다. 그래서 옥황상제는 예에게서 신선의 자격을 박탈하고 지상세계로 쫓아 버렸다. 예의 부인은 아름답기로 유명한 항아(姮娥)라는 신선이었는데, 그녀 역시 예와 함께 쫓겨나는 신세가 되었다.

지상에서 삶을 시작한 예와 항아의 고생은 이만저만이 아니었다. 신선이었을 때는 추위나 더위도, 배고픔도 피로도 느끼지 않았는데, 이제는 추우면 몸을 감싸야 하고 배고프면 먹어야 한다. 게다가 세월이 흐르면 늙어 죽기까지 한다. 항아는 불만이 이만저만이 아니었다.

예는 미안했는지, 아니면 부인이 도망갈까 불안했는지, 항아를 위해 옛 친구를 찾아가기로 한다. 곤륜산이라는 먼 곳에 사는 신선이 불사약을 가지고 있으니 그것을 얻어 오겠다는 것이다. 예는 몇 날 며칠을 걷고 또 걸어 고생고생 끝에 불사약을 얻는 데 성공했다. 그리고 다시 몇 날 며칠을 고생하며 돌아왔다. 전 같으면 날아다녔을 텐데 말이다.

이제 예는 항아에게 좀 기를 펴게 되었다. 신선까지는 아니더라도 불로불사할 수 있게 되었으니 말이다. 그러나 너무 먼 길을 고생하며 왕복한 터에 긴장이 풀리자 너무나 피곤하여 곧바로 곯아떨어지고 말았다. 아마도 내일이면 아내와 불사약을 먹고 인간의 한계를 벗어날 수 있다는 꿈을 꾸었을 것이다.

그런데 곤한 잠에 빠진 남편을 바라보던 항아는 심한 갈등에 사로잡혔다. 불사약이란 한 알을 먹으면 불사하고, 두 알을 먹으면 신선이 될 수 있기 때문이었다. 갈등에 갈등을 거듭하던 항아는 두 알 모두를 입에 털어 넣어 버리고 만다. 그리고 몸이 점차 가벼워지면서 하늘나라를 향해 둥실둥실 떠오르기 시작했다.

그 모습을 지켜보던 옥황상제는 다시 크게 노했다. 자기 혼자만의 욕심을 채우기 위해 남편을 배반하다니 말이다. 그래서 옥황상제는 항아를 두꺼비로 만들어 달나라에 처박아 버렸다. 항아는 아름다운 자태를 잃고 두꺼비가 되어 달나라에서 살게 되었으며, 그래서 지금도 보름달이 뜰 때 자세히 살펴보면 울퉁불퉁한 두꺼비 등의 형상을 볼 수 있다는 것이다.

이 이야기는 기독교의 창조론보다 훨씬 조잡해 보일지도 모른다. 게다가 잘 설명되지 않는 부분 투성이다. 왜 옥황상제의 아들들은 새인지, 왜 오랫동안 번갈아 날아오르던 그들이 유독 그날만은 한꺼번에 날아올랐는지, 항아의 배신을 다 꿰뚫어볼 수 있는 옥황상제가 왜 예가 자신의 아들들을 모두 죽일 것을 미리 알고 경계하거나 다른 신선을 보내지 않았는지 등등 말이다.

그러나 기본적인 구조는 매우 유사하다. 저 세상에 이 세상 법칙의 지배를 받지 않는 세계가 있고, 그곳에는 신이 살고 있다. 그들은 늙지도 죽지도 않으며, 관성의 법칙에서도 자유롭다. 그리고 무엇보다 중요한 것은 그 신화의 목적이 눈에 보이는 현상의 궁극적 원인을 설명하기 위함이라는 것이다.

결국 동서양을 막론하고, 형이상학이란 이 세계 너머의, 물리학적 법칙 너머의 것에 대한 탐구를 일컫는 말이다. 나는 이전에 다른 책에서 형이상학에 대해서 다음과 같이 설명한 적이 있다.

명칭 자체에서 알 수 있듯이, 형이상학은 자연과학적인 법칙으로 설명되지 않는 것을 대상으로 한다. 다시 말해서, 우리의 경험과 관찰을 초월해 있는 것들에 대해 탐구하는 영역이 바로 형이상학이라고 할 수 있다. 경험과학의 극단에 있는 가정들은 철학적이라고밖에 할 수 없는데, 형이상학은 바로 그러한 영역을 다루고 있다는 의미에서 경험적이고 실증적인 과학과 대비된다.

형이상학에서는 오직 선험적이고 논리적인 방식만을 사용하기 때문에, 형이상학을 통해 세계에 대한 지식 증대를 기대할 수는 없다. 그러나 유한성을 뛰어넘고자 하는 인간의 욕구와 그에 상응하는 사유 능력이 "변화하는 세계 너머에 있는 진정한 모습은 무엇인가?"에 대해 탐구하는 형이상학이라는 분야를 탄생시켰다고 할 수 있다.

…… 형이상학은 실용적인 지식 축적에 아무런 도움도 주지 못하지만, 인간의 상상력과 논리력을 자극하여, 세계의 참모습 혹은 이상적인 모습에 대해 생각해 보도록 함으로써 인간을 보다 지혜로운 존재로 만들어줄 수 있다. 그러나 전통사회에서 형이상학은 대체로 타당한 근거 없이 지배계급의 권력을 정당화해 주는 것이었기 때문에, 경험적이고 실증적인 사조가 지배하고 있는 현대에 '형이상학적'이라는 말은 많은 경우에 '공상적', 혹은 '독단적'이라는 의미로 사용된다.

하지만 폼 나게 설명하면 역시 어려운 법이다. 그래서 그냥 쉽게 형이상학을 '그럴싸한 뻥'이라고 풀이하기로 한 것이다. 좀더 품격 있게 말한다면, "경험적으로 검증할 수 없는, 사물의 본질에 관한 이론"이라고 할 수 있다. 종교인들은 화를 내겠지만, 그래도 종교는 형이상적인 것이고, 그럴싸한 뻥이다. 확인 가능하고 설득력 있는 방식으로 자신들의 주장을 입증하지 못한다면 말이다.

물론 이는 기독교뿐만 아니라 모든 종교에 다 해당하는 말이며, 종교가 형이상학적이라고 해서 가치가 없다는 말은 절대 아니다. 뒤에서 다시 설명하겠지만, 형이상학이 완전히 퇴색해 버린 사회에서는 우리 인생의 궁극적 목적은 개인적인 '선택'에 의지할 수밖에 없다. 그러나 쓸쓸한 들판에서 홀로 나아갈 방향을 선택해야 하는 외로운 선구자의 역할을 아무나 할 수 있는 것은 아니다. 인간은 나약하며, 그만큼 형이상학의 역할은 여전히 존재한다.

3 _ 왜 형이상학을 경계하는가?

여러분은 내가 형이상학적 이론을 별로 좋아하지 않을 뿐만 아니라, 매우 경계하고 있음을 눈치 챘을 것이다. 나는 왜 형이상학을 경계하는가? 철학자라면 당연히 심오하고 폼 나는 형이상학적 이론을 펼쳐야 하지 않는? 이에 대한 대답 역시 플라톤의 이데아론에 대한 설명과 함께 해보도록 하겠다. 그에 앞서 내가 형이상학에 대해 다른 책에서 한 설명 가운데 중요한 내용을 다시 한번 짚어 보자.

① 형이상학은 경험과 관찰을 초월해 있는 것을 탐구한다.
② 형이상학에서는 선험적이고 논리적인 방식만을 사용한다.
③ 형이상학은 세계에 대한 지식과는 무관하며, 유한성을 뛰어 넘고자 하는 욕구의 산물이다.
④ 형이상학은 세계의 이상적 모습을 생각하도록 함으로써 인간을 보다 지혜로운 존재로 만들어 줄 수 있다.
⑤ 전통사회에서 형이상학은 지배계급의 권력 정당화에 사용됐다.
⑥ 현대에 '형이상학적' 이라는 말은 많은 경우 '공상적', 혹은 '독단적' 이라는 의미이다.

좀 유치하기는 하지만, 아주 간단하게 흑백논리를 사용해서 이 가운데에서 우리 편과 너희 편을 갈라 보자. 어떤 항목이 형이상학의 장점이고 어떤 항목이 단점에 해당하는가? 확실하게 장점이라고 할 수 있는 것은 ④이고, 확실하게 단점이라고 할 수 있는 것은 ⑤와 ⑥이다. ①, ②, ③은 중립적이거나 유보적인 듯하다.

간단하게 생각해서, 일단 확실한 장점은 한 가지이고 확실한 단점은 두 가지이므로, 그것만으로도 경계할 이유가 충분하다. 물론 ②, ③이 왜 유보적인가라고 묻는 사람도 있을 수 있다. 그것은 오히려 장점이 아니냐는 것이다. 그러면 형이상학의 특징들을 다시 한 번 하나씩 따져 보도록 하자.

| 형이상학의 긍정적 측면: 형이상학이 없다면 이상도 목표도 없다 |

이상세계의 반영으로서 형이상학

형이상학에서는 대체로 실재의 세계가 곧 당위의 세계라고 생각하는 경향이 있다. 플라톤의 이데아론에서도 이데아의 세계는 변화무쌍한 그림자들의 원인이 되는 유일한 실재의 세계이자, 우리가 추구해야 할 당위의 세계이기도 하다. 성리학(주자학이라고도 한다)에서도 형이상학적인 리(理 ; 道와 같은 개념)가 현실세계[氣]의 원인이자, 우리가 따라야 할 당위의 법칙이기도 하다.

인간들에게 현실은 언제나 불완전한 것이었으며, 따라서 그것을 극복하고 개선하기 위해서는 기준이 될 만한 목표가 필요했다. 수영 선수를 꿈꾸는 학생은 완벽한 수영 능력을 갖춘(혹은 그렇다고 생각하는) 사람을 이상으로 삼아야 한다. 따라서 그런 완벽한 모델의 존재가 필요하다. 또한 자신에게는 그렇게 될 수 있는 능력이 있다고 믿어야 한다. 지금의 어리바리하고 불완전한 모습은 진정한 내 모습이 아닌 것이다.

가장 존경하는 스승 소크라테스에게 독배를 안긴 아테네는 플라톤에게 이상세계일 수 없었다. 이상세계는 완전무결하고 불변하는 진리의 세계를 반영해야 한다. 그 세계야말로 세계의 참모습이다. 우리는 현실의 부조리와 불완전성을 극복하고, 참모습을 되찾아야 한다. 그러기 위해서는 그 진리의 세계를 알고 본받는 것이 필수적이다. 따라서 이데아와 철인왕은 필요한 것이었다.

주자학의 경우도 사정은 마찬가지이다. 주희가 주자학을 집대성한 남송 시기는 중국의 한족이 북방민족에게 남부지방으로 밀려나 있던 시기이다. 주희의 입장에서는 그 모습이 세계의 진정한 모습이라고 생각할 수 없었다. 따라서 그는 자신이 생각하는 이상적인 세계를 그려 놓고, 그것이야말로 실재하는 진리의 세계라고 생각한 것이다.

현실세계가 불합리하다고 생각하고 변화와 개혁을 꾀하는 사람에게는 언제나 변화의 기준이 될 만한 이상세계의 모습이 필요하다. 종교인들에게는 그것이 신의 명령이라는 형태로 나타날 것이고, 종교인이 아니라면 플라톤의 이데아나 주자학의 리(혹은 도)의 세계로 표현될 것이다. 또한 사회를 어떻게 변화시켜 나갈지 결정하려면 인간의 본성에 대한 나름의 입장을 가지지 않으면 안 된다. 이 모든 것이 형이상학의 영역에 속하는 것이다.

미국을 침략자로 규정하여 거리낌 없이 자랑스럽게 자살폭탄 테러를 감행하는 몇몇 아랍인들과 형이상학을 전적으로 거부하고 오직 자신만을 위해 사는 서구인의 모습을 비교해 보라. 논의를 진행하기 전에 여기에서 우리는 한 가지 구분에 주목할 필요가 있다. 우리가 추구하는 모든 가치는 도구적(수단적) 가치와 궁극적(목적) 가치로 나뉜다는 사실이다.

아랍인들이 목숨마저도 초개와 같이 버릴 수 있는 것은 진정으로 실재하는, 바람직한 세계의 모습이 신에 의해 그려져 있고, 그것을 위해 노력할 사명이 자신에게 주어져 있다고 생각하기 때문이다. 그 믿음만 투철하다면 누가 뭐라 해도 그 사람은 행복할 것이다. 그 사람에게 궁극적 목적은 신의 영광을 이루는 것이고, 그 외의 모든 것은 수단일 뿐이다.

어떤 행위를 할 때, 수단이 목적에 의해 규정되는 것은 너무나도 당연하다. 책꽂이를 만들겠다는 목적이 정해져야만 적절한 재료와 도구를 구입할 수 있듯이 말이다. 따라서 진정으로 종교를 믿는 사람의 전 생애는 신의 영광을 위해 바쳐진다. 심지어 목숨까지도 말이다. 그리고 그에게는 그것이 행복이다.

여기에서 여담 한마디 하고 넘어가자. 종교인들이 선교를 할 때, 종교를 믿어야 할 필요성으로 사후의 보상을 주로 거론한다. 일부 기독교인들이 이른바 "예수천국, 불신지옥"을 외치는 것도 같은 맥락이다. 그러나 그들이 그렇게 외치는 것이 진심이라면, 그들은 진정한 기독교인이 아니다. 그렇게 믿는 사람에게 궁극적인 목적 가치는 신이나 종교 그 자체가 아니다. 종교가 복을 보장하지 않는다면 언제라도 그것을 버릴 수 있을 것이기 때문이다. 그들은 실상 이기주의자일 뿐이고, 그들이 종교를 믿는 것도 결국 이기적인 목적을 위해서일 따름이다.

나는 강의를 하면서 종교인들에게 "왜 종교를 믿는가?"라고 묻곤 한다. 만약 그들이 '극락', '천국'과 같은 대답을 한다면, "당신은 결국 이기적이고, 종교에서 그런 보상을 하지 않는다면 언제라도 당신의 신과 종교를 헌신짝처럼 버리겠군요?"라고 반문한다. 그러면 그들은 할 말을 잃는다. 그들은 궁극적인 목적 가치와 도구적 가치를 제대로 구분하지 못한 것이다.

진정한 종교인이라면 뭐라고 대답해야 할까? 종교는 형이상학이고, 종교인들은 형이상학에 초월적인 나름의 논리가 있다고 주장한다. 그러면서도 형이하학적인 언어로 다른 사람을 설득하려 한다면 언제나 문제가 생길 수밖에 없다. 결국 진정한 종교인이 할 수 있는 대답은 다음과 같은 것뿐이다.

"모든 것은 신의 영광을 위해서일 뿐입니다. 인간의 보잘것없는 지혜로 신의 섭리를 파악하려고 해서는 안 됩니다. 우리에게 행복과 불행을 주느냐 여부로 선악을 판단할 것이 아닙니다. 진정으로 선악을 판단할 수 있는 자는 오직 신과 신의 계시를 받은 선지자뿐입니다. 저는 묵묵히 주인의 명령에 복종할 뿐이며, 그것이 제 행복입니다."

어쨌든 종교와 신에 진정으로 귀의할 수 있는 사람은 부수적으로 그에 상응하는 행복을 얻는다. 신에 대한 믿음이 흔들리지만 않는다면 말이다. 나는 그런 사람들에게 따져묻기를 가르쳐 그들만의 행복을 깨는 것이 과연 바람직한 일인가에 대해 아직까지도 회의를 가지고 있다. 그들이 타인에게 자신의 형이상학적 믿음을 강요하거나, 타인과 공유하지 못하는 자신의 믿음에 기초해서 타인의 행복과 자유를 침해하지만 않는다면 말이다.

종교인들은 타인과 공유할 수 없는 믿음에 기초한 삶을 산다. 그들이 선교를 할 수 있는 방법은 두 가지이다. 예수처럼 기적을 행하여 자신이 신의 대리인임을 보여 주는 것이 첫번째 방법이다. 그러나 그것은 현실적으로 불가능하다. 그래서 보지 않고 믿는 자가 진정으로 믿는 자라고 말하는 것이다. 따라서 신이 직접 강림하거나 자신이 신의 대리인임을 보여 줄 수 없다면 첫번째 방법은 없는 것이나 마찬가지이다.

두번째 방법은 신에게 귀의한 사람들이 진정으로 평화롭고 행복한 모습을 보여 주는 것이다. 그렇게 함으로써, 눈으로 보거나 현실적인 논리로 이해할 수는 없지만, 그들이 공유하고 있는 믿음에 다른 사람들이 관심을 가지도록 할 수 있다. 관심이 지속되고 그것이 믿음으로 바뀐다면, 그들은 진정한 의미의 선교에 성공할 수 있는 것이다.

형이상학을 거부하는 메마른 삶

좀 많이 돌아온 감이 있지만, 이번에는 형이상학을 전적으로 거부하고 오직 자신만을 위해 사는 이기적인 사람의 경우를 생각해 보자. 그에게 목적 가치란 오직 자기 자신의 이익뿐이다. 그에게 의미 있는 것은 오직 자신의 행복뿐이다. 그는 니체의 유명한 말 "신은 죽었다!"를 외치며, 본래적으로 주어져 있는 의무나 목적 따위는 없다고 주장한다. 삶은 오직 자신의 선택에 달린 것이다.

물론 그도 자신의 이익을 위해 남을 짓밟지는 않는다. 다른 모든 사람을 힘으로 완벽히 제압할 수 있다고 하더라도 남을 짓밟아서 자신의 행복을 추구하는 행위는 자신의 이익에 도움이 되는 합리적인 행위가 아니다. 그는 언제나 누군가 자신을 해할지 모른다는 불안감 속에서 살아야 할 것이기 때문이다. 따라서 그가 이타적인 행위를 한다고 해도 그것은 이타적인 행위 그 자체에 목적이 있는 것이 아니라, 그 행위를 통해 얻을 수 있는 사회적인 보상이나 처벌 때문이다.

버스나 전철에서 노약자에게 자리를 양보하는 행위를 생각해봐도 그렇다. 자리를 양보하는 이유는 크게 두 가지이다. 첫째, 그렇게 배웠기 때문에 무의식적으로 그렇게 한다. 하지만 이 경우는 논의에서 제외시켜야 한다. 왜냐하면 그 사람은 전통과 규율에 무비판적으로 순응하는 것일 뿐, 뚜렷한 목적을 추구하는 의식적 존재가 아니기 때문이다. 우리가 논의하고 있는 대상은 목적 가치와 도구적 가치에 대해 의식적으로 구분할 줄 아는 사람이다.

둘째, 주위의 시선과 책망이 부담스럽기 때문이다. 나도 편안히 앉아 가고 싶다. 그러나 주변의 시선을 의식하지 않고 멋대로 지내다가는 사회생활에 큰 문제가 생긴다. 왕따가 되는 것이다. 그렇기 때문에 필요할 때에는 적절하게 남에게 베푸는 척할 필요가 있다. 그가 유덕해 보이는 행위를 하는 이유는 오직 자신의 장기적인 이익을 위해서일 뿐이다.

그는 오직 자신의 행복만을 추구하며, 전통적이고 형이상학적인 제재로는 그를 제지할 수 없다. 오직 자신의 결단에 의해서 행동할 뿐이다. 하지만 갈등 상황에 놓였을 때, 그는 무슨 기준으로 판단하고 결정하는가? 그가 대답할 수 있는 것은 단 하나, 자신의 욕구 충족뿐이다. 즉각적인 것이든, 아니면 장기적인 것이든 말이다.

하지만 더 많은 욕구가 충족된다고 해서 더 많은 행복이 보장되는 것은 결코 아니다. 우리나라보다 국민소득이 1/10도 안 되는 동남아시아 국가들의 행복지수가 우리나라의 그것보다 훨씬 높다는 기사를 본 적이 있을 것이다. 행복이 욕구 충족에 비례한다면 그런 일은 있을 수 없다. 욕구가 충족되면 만족이 생기는데, 왜 그것이 곧바로 행복과 연결되지 않는다고 하는 것일까?

행복은 전체 욕구 가운데 얼마나 많은 욕구가 충족되느냐에 의해 결정된다. 고급 외제 자동차, 넓고 좋은 집, 맛있는 음식 등 내가 원하는 것을 꼽아 보니 30가지인데, 그 가운데 27가지가 충족되면 행복지수는 90%이다. 30가지 모두가 충족된다면 행복지수는 당연히 100%이며, 완벽하게 행복하다고 해야 할 것이다.

이제 여러분이 원하는 것을 꼽아 보라. 그리고 그 모든 것을 이룰 수 있을 정도의 복권에 당첨되었다고 생각해 보라. 여러분은 과연 100% 행복해질 수 있을까? 많은 현대인들은 돈이 많아서 원하는 것을 얻을 수 있으면 그것이 곧 행복이라고 생각한다. 그렇다면 거액의 복권에 당첨된 사람들 가운데에는 왜 그렇게 불행해지는 사람이 많은 것일까?

문제의 비밀은 전체 욕구가 불변의 상수(常數)가 아니라 변수

(變數)라는 데에 있다. 자동차를 바꿀 때 더 낮은 등급의 차로 바꾸기는 힘들다는 말을 많이 들어 보았을 것이다. 집도 마찬가지이다. 사실 이 두 가지는 자동차와 집에만 해당하는 것만은 아니다. 욕구는, 줄이기는 매우 어렵지만 쉽사리 커지기도 하고 새로 생기기도 한다. 작은 차를 타던 사람이 큰 차를 타다가 다시 작은 차를 타지 못하는 것은 욕구가 이미 커져 버렸기 때문이다. 다시 작은 차를 타게 되면 이미 커져 버린 전체 욕구 때문에 행복지수가 크게 줄어드는 것이다.

100억짜리 복권에 당첨된 사람의 경우를 생각해 보자. 그는 이모저모 따져 본 결과, 한 달에 천오백만 원 정도면 완전히 행복할 수 있다고 생각했다. 그는 먼저 10억짜리 주택을 구입하고, 2억짜리 최고급 승용차를 구입했다. 자신의 여생을 40년 정도로 보고, 나머지 88억이면 남은 인생을 충분히 행복하게 살 수 있으리라고 생각한 것이다(화폐가치의 하락분은 이자로 보충한다고 생각하라).

과연 그 사람은 자신이 생각한 것처럼 행복하게 살 수 있을까? 대답은 'No'이다. 그가 계산에 넣지 않은 것은 소비 수준을 늘릴수록 전체 욕구가 더욱 커져 간다는 사실이다. 전체 욕구가 커지면 행복지수가 줄어들기 때문에 행복지수를 유지하기 위해서는 소비 수준을 더욱 높여야 한다.

내가 초등학교에 다닐 때에는 한 학급에 전화 가진 집이 한두 집에 불과했다. 자가용을 소유한 집은 전교를 통틀어야 한두 집 될까 말까 했다. 이제는 거의 모든 사람이 개인 전화를 가지고 있다. 자가용을 소유한 집안은 전체의 50%가 넘는다. 그러면 행복지수는 그만큼 증가했는가? 그렇지 않다. 더 많은 것을 소유할 수 있게 된 것 이상으로 전체 욕구가 증가함으로써 행복지수의 증가에 오히려 부정적인 영향을 주게 된 것이다.

불과 20년 전만 해도 핸드폰은커녕 인터넷도 그리 흔치 않았다. 하지만 이제 거의 모든 성인들이 핸드폰을 쓰고, 거의 모든 가정에서 초고속 인터넷을 사용하며, 자가용을 보유하고, 위성방송이나 케이블 TV를 시청한다. 과거에는 그런 것을 보유하거나 사용하면 행복지수가 크게 증가될 수 있었지만, 지금은 그런 것을 보유하고 사용한다고 해도 행복지수가 증가되지는 않는다. 이제 그것들은 필수품이 되었기 때문이다.

오히려 남들은 모두 가지고 사용하는 그것을 소유하거나 사용하지 못할 경우 행복지수는 크게 감소된다. 따라서 행복지수를 유지하기 위해서는 그러한 문명의 이기를 모두 소유해야 한다. 4인 가족의 경우, 핸드폰 사용료 14만 원(1인당 3만 5천 원 사용으로 계산. 물론 핸드폰으로 TV를 보거나 인터넷을 할 경우 그 금액은 훨씬 커진다), 초고속 인터넷 3만 원, 자동차 구입 및 유지비 80만 원(자동차의 감가상각액, 세금, 유류비, 보험료, 수리 및 유지비 등을 모두 합쳐 계산하면 실제로는 그보다 훨씬 커진다), 위성이나 케이블 TV 수신료 1만 원 등으로 간단하게 계산해 보면 21세기를 사는 가정에서는 이 몇 가지 품목에서만 20년 전보다 약 100만 원 이상의 생활비가 더 필요해진다.

소득 수준이 향상되고 문명의 이기를 더욱 편리하게 사용할 수 있다고 해서 그것이 곧바로 행복 증진으로 이어지지는 않는다. 오히려 편리한 신제품이 계속 등장함에 따라 그에 대한 욕구가 새로 생겨나고, 그 욕구를 충족시키지 못한다면 그것은 곧바로 행복지수의 하락으로 이어진다. 따라서 현대인들의 노동 시간은 갈수록 길어지는 것이다. 우리나라보다 동남아시아 국가들의 행복지수가 더 높은 이유도 바로 여기에 있다.

전체 욕구가 그런 식으로 변화 가능한 것이라면, 로또복권에 당첨되었다고 해서 위와 같은 산술적 계산으로 소비할 경우 행복해지기는커녕, 행복지수가 갈수록 낮아지게 될 것이다. 따라서 현명한 사람이라면 로또복권에 당첨되었다고 해서 소비 수준을 무조건 높이기보다는 자신의 전체욕구가 기하급수적으로 증가할 수 있다는 점을 고려하여 언제나 예비비를 동원할 수 있도록 소비 수준을 조절하지 않으면 안 된다.

결국 행복을 위해서 중요한 것은 욕구의 '충족'보다 욕구의 '제한'이라는 결론이 나온다. 역사적으로 볼 때, 사회 구성원의 지나친 욕구를 제한하여 파탄을 막고 사회 질서를 평화적으로 유지하는 데 가장 효율적이었던 것은 종교와 전통 규범이었다. 신의 명령이나 성인의 도에 대해서 들으면 들을수록 자신을 그에 헌신해야 할 것 같은 느낌이 든다.

궁극적인 목적 가치를 자기 개인의 욕구 충족에만 두는 사람은 다른 형이상학적 가치에 헌신하는 사람보다 행복해지기가 더욱 힘들다. 사회가 조화롭게 유지되고, 그 구성원들이 서로를 존중하면서 행복하게 지내기 위해서는, 형이상학적 질서에 대한 믿음이 필수 불가결하지는 않더라도 커다란 효용을 가지는 것이다.

그러면 나는 왜 형이상학을 경계하는가? 그것은 형이상학의 또 다른 특성과 역사적으로 형이상학이 수행해 온 역할 때문이다. 앞에서 요약한 바 있는 형이상학의 특징 가운데 ④를 제외한 나머지 다섯 가지는 서로 밀접하게 연결되어 있다.

유한한 존재인 인간이 유한성을 뛰어넘고자 하는 데서 문제는 시작된다. 유한성을 인정하고, 그것을 극복하기 위해 노력하는 과정이었다면 별 문제가 되지 않았을지 모른다. 그러나 인간은 스스로의 유한성을 인정하지 않았다. 오히려 자신의 영혼, 혹은 이성은 이 세계의 유한성을 벗어난 신의 세계에 속한다고 생각해 왔다.

경험과 관찰을 초월해 있는 것을 선험적이고 논리적인 방식으로 탐구하다 보니, 현실성이 전혀 없는 주장이라도 논리적인 모순만 없다면, 좀더 적나라하게 말해서, 그럴싸하기만 하다면 형이상학적인 이론으로 대접받았다. 하지만 황금으로 뒤덮인 산이나 뿔 달린 말인 유니콘이 논리적으로 문제될 것이 없다고 해서 그것들이 존재하는 것은 아니다.

플라톤의 이데아론도 영원한 진리를 향한, 그리고 영혼의 불멸에 대한 인간들의 공통된 갈망이 투여된 그럴싸한 이론일 뿐, 따져 보면 설명되지 않은 부분이 너무 많다. 영혼이 하늘나라에서 땅으로 내려오다가 사막을 지나 레테의 강물을 마시게 되는 부분이라든가, 우리가 사는 세계를 동굴에 비유한 것과 같은 부분은 정말 희박하게, 그럴 가능성이 있을 뿐이지 필연적으로 그런 결말에 이르게 됨을 보여주는 것은 아니다. 사실 학문에서 비유가 등장한다는 것은 증명이 불가능함을 시인하는 것이나 다름없다.

하지만 무엇보다 심각한 문제는 형이상학의 독단적인 성격, 그리고 그러한 측면이 지배 권력의 정당화에 이용될 수 있고 실제로도 이용되었다는 점이다. 플라톤은 이데아 세계로의 상승을 경험한 철학자가 형이하의 세계에 얽매여 있는 사람들을 지배해야 한다고 주장한다. 일차적으로 그 철학자가 과연 양심적으로 통치를 할 것인가 하는 문제를 제기할 수 있겠지만, 지식과 덕이 일치한다는 입장에 선다면 문제가 안 될 수 있다. 정말로 심각한 문제는 철인왕이 과연 어떤 근거를 내세우며 어떤 방식으로 통치를 할 것인가이다.

동굴의 비유를 통해 설명했듯이, 철인왕이 통치를 해야 하는 이유는 그만이 그림자의 동굴에서 벗어나 이데아라는 실재를 보았기 때문이다. 그는 세계의 참모습이자 이상적인 모습을 보아서 알고 있다. 따라서 그는 어떤 방향으로 국가를 이끌어 가야 하는지를 가장 잘 알고 있다.

그러나 그는 불변의 절대적 진리를 어떻게 알았는가? 일반 사람들의 입장에서 본다면 어떤가? 비유에서는 그가 각고의 노력 끝에 사슬을 끊고 동굴에서 벗어나 이데아의 세계를 본다. 하지만 그것은 눈으로 보는 것이 아니다. 플라톤은 '상기'(想起, anamnesis)라고 그것을 설명하지만, 일반인들이 보기에는 예지 능력을 발휘하여 직관적으로 이데아를 포착한 것이다.

그렇다면 그가 이데아를 포착했음을 누가 어떻게 검증할 수 있는가? 우리나라에도 계룡산에 가면 불변의 진리를 찾고자 수련하는 사람들을 심심찮게 볼 수 있다. 때로는 자신이 도를 터득했노라고 주장하는 사람들이 나오기도 한다. 하지만 그가 도를 터득했음을 누가 어떻게 알 수 있는가?

일단 범인들의 입장에서는 그가 도를 터득했음을 알 수 없다. 철인왕과 마찬가지로 그는 범인과는 다른 고도의 정신적 능력을 통해 그것을 알아냈기 때문이다. 그를 알아볼 수 있는 사람은 그와 같이 정신적으로 높은 경지에 이른 사람뿐이다. 철인왕을 알아보고 선발할 수 있는 사람도 결국 이전의 철인왕뿐이다.

정신과 의사에 관한 우스개 소리를 아는가? 정신과 의사들은 언제나 정신적으로 문제가 있는 사람들을 상대하기 때문에 스스로에게도 문제가 생길 가능성이 높다. 그래서 자신보다 더 권위 있는 의사에게 정기적으로 체크를 받는다. 당연히 그 권위 있는 의사도 자신보다 더 권위 있는 의사에게 정기적으로 체크를 받는다. 이런 식으로 계속 진행되다 보면 아주 특이한 결론이 나온다. 가장 권위 있는 의사 한 사람에게만 정신적으로 이상이 생기면 온 세상이 제정신이 아니게 된다는 것이다.

지나치게 단순화하긴 했지만, 이 이야기는 시사하는 바가 있다. 만약 엘리트 집단의 주장을 보통 사람들이 이해할 수 없다면, 그들이 엘리트인지 아니면 미친놈인지 어떻게 분간할 수 있단 말인가? 그들을 무조건 믿고 따라야 한단 말인가? 따르기 위해서는 최소한의 신뢰가 전제되어야 하는데, 엘리트들에게 보통 사람들의 신뢰를 얻을 수 있는 방법은 없다. 그들은 예지의 눈으로 '보았을' 뿐이기 때문이다.

누군가가 여러분에게 "당신들이 지금 눈으로 보고 있는 것은 그림자에 불과합니다. 실제 세상은 암흑 투성이라오. 어떤 사악한 과학자가 세상을 정복하고 나서 인간들이 반발할까봐 모든 인간의 의식을 조작하여 평범하게 생활하고 있는 것처럼 꾸며 놓은 것이라오. 나는 예지의 눈으로 진실을 보았소"라고 말한다면 그의 말을 믿겠는가? 그저 그를 미친놈이라고 생각할 것이다.

플라톤 자신도 동굴에서 탈출했던 사람이 돌아와 사람들을 각성시켜 주고자 한다면 동굴 안의 사람들은 그의 이야기를 믿지 않을 뿐만 아니라, 결국에는 그를 죽여 버릴 것이라고 말한다. 소크라테스를 염두에 두었음이 분명한 이 이야기는 형이상학적 진리에 기반한 엘리트 정치의 문제점을 잘 보여 준다.

문제는 여기에서 그치지 않는다. 만약 절대적인 불변의 진리를 포착한 사람이 한 사람뿐이라면 지금까지 지적한 문제가 더욱 커질 것이다. 아무도 그를 몰라볼 테니까 말이다. 하지만 만약 그 진리를 포착한 사람이 다수라면 또 다른 문제가 생긴다. 계룡산에서 도를 터득했다고 주장하는 사람들을 모두 모아 놓으면 그들의 주장은 일치할 것인가? 당연히 그렇지 않을 것이다. 그랬으면 다양한 종교가 생겼을 리도 없다.

여기에서 잠시 개념을 정리하고 넘어가자. 새롭게 제기된 문제를 해결하기 위해서는 '절대적'과 '보편적', 그리고 '객관적'이라는 말의 의미를 정확히 알 필요성이 있기 때문이다. 이 세 단어는 동의어라고 보면 된다. '절대적 진리'를 '보편적 진리'나 '객관적 진리'라고 써도 무방한 것이다.

'객관적'과 '보편적'의 의미는 영어로 풀이해 보면 쉽게 알 수 있다. '객관적'에 해당하는 'objective'는 '사물', '대상'을 의미하는 'object'의 형용사이다. 따라서 '객관적'이란 '대상적'이라는 뜻이다. 파란색으로 보이는 물체가 있다고 하자. 보는 사람이 파란색 안경을 끼었기 때문에 그것이 파란색으로 보인다면 그것을 객관적인 관찰이라고 할 수 없다. 대상의 성질을 본 것이 아니기 때문이다. 대상 자체에 파란색이 있다면 누가 보더라도 그 대상은 파란색이 되어야 한다. 그것을 빨간색으로 보는 사람이 있다면 그 사람은 대상의 객관적 성질을 파악하지 못한 것이다. 따라서 '객관적'이란 '보는 사람과 무관하게 누가 보더라도'라는 의미를 가진다.

'보편적'이란 말에 해당하는 'universal'은 우주를 의미하는 'universe'의 형용사이다. 중국의 고대 문헌 가운데 하나에서는 '우주(宇宙)에 대해 "상하사방(上下四方)을 우(宇)라 하고, 고금왕래(古今往來)를 주(宙)라 한다"라고 풀이하고 있다. 이 풀이대로라면 '보편적'이란 '동서고금의 어느 누가 보더라도'의 뜻이 된다. 역시 '객관적'과 같은 의미인 것이다. '절대적'은 영어보다 한자로 그 의미를 살펴보는 것이 더 효과적이다. '絶對'는 글자 그대로 풀이하면 '對를 끊다(없애다)'로, '비교할 상대가 없다'라는 뜻이다. 무림의 고수에게 상대할 자가 없다면 그를 '절대지존'이라 하고, 다른 사람과 비교하지 않고 평가하는 것을 '절대평가'라 한다. 따라서 어떤 주장에 대해 아무도 그에 상대할 만한 반론을 제기할 수 없어야 절대적인 주장이라 할 수 있는 것이다.

이제 다시 도를 터득한 사람들에게 되돌아가 보자. 그들은 서로

철인정치를 주장했던 플라톤(그림 중앙의 왼쪽 인물). 철인왕이 통치를 해야하는 이유는 그만이 그림자의 동굴에서 벗어나 이데아라는 실재를 보았기 때문이다.

자신이 터득한 것이 절대적이고 보편적이며 객관적인 이치라고 주장할 것이다. 그런데 일단 상대가 있으므로 그것을 절대라 할 수 없고, 시공을 초월해야 하는데 당장 같은 시점에서조차 통용되지 않는 대상이 있으니 보편이라 할 수 없으며, 누가 보더라도 그러하지 못하니 객관적이라 할 수도 없다.

그렇다면 철인왕은 어떤 방법으로 다른 사람들을 다스리고 인도할 수 있을까? 자신은 포기할 수 없는 절대적인 진리를 알고 있으나, 설명할 수는 없다. 방법은 하나다. 상대방의 무지를 질타하면서 강압적인 방법으로 자신의 주장을 관철시키는 것이다. 철인왕의 통치 방법은 조선 시대에 왜 수절을 해야 하느냐고 묻는 과부에게 '여성의 도'를 말하거나, 중고생들에게 두발과 복장 제한의 근거로 '학생다움'을 말하다가, 더 따져물으면 "너희가 뭘 안다고 그래?"라고 화를 내버리는 사람들과 크게 다를 바 없다.

이러한 형이상학적 지식은 실제 지배 이데올로기로 작용했다. 플라톤의 이데아론 말고도, 중세 교회가 면죄부를 팔았던 것, 왕권신수설, 조선시대 주자학의 지배 등 구체적인 사례를 들자면 이루 헤아릴 수 없을 정도이다. 지배 계급은 언제나 신의 의지나 우주의 섭리를 거론해 가면서 자신들의 지배와 수탈을 정당화했다.

형이상학의 문제는 기본적으로 인식론적인 것이다. 인식론이란 우리가 어떻게 진리를 인식할 수 있는가를 논하는 학문이다. 절대적인 진리를 주장하는 사람들은 자신이 초월적인 방법을 통해 초월적인 존재를 인식한다고 말한다. 그런 주장에 대해서는 언제나 "왜 당신들만 초월적 방법을 사용한다고 주장하는 거요? 나도 초월적 방법을 사용하고 있소. 그리고 내가 알아낸 진리는 당신의 것과 다르오"라는 반론이 가능하다.

형이상학적 주장의 인식론적 문제를 잘 보여 주는 사례가 있다. 구약에 따르면 신은 아브라함의 믿음을 시험하기 위해 꿈에 등장하여 그의 외아들 이삭을 희생으로 바치라고 명령한다. 아브라함은 신의 명령에 복종하기 위해 제단을 쌓아 놓고 칼로 이삭을 베어 죽일 준비를 한다. 아브라함의 신앙심을 확인한 신은 천사를 보내 이삭 대신 양을 희생으로 바치도록 명령한다.

이 장면은 신학자들 사이에서도 많은 논란을 낳았다. 과연 이 사건을 통해 아브라함의 신앙심이 확인된 것일까? 오히려 아브라함의 무분별함이 확인된 것은 아닐까? 만약 아브라함에게 계시를 내린 것이 신이 아니라 신으로 가장한 악마였다면 어떻게 할 것인가? 어떻게 신이 그렇게 부도덕한 명령을 내릴 수 있을까? 그렇게 부도덕한 명령을 내리는 존재가 과연 신인지 아닌지 확인할 수 있는 방법은 있는 것일까?

전지전능한 신은 무슨 이유로 아브라함의 신앙을 시험해야 했을까? 신이 전지(全知)하다면 시험해 보지 않고도 아브라함의 신앙을 알 수 있었어야 한다. 게다가 전능(全能)하다면, 그리고 아브라함이 독실한 신앙을 가지기를 원한다면, 시험할 필요도 없이 아브라함의 신앙을 독실하게 만들어 주면 되는 것이 아닌가?

이미 언급한 바 있지만, 이런 문제를 제기했을 때 독실한 기독교인이 대답할 수 있는 방법은 단 한 가지이다. 모든 것은 신의 영광을 위해서 준비된 것이며, 신의 섭리는 유한한 인간의 능력으로는 알 수 없다는 것이다. 하지만 그렇게 말하는 사람은 이미 신의 섭리를 어느 정도 알고 있다는 말이 된다. 그는 인간의 유한성을 넘어섰단 말인가? 결국 형이상학적 진리를 주장하기 위해서는 자신(혹은 자신과 동조하는 자들)만이 완벽한 인식 능력을 가졌으며, 다른 사람들 모두는 인식 능력에 한계를 가졌다는 주장을 할 수밖에 없는 것이다. 동굴 밖에 나갔던 플라톤의 철인왕은 사람들에게 죽임을 당할 위기에 처한다. 죽음에 대한 성찰을 이미 마친 그로서는 죽음 자체가 두렵지는 않다. 그러나 자신이 죽는다면 세상과 자신을 죽인 사람들로서는 커다란 손실이 아닐 수 없다. 따라서 자신은 그들을 위해서라도 죽어서는 안 되며, 강제로라도 그들을 옳은 길로 인도해야 한다. 필요하다면 폭력을 사용하거나, 그들 중 일부를 희생시켜서라도 말이다.

뒤에서 자세히 설명하겠지만, 이런 논리는 독재자의 논리이다. 아무리 무자비한 공포정치를 행하는 독재자라도 '따져묻기'를 시도해 보면 결국 그와 같은 논리를 내세우는 것이다. 결국 이 세상 '너머'에 있는 완벽하고 절대적이며 객관적인 진리의 세계를 상정하는 형이상학은 폭력으로 귀결될 수밖에 없는 것이다.

4부

형이상학을 넘어 민주주의로

철학이 없으면 민주주의도 없다. 독재의 논리도, 독재에 대항하는 논리도 철학에서 나온다!

대중 : 독재자를 타도하자.

독재자 : 그럼 무지한 대중에게 국운을 맡기자는 말이요?

대중 : 그렇지는 않지요. 당신 말고 양심적이며 현명한 사람이 국가를 맡아야지요.

독재자 : 그렇다면 그 사람은 무조건 당신들이 원하는 대로만 해야 하나요? 그런 사람은 허수아비나 다름없을 텐데?

대중 : 아니오. 그는 우리를 깨우쳐 주고 올바른 길로 인도해 줄 것이오.

독재자 : 그러면 그와 당신들의 의견이 엇갈리면 어떻게 할 거요? 그건 아마도 당신들이 그의 생각을 이해할 수 없는 경우이겠지만 말이요.

대중 : 당연히 그의 의견을 따라야겠지요.

독재자 : 그것이 설사 당장은 눈앞의 이익에 배치되고, 당신들을 위하지 않는 것처럼 보이더라도 말이요?

대중 : 그렇습니다.

독재자 : 내가 처해 있는 곤경이 바로 그 경우에 해당하오. 당신들은 나를 독재자라 욕하지만, 그건 당신들이 나를 이해하지 못하는 것이오. 나는 나라와 국민을 위한 장기적인 계책을 실행하고 있을 뿐이오.

대중 : ……

여러분이라면 어떻게 대답하겠습니까?

1 _ 웬 형이상학과 민주주의?

| 엘리트주의와 민주주의 |

형이상학을 넘어서면 민주주의가 온다? 제목 자체가 이상하게 여겨질지 모른다. 그러나 이 장과 이 책 전반에서 설명하고자 하는 점이 바로 그 내용이다. 민주주의의 탄생과 발전은 철학적 사상의 변화를 수반한다. 그리고 그러한 사상적 변화의 큰 줄기는 '형이상학의 극복'이다.

여기에서 '수반'이라는 말을 쓴 것은 일종의 도피책이다. 철학 사상의 변화가 민주주의를 만들어 내고 발전시킨 것은 아니다. 그렇다고 사회의 변화가 철학 사상의 변화를 일으켰다고만도 할 수 없다. 양자는 상호적인 관계이다. 사상의 변화가 사회의 변화를 선도하는 경우도 있고, 사회의 변화에 따라 그를 뒷받침하기 위한 사상의 변화가 생겨나는 수도 있다. '동반'과 유사한 '수반'이라는 용어는 이럴 때 사용하기 적절한 것이다.

어려운 말로 설명을 가장하는 것을 가장 싫어하는 내가 '수반'이라는 용어를 쓴 데에는 이런 속사정이 있다. 독자 여러분들도 여기에서 '수반'이라는 말을 한 번쯤 들어보는 것도 좋을 것이다. 이는 현대 철학에서 자주 사용되는 용어이며, 사람들은 자신이 아는 말이 나오면 그 사상을 어느 정도 이해하고 있다고 생각하고, 모르는 말이 나오면 낯설어 하고 당황하는 성향을 가지고 있기 때문이다. 나중에 본격적으로 철학을 공부하다가 '수반'이라는 말이 나오면 반갑지 않겠는가?

나는 민주주의의 신봉자이다. 그것이 완전한 사상이나 제도라서가 아니라, 인류의 역사를 되돌아 볼 때 그것이야말로 현실적인 최선의 대안이라고 생각하기 때문이다. 물론 민주주의는 현대의 모든 국가가 이상으로 삼는 정치 체제이며, 반민주적인 정책을 지향하노라고 공언하는 나라는 세계 어디에도 없다. 나만이 민주주의를 신봉하는 것은 아니라는 말이다. 그런데 왜 나는 잘난 척하면서 민주주의의 신봉자임을 강조하는가?

"민주주의는 인식론적으로 회의주의에 기반한다." 정말 멋져 보이는 이 말은 유명한 사람이 한 말이 아니라 내가 만들어 낸 말이다. 이 책의 나머지 가운데 상당 부분은 바로 이 말을 설명하는 데 할애할 것이다. 민주 사회에서는 대화와 관용이 중요하다고들 말한다. 그런데 막상 왜 대화와 관용이 중요한가를 물으면 대답을 하지 못한다. 그 대답은 바로 저 멋져 보이는 말이다. 그 말의 의미를 이해한다면 이 책을 읽은 의미가 충분히 달성된 것이리라.

사실 엘리트들은 민주적 절차에 대해 불만을 가지기 쉽다. 민주주의는 모든 사람에게 동등하게 한 표씩 주는 일인일표주의와 다수의 의사를 따라야 한다는 다수결의 원리로 상징되기 때문이다. 시골에서 평생 농사만 짓던 팔순의 노인에게도 한 표가 주어지고, 좋은 대학에서 박사과정까지 마친 사람에게도 동일하게 한 표가 주어지는 것은 불합리하지 않은가?

앞에서 설명한 것처럼, 민주주의는 어리석은 대중들이 정치를 농단하는 이른바 '중우정치'(衆愚政治)에 빠질 위험이 있다. 흡연의 심각성을 모른 채 흡연을 하는 중고등학생들을 모아 놓고 흡연을 허용할지 여부를 민주적으로 결정하는 것이 과연 올바른 일이겠는가? 플라톤의 스승이자 인류의 4대 성인 중의 하나로 꼽히는 소크라테스도 민주적인 절차에 의해 사형에 처해졌다. 그 모습을 본 플라톤은 어리석은 대중이 아니라 최고의 엘리트가 국가를 이끌어 가야 한다는 '철인정치'를 주장했다.

그러나 이제 나는 진정한 민주주의 신봉자가 되었다. 엘리트들의 판단이 보다 우월함을 부인해서가 아니다. 오히려 모든 인간은 근본적으로 한계를 가질 수밖에 없으며, 그 사실을 부인할 때 결과는 타인에 대한 폭력과 강요로 이어지게 된다는 결론을 내렸고, 또 개인적이고 사회적인 영역에서 그러한 경험을 해왔기 때문이다.

독재 속에 담긴 엘리트주의의 논리

독재자들이 민주주의를 부인하는 이유는 무엇일까? 쉽게 생각할 수 있는 것은 '독재자 개인의 욕심 때문'이라는 대답이다. 그러나 독재자들을 자신의 욕심 때문에 국민의 권리를 말살하고 있다고 비판한다면 그들은 수긍하지 않을 것이다. 그들은 독재가 국가와 민족을 위한 것이라고 말할 것이다. 거기에 대고 "당신은 거짓말을 하고 있어. 야욕을 숨기기 위한 것일 뿐이지"라고 말한다면 그와의 논쟁에서 승리할 수 있을까?

당신이 힘에서 월등한 우위를 점하고 있고, 애초부터 힘으로 상대방을 제압할 작정이었다면 모를까, 대화와 토론으로 문제를 해결하려 한다면 그런 비난으로 상대방을 굴복시킬 수는 없다. 당신은 '자비의 원칙'을 어기고 있기 때문이다.

여기서 또 잠시 돌아갈 수밖에 없다. '자비의 원칙'이라는 이른바 '전문용어'가 나왔기 때문이다. 자비의 원칙이란 토론의 원칙 가운데 하나로, 표면적으로 드러나지 않은 상대방의 의도를 비판할 때는 그가 상상 가능한 최선의 의도를 가지고 있다고 전제해야 한다는 것이다. 의도는 오직 행위자 자신만이 알기 때문이다. 자비의 원칙을 따르지 않을 경우 결과는 물리적인 싸움뿐이다.

한 학생이 지나가는 선생님을 보고 빙그레 미소를 지었다. 며칠 전 음주 단속에 걸려 크게 망신을 당한 그 선생님은 자신을 비웃는다고 생각했다. 그래서 그 학생을 불러서는 "너, 이 자식! 지금 비웃는 거야?"라고 묻는다. 학생은 어처구니가 없다. 지나가다가 선생님을 마주쳤고, 모른 척 하기도 그렇고 뻘쭘하게 빤히 쳐다보기도 뭐하고 해서 친근감을 표하기 위해 미소를 지은 참이었기 때문이다. 하지만 선생님은 그 말을 믿지 않고 체벌을 가한다. 선생을 모욕했다는 이유로 말이다.

학생의 입장에서 보면 참으로 황당하기 그지없는 일이다. 실제로 학창 시절에 이와 유사한 경험을 해본 사람도 적지 않을 것이다.

중학교 때 첫 체육 시간의 일이다. 우리 반 학생들은 체육 수업을 위해 집합해 있었다. 체구가 당당한 체육 선생님이 걸어 나왔다. 선생님의 모습에 감탄하고 있을 즈음, 그 선생님이 내게 "번호!"라고 외쳤다. 나는 어리둥절했다. 초등학교 체육 시간에는 그저 공놀이나 했을 뿐, 제식 훈련 따위는 한 번도 해본 적이 없었기 때문이다.

어리둥절하고 있는 내게 선생님이 더 큰 목소리로 "번호!"라고 외쳤다. 나는 더 당황해서 나도 모르게 "번호!"라고 외쳤다. 그러자 선생님이 다가와서 갑자기 뺨을 철썩 때리고 다시 "번호!"라고 외쳤다. 나는 더 당황했다. 목소리가 작아서 화가 났나 보다고 생각하고 더 큰 목소리로 "번호!"라고 외쳤다. 결과는 여러분이 짐작하는 대로, 더 세게 날아온 주먹이었다.

여러분은 나의 바보 같음에 미소지을지도 모른다. 그러나 초등학교를 갓 졸업한 어린 아이가 군대식 문화에 익숙할 리 없다. 선생님은 먼저 설명을 해주는 '자비'를 베풀 수 있었고, 또 그랬어야 옳다. 하지만 그 선생님은 자신의 입장에서만 생각했고, 내 행동이 자신을 우롱할 의도였다고 결론을 내린 나머지 폭력을 휘두른 것이다.

과거에 주류 문화에 대한 반항적인 이미지와 노래로 한 세대를 풍미한 서태지라는 가수가 있었다. 한 번은, 이재수라는 패러디 가수가 그의 노래를 코믹하게 패러디하여 화제가 되었다. 서태지는 그가 상업적인 의도로 자신의 노래를 비하했다고 소송을 제기했고, 마침내는 소송에서 이겼다.

여기에 언급된 내용만 가지고 논의를 단순화해서 판단해 보자. 서태지는 자비의 원칙을 지켰는가? 대답은 "그렇지 않다"이다. 이

재수가 서태지를 패러디한 이유에는 여러 가지가 있을 수 있다. 돈을 벌기 위해서일 수도 있고, 문화권력을 비판하고 등장한 서태지 자신이 문화권력화 되는 것을 비판하기 위해서일 수도 있다. 두 가지 가운데 당연히 후자가 더 폼 나는 의도이다. 그렇다면 서태지는 이재수가 첫번째 의도를 가지고 자신의 노래를 패러디했다고 비판할 것이 아니라, 두번째 의도를 가지고 했다 하더라도 문제가 있음을 주장했어야 옳다.

이제 자비의 원칙이 무엇인지, 그것이 왜 필요한지에 대해 어느 정도 감이 잡혔으리라 본다. 자비의 원칙은 토론의 핵심 원칙 가운데 하나이다. 상대방을 비난할 목적으로 그 의도를 날조하려 한다면, 비난 못할 행동이란 없을 것이다. 그리고 그런 편향된 시각을 가지고 토론에 임한다면 올바른 토론이 이루어질 리 없다. 편견을 배제한 열린 마음이야말로 공정한 토론의 필수 조건이며, 자비의 원칙은 그러한 태도를 보장하기 위한 장치인 것이다.

자, 이제 다시 독재자에게로 돌아가 보자. 거의 모든 독재자들은 국가와 민족을 위해 독재자라는 오명을 무릅쓰기로 결심했다고 주장한다. 그에 대해 "당신은 일신의 사욕을 위해 독재를 행하고 있는 것이오"라고 말하는 것은 자비의 원칙에 어긋난다. 자비의 원칙을 어길 경우 결과는 역시 힘의 대결뿐이다. (현실적으로는 기회가 별로 주어지지 않겠지만) 토론의 장에서 독재자를 꺾기 위해선 자기 스스로가 먼저 자비의 원칙을 지키는 관용의 태도를 견지해야만 한다.

많은 사람들은 독재자가 얼마나 많은 피해를 입혔는가를 지적하곤 하지만, 독재자도 바보가 아닌 이상, 그에 대해 이미 준비가 되어 있다. 그것은 국가와 민족의 보다 장기적인 이익을 위한 불가피한 희생이라는 것이다. 어리석은 대중은 근시안적인 견지에서밖에 바라보지 못하기 때문에 자신과 같은 인물이 필요하다는 주장이다. 그가 보기에 대중은, 소크라테스를 죽인 사람들이나 흡연을 허용하기로 결정한 학생들과 같다. 여러분에게는 그에게 수긍하거나 분통을 터뜨리는 것 외에 다른 방책이 있는가?

독재자는 투쟁을 통해 타도해야지, 무슨 토론 따위가 필요하냐고 반문해서는 곤란하다. 타도를 위해서는 명분이 있어야 한다. 명분 없는 투쟁은 또 다른 명분 없는 투쟁을 불러오기 마련이다. 동서양을 막론하고 왕조가 바뀔 때면 새로운 왕조의 개창자는 언제나 고민에 휩싸이곤 했다. 명분 없이 혁명을 했다가는 자신이 선례가 되어 언제든지 또 자신과 같은 사람이 나와 뒤통수를 때릴 수 있기 때문이다.

물론 기존 체제를 타도하기 위한 세력뿐만 아니라 옹호 세력도 나름의 명분을 가지고 있다. 그렇다면 가능성은 둘 중의 하나이다. 명분이고 나발이고 힘으로 제압한 뒤 모든 반항을 진압하거나, 명분 싸움에서 이겨서 광범위한 지지를 획득하는 것이다. 독재를 비판하는 자가 첫번째 방법을 택할 수는 없다. 결국 그에게 남는 방법은 명분 싸움뿐이다.

게다가 힘으로 독재를 타도할 수는 있을지 몰라도, 새로운 사회를 건설할 수는 없다. 이상 사회의 건설도 힘으로 하고자 한다면, 독재를 무너뜨린 세력이 다시 독재를 하겠다는 것밖에 안 된다. 사상적 기반이 부족하면 소모품으로서 투사는 될 수 있을지 몰라도, 건설적인 정책가가 될 수는 없는 것이다.

독재자를 궁지에 몰아넣는 가장 효과적이고도 유일한 방법은 형이상학적 절대론의 인식론적 문제를 지적하는 것이다. 사실 독재자의 논리는 플라톤의 철인정치론과 다를 바 없다. 민주주의는 어리석은 대중에 의한 중우정치로 귀결된다. 진실을 제대로 알고 있는 엘리트가 나서야 한다. 하지만 대중이 그 엘리트를 알아볼 수 있을 리 없다. 따라서 엘리트는 독재자라는 오명을 무릅쓰더라도, 또 사회의 일부를 희생하더라도 '올바른' 정책을 시행해야 한다.

그들의 주장에 따르면 오직 역사만이 자신들을 제대로 평가해줄 것이다. 하지만 역사가 그들을 여전히 독재자로 평가한다면? 그들에게는 언제나 준비된 대답이 있다.

"아직 역사가 우리들을 알아줄 때가 되지 않은 것뿐이다."

얼마나 편리한 논리인가?

결국 독재자들은 플라톤의 철인정치론과 같은 절대주의에 기반하고 있다. 자신들은 우매한 대중을 위해 봉사할 뿐이라는 것이다. 그러나 중세 이후의 사상사는 그 반대 방향으로 발전했다. 형이상학에 기반한 절대주의는 부인되고 인식론적 회의주의가 득세한 것이다. 민주주의는 그러한 회의주의에 기반하고 있다. 앞으로 설명할 내용은 형이상학이 부인되고 회의주의가 득세하게 되는 과정이다. 물론 여태까지 무례하게 사용했던 '회의주의' 라는 어려운 말도 더불어 설명할 것이다.

2 _ 형이상학을 넘어(1) : 평등한 사회를 향해

근대의 시작을 언제로 잡을 것인가에 대해 이견이 분분하지만, 나는 그 문제에 별 관심이 없다. 근대가 되었다고 갑자기 중세의 잔재가 모두 없어지고 세상이 합리적인 정신으로 충만해지는 것은 아니기 때문이다. 중세적인 사고를 넘어서는 과정은 길고도 험난하게 진행되었고, 우리나라를 포함해서 세계의 많은 곳에서는 여전히 진행형이기도 하다. 지금부터 설명할 내용은 그 길고 험난한 과정이 어떻게 진행되었는가 하는 점이다. 아이러니컬하게도 형이상학적 사고 극복의 첫걸음으로 우리 모두는 죄인이 되어야만 했다.

엘리트주의의 어두운 단면, 면죄부

철학사에서는 중세를 흔히 암흑기라고 부른다. 기독교가 중세를 지배했기 때문에 나온 말이다. 중세에는 철학이 신학의 시녀 역할을 했다고 말한다. 신학이 모든 학문을 지배하는 가운데, 철학이 '따지기'의 기능을 제대로 수행하지 못하고 신학을 정당화해 주는 역할만을 했다는 뜻이다. 요즘으로 말하면 권력을 제대로 비판하지 못하

면죄부로 대표되는 중세 교회의 타락에 대한 반발은 만민 평등이라는 뜻하지 않은 결과를 낳게
된다. 평등한 사회로의 이행은 형이상학의 몰락을 예고하는 것이기도 했다.

고 권력을 정당화시켜 주는 어용학자나 언론에 해당한다.

따져묻기를 통해 비판을 해야 할, 소크라테스의 언어로 표현하
면 "사회에 경종을 울리는 등에" 역할을 해야 할 철학이 제 역할을
하지 못할 때 사회는 정체하기 마련이고, 고인 물이 썩듯이 부패하
기 마련이다. 중세 교회의 부패상을 가장 극명하게 보여 주는 사례
가 바로 면죄부이다. 교회 조직의 탐욕은 극에 달해 있었으며, 사실
상 세속 군주의 역할을 하고 있었다. 부패한 교회의 수장인 교황은
대성당의 건축비를 마련하기 위해 면죄부를 남발했다.

면죄부란 죄를 사해 주는 대가로 돈을 내고 받는 일종의 증명서
이다. 그리고 보면 동양에만 부적이 있었던 것은 아닌 듯하다. 사이

비 무속인이 부적 써 주고 돈 받는 것이야 그러려니 해도, 교회가 그런 일을 했다는 것은 용납할 수 없었다. 그것은 교회의 오만과 타락이 극에 달했음을 보여 주는 사례였다.

본래, 교회는 신의 권리를 대행하는 존재가 아니라 심부름꾼이었다. 요즘으로 말하면 폭행죄로 감옥에 가야 할 사람에게 대통령 집 가정부가 돈을 받고 무죄로 만들어 주겠다고 한 꼴이다. 하긴 현대에도 그런 일이 있으니, 수백 년 전에 그런 일이 있었다고 해서 못 믿을 일은 아니다. 하지만 당시 사람들이 모두 바보가 아닌 다음에야 어떻게 그런 일이 가능했을까? 비밀은 바로 지식의 독점에 있다.

아주 쉽게 상황을 재구성해 보자. 돈은 많으나 평소에 죄를 많이 지어서 사후에 지옥에 갈 것을 두려워하는 사람이 있다. 그에게 탐욕스러운 사이비 사제가 접근한다. 그는 죄를 사해 줄 테니 돈을 내라고 말한다.

죄인 : 당신이 어떻게 죄를 사해 줄 수 있나요?

사이비 종교인 : 성전을 짓는 것은 신의 뜻입니다. 신께서는 그 뜻에 부응하는 사람에 대해 우리 종교인의 중재 하에 죄를 용서받을 수 있도록 하라고 말씀하셨습니다.

죄인 : 당신이 신과 직접 대화를 나누었나요?

사이비 종교인 : 신으로부터 계시를 받았지요.

죄인 : 내 그걸 어찌 믿고 거액을 낸단 말이오? 당신도 결국 인간에 불과하잖소?

사이비 종교인 : 당연한 말씀입니다. 하지만 증거가 있습니다. 신의

모든 계시는 성경에서 그 증거를 발견할 수 있습니다. 설마 성경을 부인하는 것은 아니겠지요?

죄인 : 물론입니다. 정말로 성경에 그렇게 적혀 있나요?

사이비 종교인 : (라틴어로 된 성경을 펼쳐 보이며) 못 믿겠으면 직접 보시오. 자, 여기에 나와 있지 않소?

죄인 : (고개를 절레절레 흔들며) 됐어요. 내가 무슨 수로 라틴어를 읽는단 말이오? 성직자가 그렇다고 하면 믿을 수밖에. 자, 돈 여기 있소. 죄를 용서받았다는 증명서나 주시오.

현대에도 이런 유의 사기는 흔하다. 글을 읽지 못하는 촌 노인에게 그럴 듯한 문서를 보여주면서 돈을 뜯어가는 일이 비일비재했던 것이다. 성경이 라틴어로 되어 있던 시절에 사람들은 글을 읽지 못하는 촌 노인과 다를 바가 없었다. 반면 성직자들에게는 라틴어를 공부하고 성경을 필사하는 작업이 일상사였다. 하지만 그렇게 얻은 지식은 결국 무지한 사람들에게 사기를 치는 도구로 사용되었다. 이는 엘리트주의의 어두운 단면을 보여 주는 대표적인 사건이다.

| 종교개혁과 만민 평등주의 |

이런 타락한 모습에 분개한 마틴 루터는 교회 정문에 교회의 타락을 비판하는 95개 조의 반박문을 붙였다. 이것이 이른바 종교개혁의 시작이다. 그러나 종교개혁의 결정적 계기는 그가 성경을 독일어로 번역한 사건이었다. 누구나 읽을 수 있는 일상적인 구어체로 성경을

번역한 결과가 어떠했을지는 위의 가상적 대화에 비추어 보면 쉽게 알 수 있다. 죄인은 이렇게 말할 것이다. "이 구절을 그렇게 해석하는 것은 당신 생각이지. 당신이 신과 직접 대화한 것도 아니잖아? 내가 보기에 이 구절은 그렇게 해석해서는 안 될 듯한데?"

성직자들은 근엄해 보이는 복장에 알아듣지 못하는 암호문 같은 말을 주문처럼 되뇌며 자신들이 진리, 즉 신의 뜻을 독점하고 있다고 주장해 왔다. 한마디로, 그럴싸한 뻥을 쳤던 것이다. 그러나 그에 대해 따져물을 수 있는 여건이 갖추어지자 그들이 단지 그럴 듯하게 사기를 쳐왔을 뿐임이 드러났다. 영국에서도 성경이 번역되었다. 이제 최소한 신의 뜻에 대해서는 누구나 동등한 입장에 설 수 있는 여건이 마련되었다.

누구도 자신이 신의 뜻을 독점한다고 주장할 수 없게 되었다. 신의 계시를 받았다는 말로는 부족하다. 신의 계시를 받은 사람은 다수일 수 있으며, 그 경우 어느 것이 진짜인지 가를 기준이 또 필요하기 때문이다. 결국 궁극적 권위는 성경에 있을 수밖에 없다. 그런데 이제 누구나 그 성경을 읽을 수 있게 되었으니, 신의 뜻을 해석하는 데 모두가 동등한 입장에 서게 된 것이다.

사실 개신교에서는 교회도 목사도 필요 없는 셈이다. 믿는 사람들이 모여서 기도하면 그곳이 곧 교회이다. 모두가 성경을 통해 직접 신과 접할 수 있으니 신의 뜻이 무엇인가를 남에게 배울 필요도 없다. 아직까지도 사이비 목사에게 속아 전 재산 바치고 가정이 파탄나는 사례가 비일비재한 우리나라 개신교 신자들이 깊이 생각해 보아야 할 내용임에 틀림없다.

루터는 "신 앞에서는 모두가 다 똑같은 죄인"이라고 주장했다. 이것이 바로 만민 평등주의의 초석이다. 그리고 회의주의와 더불어 만민 평등주의야말로 민주주의의 사상적 기반이다. 별 것 아닌 것처럼 보이는 사건이 무슨 만민 평등주의의 초석이냐고 묻는 사람이 있을 수 있다. 그리고 모두가 죄인이 되었는데 평등이면 뭐하냐고도 물을 수 있다.

두번째 질문에 대해 대답하기 전에 먼저 유념할 것은 평등과 정의가 거의 동의어라는 사실이다. 모든 사람을 획일적으로 대하는 것이 평등이라고 주장하는 사람은 없을 것이다. 100만큼의 일을 한 사람과 1만큼의 일을 한 사람을 동등하게 대우하는 것이 평등이라고 할 수 있는가? 평등이란 각자에게 알맞은 몫을 주는 것이다. 그리고 전통적으로 정의(justice)의 의미로 가장 많은 지지를 받아 온 것이 바로 "각자에게 각자의 몫을!"이었음을 상기해 보면 평등과 정의는 사실, 동의어라고 보아도 무방하다. 과거에는 신의 대리인 역할을 자임하며 강력한 권력을 휘두르는 계층이 있고, 또 죄인으로 취급받는 계층이 있었으나 이제 누구나 똑같이 신 앞의 죄인이 되었다. 모두가 죄인인 것보다는 일부라도 그 사슬에서 벗어나는 것이 낫지 않느냐는 항변은, 그 자체만으로는 정당하지 못하다. 그 일부가 다른 사람들보다 나은 대접을 받아야 할 정당한 이유가 없다면 말이다.

내가 친구와 함께 수업과 시험을 빼먹고 놀러 다녔는데 그 친구는 A학점을 받고 나는 F학점을 받았다고 해보자. 둘 다 F학점을 받은 것보다는 이 경우가 더 낫다고 말할 수 있는가? 정의로운 사회란 좋은 것뿐만 아니라 나쁜 것도 공정히 나누는 사회이다. 최선은 두 사람 모두가 A학점을 받는 것이다. 하지만 이 경우 또 다른 피해자가 생겨나게 된다. 수업에도 열심히 참가하고 열심히 공부해서 시험도 잘 본 학생은 선의의 피해를 당하게 되는 것이다. 그렇다면 둘 다 F학점을 받는 것이 정의로운 것이다.

누구는 왕의 자식으로 태어났다는 이유만으로 왕이 되고, 누구는 귀족의 자식으로 태어났다는 이유만으로 귀족이 되며, 누구는 노예의 자식으로 태어났다는 이유만으로 노예가 되는 사회보다는 차라리 모두가 신 앞의 죄인이 되는 사회가 낫지 않겠는가? 모든 사람이 죄인이라면 죄인임을 부끄러워할 필요도 없고, 따라서 그런 사회 구성원들의 행복지수는 상당히 높을 테니 말이다(행복은 상대적인 것임을 다시 한번 상기하라).

이제, 이와 관련해서 첫번째 질문에 대한 답을 해보자. 모든 사람은 동등하게 성경을 통해 신과 교감할 수 있다는 주장과 믿음으로 교회가 절대적 권위를 잃게 된 것은 결코 별 것 아닌 사건이 아니다. 생산력의 발전이나 그에 따른 새로운 계층의 등장 같은 다른 중요한 요소들도 함께 언급해야 마땅하지만, 어쨌든 그 사건은 사상적인 측면에서 중세의 위계질서를 뿌리째 흔들 수 있는 것이었기 때문이다.

| 중세를 넘어 평등의 사회로 |

지배층의 보루 형이상학

중세적, 형이상학적 사고의 중요한 특징 가운데 하나가 사실과 당위를 구분하지 않는 것이라는 점은 이미 밝힌 바 있다. 이러한 특징은 우주와 인간(혹은 사회)이 동일한 구조를 가지고 있다는 생각과 동전의 양면이다. 우주의 보편적 질서를 인간 사회가 본받아야 한다고 생각하는 것이다. 이런 생각은 동양의 사고에서 두드러지지만, 중세 이전에는 서양이라고 예외는 아니었다.

아리스토텔레스의 사상에 기반한 중세의 기독교적 우주관에서는 우주가 '천상계—지상계—신의 세계'로 조화롭게 3분되어 있다고 보았다. 그리고 인간 사회도 '인간—교회—신', '왕—교황—신', '평민—귀족—왕'의 3분 구조로 이루어져 있으며, 사회 구성원 개개인은 이 구조 속에서 자신이 어떤 위치에 있으며, 어떤 삶을 살아야 할지 알 수 있다고 믿었다.

현대의 상식으로 생각해 보면 말도 안 되는 이야기이다. 도대체 천상계 위에 왜 또 신의 세계가 있는가? 왕이 신과 같은 존재란 말인가? 이런 식의 사고는 목적을 가지고 있기 마련이며, 대개의 경우 그것은 지배 계층의 권력을 정당화해 주는 것이다. 3분 구조로 가장 이익을 보는 것은 교회와 교황으로 대표되는 성직자들이다. 신 다음이니 말이다. 왕도 밑질 것 없다. 어차피 자신도 기독교 신자이니, 좀 배알이 꼴리더라도 교황에게만 머리를 숙이면 자신의 권력이 공고해질 테니 말이다.

그런데 종교개혁으로 교회가 신의 대리자로서의 권위를 상실하게 되면 자연스럽게 3분 구조가 붕괴된다. 더불어 왕과 귀족이 평민들을 지배할 수 있는 이론적 근거 자체도 사라져 버린다. 물론 3분 구조에서 왕이 교회를 제외한 인간 사회에서는 신의 지위에 있었으니, 위계적 지배 이데올로기가 완전히 붕괴된 것은 아니라고 말할 수 있다. 그러나 사상사에서 사태는 전혀 다르게 진행된다.

우주와 사회가 동일한 구조를 가지고 있다는 생각이 지속된다는 가정 하에서 논의를 진행해 보자. 종교개혁으로 교회는 매개자로서의 역할을 잃고 모든 사람은 신 앞에서 똑같이 평등한 죄인이 된다. 그러나 왕은 이렇게 항변할 수 있다. "이전의 구조에서 나는 신의 위치에 있었다. 나는 인간 사회의 신과 같은 존재이다. 신 앞에 모든 사람이 평등해야 한다는 것은 나를 제외한 모든 사람이 내 앞에서 평등해야 한다는 말일 뿐이다. 신이 예외이듯이 나는 예외다."

이런 식으로 진행된다면 왕의 지배권은 오히려 강화될 수도 있다. 그러나 그것은 그리 오래 가지 못한다. 모든 사람은 신 앞에서 평등함을 얻었을 뿐이지만, 신은 어디까지나 형이상학적인 상상 속의 존재일 뿐이다. 신에 대한 믿음이 부인된다면 평등한 개인들만이 남게 되며, 왕도 더 이상 지배를 정당화할 근거를 찾을 수 없을 것이다. 그리고 수백 년 후 니체가 "신은 죽었다!"라고 선언했을 때, 이런 가정은 현실로 다가오게 된다.

어떻게 이런 일이 가능하게 되었을까? 물론 그런 일이 생겨난 것은 사회적이고 경제적인 요인들이 상호작용한 결과일 것이다. 하지만 사상사적인 요소만을 지적해 본다면, 그것은 종교가 다신교에서 유일신교로 발전해 왔다는 사실과, 다신교와 유일신교의 성격에서 기인한다.

다신교와 유일신교, 그리고 무신론

일견 다신교보다는 유일신교가 종교적으로 발전된 형태임에는 분명해 보인다. 동자 귀신이나 관운장을 섬기면서 신통력을 발휘하고자 하는 무당은 미신으로 치부되지만, "전지전능하신 하나님!"을 외치면서 교회에서 기도하는 사람들은 고차원적인 종교 행위를 수행하고 있는 것처럼 보인다. 사실 교회나 절에 다니는 사람들도 자신과 가족의 이익을 위해 기도한다는 점에서는 무당집을 드나드는 사람들과 크게 다를 것도 없지만 말이다.

하지만 다신교에서 유일신교로의 이행은 무신론으로의 이행을 예비하는 것일지도 모른다. 다신교의 경우 숭배하는 대상과 그 힘이 분명해 보인다. 예를 들어 중국의 무속인들이 가장 많이 추앙하는 신 중의 하나인 관운장의 경우, 그가 생전에 행한 뛰어난 무술과 죽음을 무릅쓰고 보여 준 신의와 절개, 생전에 쌓은 학식과 덕, 그리고 임종 시에 보여 준 기이한 사건 등을 생각하면 그가 사후에 귀신이 되었을 때 얼마나 큰 영향력을 가질 것인가를 짐작할 수 있다.

아니면 불이나 바다, 혹은 호랑이나 곰의 정령과 같은 존재를 섬기던 원시적인 형태의 종교에 대해 생각해 보라. 온 천지를 삼킬 듯이 활활 타오르는 불이나 거대한 해일로 덮쳐 바닷가 마을을 흔적도 없이 없애 버리는 바다의 엄청난 힘은 얼마나 가공할 만한가? 호랑이나 곰의 정령도 동일한 측면에서 생각할 수 있다.

그러면 그런 원시적인 형태의 다신교에서 기독교와 같은 거대 종교로의 변화는 어떻게 해서 이루어졌을까? 단순화시켜 보면 아마도 동네 어린 아이들의 싸움 같았을 것이다. 과거에 동네 골목에서 아이들은 로봇 태권 브이가 이기는지 아니면 마징가 제트가 이기는지를 놓고 논쟁을 벌이곤 했다.

불을 섬기는 부족과 바다를 섬기는 부족이 힘이 아닌 말로 싸움을 한다고 하자. 불을 섬기는 부족은 불이 물도 증발시켜 버리는 힘이 있음을 들어서, 그리고 바다를 섬기는 부족은 거대한 해일이 일고 태풍이 불면 산을 태우던 불길도 사그러들 수밖에 없음을 들어 각자의 신이 더 강력함을 주장한다. 그 싸움에 땅의 신을 섬기는 부족의 구성원이 끼어든다. 그는 불에 흙을 부으면 불이 꺼질 뿐만 아니라 흙으로 바다도 메울 수 있음을 들어 자신이 섬기는 신이 두 신보다 더 위대함을 주장한다.

이러한 과정이 오랫동안 지속적으로 이어지면 결국에는 '전지전능한 신'이라는 개념에 도달하게 된다. 전지전능한 신은 말 그대로 모르는 것도, 못하는 것도 없기 때문에 어떤 존재와 대결해서도 질 염려가 없기 때문이다. 전지전능한 유일신을 내세운 자는 이론 투쟁에서 모든 신들을 꺾고 종교의 왕으로 군림하게 된다. 아니, 사실 그 신은 다른 모든 종교의 주장을 흡수한 형태일 것이다.

그러나 불의 신이나 곰의 신, 관운장과 같은 구체적 숭배의 대상에서 전지전능에 다가가면 갈수록 신의 모습은 점차 애매해진다. 우리는 상상 속에서 헤라클레스의 울퉁불퉁한 근육과 아프로디테의 아름다움, 포세이돈의 웅장함을 떠올릴 수 있다. 불의 신과 바다의 신이 보여 줄 엄청난 분노와 대지의 신이 베풀어 줄 풍요로움을 떠올릴 수도 있다. 그러나 '전지전능한 하나님'은 어떤 특징을 가지고 있을까? 도무지 상상할 수가 없다.

동화에서든 전설에서든 현실에서든 그 힘을 경험한 대상을 숭배하는 것은 쉽다. 그러나 그냥 "울 아빠는 무지무지 세! 못하는 게 없어! 아무도 못 당해!"라는 말에 겁을 먹는 것은 철부지 어린 아이들 뿐이다. 중세 이후 근대를 거쳐 현대로 들어오면서 종교가 과거와 같은 영향력을 발휘하지 못하는 이유는 여러 가지가 있겠지만, 종교 내부적으로는 이러한 측면도 또한 존재하는 것이다.

루터에 의해 모든 사람은 신 앞에 선 죄인으로서의 평등을 얻었고, 유일신론에서 무신론으로의 이행을 통해 모든 사람은 죄인의 낙인을 벗을 수 있게 되었다. 이제 어떤 외부적 권위도 개인을 규제할 수 없게 된다. 궁극적인 권위는 언제나 개인의 선택에서 나오게 되며, 개인의 정체성은 스스로의 끊임없는 결단에 의해 형성되는 것이다. 그것이 약인지 독인지는 정확치 않지만 말이다. 이것이 바로 "실존은 본질에 우선한다"라는 실존주의의 핵심 내용이다.

중세의 사회 구조는 자연관과 불가분의 관계에 있었기 때문에, 사회 구조의 붕괴는 중세적 자연관의 위기와 붕괴를 수반하게 된다. 중세를 지배했던 것은 아리스토텔레스적인 목적론적 자연관이었다. 이제 목적론적 사고가 무엇인지, 그리고 거기에는 어떤 문제가 있는지를 간단하게 언급해 보고자 한다. 그 전에 한 가지 주의할 점이 있다. 윤리학에서는 '목적론'이 '결과주의'의 별칭으로 쓰이며, 여기에서 설명하는 목적론과는 다소 차이가 있다는 사실이다(이곳에서는 윤리학의 목적론과 결과주의에 대해 따로 설명하지 않겠다).

목적론에서 기계론으로

목적론적 사고에 따르면 모든 존재에는 본질적으로 그 존재가 지향하는 목적이 내재되어 있다. 예를 들어, 도토리의 목적은 상수리나무가 되는 것이다. 그렇다고 해서 도토리가 반드시 상수리나무가 된다는 뜻은 아니다. 재수 없는 도토리는 다람쥐의 도시락 거리가 될 수도 있고, 도토리묵이 되어 별미 반찬이 될 수도 있다. 하지만 그 목적에 도달하는가 여부와는 무관하게 모든 도토리 속에는 상수리나무라는 목적이 이미 내재되어 있는 것이다.

도토리가 상수리나무라는 목적을 가지고 있다는 주장에 무슨 문제가 있다는 것인지 이해가 가지 않을 수도 있다. 물론 그 자체만으로는 아무 위험성이 없어 보인다. 그러나 앞의 사례에서 이미 목적론의 애매성을 알 수 있다. 도토리의 목적은 상수리나무가 되는 것인가, 도토리묵이 되는 것인가, 아니면 다람쥐의 먹이가 되는 것인가, 그것도 아니면 셋 다인가? 사물에 내재된 궁극적 목적이 사물의 본질이라면 누가 어떻게 그것을 알 수 있단 말인가?

신학자들에게는 목적론적 사고가 맘에 들었을 것이다. 모든 사물 속에 내재한 목적이란 신이 부여한 성질이라고 생각하기 쉽기 때문이다. 만약 그렇다면 세상의 모든 존재에는 이미 신의 섭리가 내재되어 있으며, 모든 존재는 그 섭리에 따라 살아야 한다. 이 세상은 창조주가 부여한 목적을 향해 진행해 가고 있으며, 따라서 세상을 이해하는 가장 중요한 열쇠는 신앙을 통해 신의 뜻을 아는 것이다.

목적론적 사고는 필연적으로 이러한 형이상학적 성격을 가질 수밖에 없다. 형이상학적 주장은 검증이 불가능하기 때문에 정치적 목적에 이용될 가능성이 매우 높음은 앞에서 말한 바와 같다. 아니, 어쩌면 모든 형이상학적 이론은 정치적 목적에 봉사할 수밖에 없는지도 모른다. 지배자의 입장에서 보면, 자신이 왜 백정으로 살아야 하느냐고 따져묻는 자에게 "네가 백정으로 살아가는 것은 신이 네게 부여한 목적이다"라는 것만큼 편리한 대답이 어디 있겠는가?

중세를 지탱하고 있던 지적 토대가 붕괴되고 기존의 권위가 철저히 해체되자, 지적 혼란의 시기가 도래하게 된다. 그 혼란의 시기에 갈릴레이와 뉴턴 등의 자연과학자들은 천문학과 역학 등의 분야에서 아리스토텔레스주의를 극복할 새로운 방법론을 모색하게 된다. 그들의 연구는 큰 성공을 거두어 목적론을 거부하고 기계론에 기반을 둔 근대과학이 등장하게 된다. 이른바 '패러다임의 전환'이 이루어진 것이다.

여기에서는 '기계론'과 '패러다임' 두 가지 용어에 대한 설명이 필요할 것이다. 기계론이란 아주 단순하게 설명하면 세상 모든 것을 기계, 즉 필연적 인과관계의 산물로 보는 입장이다. 기계론자들은 신의 섭리나 이데아와 같은 신비스럽고 형이상학적인 요소를 배제하고, 모든 현상을 물질과 운동에 의해 설명한다. 관찰 가능하고 수학적 방법으로 측정 및 탐구할 수 있는 내용만을 고려하는 것이다.

도토리가 상수리나무로 성장하는 이유를 목적론적으로 설명하면 도토리에는 상수리나무라는 목적이 이미 내재되어 있기 때문이다. 하지만 이를 기계론적으로 설명하면 "사과에는 x라는 성분이 들어 있지만 도토리에는 그와 달리 y라는 성분이 들어 있다. 그 성분은 z와 만나게 되면 발아 현상을 보이게 되는데……"로 설명한다.

현재 내가 컴퓨터를 올려 놓고 작업을 하고 있는 책상에 대해 목적론에서는 "책을 올려 놓고 공부하기 위한 도구"라고 설명하겠지만, 기계론에서는 "지름 z센티미터, 높이 a센티미터의 속이 빈 원통형 기둥 네 개를 세워 그 위에 가로 x센티미터, 세로 y센티미터의 직사각형 모양 목재를 올려 놓고 고정시킨 가구의 일종"이라고 설명할 것이다.

물론 기계론자들에게도 "좋소. 세상의 모든 존재가 기계라고 합시다. 그리고 그 존재들을 부속으로 하는 거대한 기계라고 합시다. 그렇다면 그 기계는 누가 만들었단 말이오?"라고 물을 수 있을 것이다. 그렇게 묻는 사람의 의도는 결국 신과 같은 형이상학적 존재가 없다면 기계론도 성립할 수 없다는 것이다.

그러나 기계론자들은 냉정하게 대답할 것이다. "우리는 아직 기계의 모든 부분을 밝혀내지 못했기 때문에 거기까지는 대답할 수 없소. 하지만 현재의 세상이 있기까지도 기계적 과정 이외의 어떤 것이 개입하지는 않았을 것이오. 물론 이것도 가설일 뿐이지만, 여태까지 과학의 발전을 되돌아볼 때 당신들이 주장하는 신의 존재보다 우리 가설의 옳음이 입증될 가능성이 훨씬 클 것이오. 내가 말할 수 있는 것은 그것뿐이오."

기계론과 유물론

기계론의 발전은 이중적인 의미를 가진다. 첫째, 학문에서 모든 미신적인 내용을 제거하고 확실한 것만을 믿는 풍토를 정착시켰다. 다른 분야들이 충격에서 헤어나지 못하고 있을 때 오직 과학만이 눈부신 성과를 보여 줌으로써 다른 모든 학문도 '과학적'임을 표방하기에 이르렀다. 과학이 모든 학문 분야에 적용됨으로써 인류가 세상의 모든 진리를 증명 가능한 객관적인 방식으로 밝혀낼 수 있으리라는 희망을 가질 수 있게 된 것이다.

하지만 그 이면에는 인간이 기계와 다를 바 없는 존재임이 밝혀질지 모른다는 두려움이 도사리고 있기도 하다. 기계론은 유물론과 밀접한 관련을 맺고 있다. 유물론에서는 모든 현상을 물질과 운동에 의해 설명한다. 물론 정신 현상도 그 예외는 아니다. 인간의 모든 감정과 사고가 물리적·화학적·생물학적 인과관계에 의한 것이라면, 정신적인 문제가 생겼을 때에도 외과적 처치를 통해 치료가 가능할 것이다. 기계론이 정신적 영역에까지 유효함이 밝혀진다면 '멋진 신세계'에서나 볼 수 있는 다음과 같은 일들이 가능해질 것이다.

사례 1 : 선열이는 습관적으로 주사를 부린다. 평소에는 모든 것을 가슴 속에 쌓아두는 내성적인 성격이지만, 술만 마시면 쌓인 것들이 한꺼번에 표출되는 것이다. 고민하던 가족들은 견디다 못해 수술을 결정한다. 가족들은 비용이 좀더 들더라도 유명 병원에서 알코올 중독자 최다 수술 횟수를 자랑하는 의사에게 수술을 받도록 한다.

선열이는 반발하면서 조건을 내세운다. 내성적인 성격까지 고쳐 준다면 수술을 받겠다는 것이다. 성격 교정은 비용이 더 많이 드는 문제라 가족들은 선뜻 결정을 내리지 못했지만, 폭력적인 주사를 더 이상 견딜 수 없다는 데에는 모두 동의하는 터라 추가 비용을 각출하기로 합의한다.

수술은 성공적이었다. 가족들은 선열이가 마취에서 깨어나기를 기다린다. 마침내 그가 눈을 뜨고는 가족들을 돌아보며 입술을 한 쪽으로 찡그리고 맹구 소리로 말한다. "선녀리 옵~따!" 선열이는 과거에 한 번도 그런 장난을 해본 적이 없었다. 성격이 바뀐 것은 분명하지만, 지나치게 장난기 넘치는 쪽으로 수술이 된 것은 아닌지 걱정스럽다.

사례 2 : 형진이는 벌써 다섯번째 미성년자 성추행 혐의로 체포되었다. 검찰에서는 사형을 구형한다. 그러나 국선 변호인은 헌법에 인간다운 삶을 살 권리가 보장되어 있음을 상기시키면서, 국가에서 비용을 부담하여 그가 밝은 세상에서 제대로 된 삶을 살 기회를 가질수 있도록 해야 한다고 주장한다.

이 사건을 두고 여론은 두 편으로 갈려 격론이 오간다. 한 쪽에서는 뇌수술을 실시하면 그의 범죄 성향을 없앨 수 있겠지만, 국가에서 모든 범죄자에 대한 수술비용을 댈 수는 없다고 주장한다. 반대편에서는 누구도 자신의 의지나 노력과 무관하게 불이익을 받아서는 안된다고 반박한다. 그들은 국가의 역할을 강조하면서, 자신의 가족이 동일한 상황에 처해도 그렇게 말할 수 있겠느냐고 묻는다.

재판진의 고민도 매우 크다. 이 사건에 대한 판례가 미칠 영향을 고려하지 않을 수 없기 때문이다. 정의 실현이라는 측면에서 보면 마땅히 국가의 부담 하에 수술이 이루어져야 하겠지만, 그런 판례를 남길 경우 모든 범죄자들이 동일한 판결을 요구할 것이고, 국가가 그 비용을 모두 부담하는 것은 현실적으로 불가능하기 때문이다. 하지만 재판부는 결국 정의의 편을 택하고, 수술 후 보호감호 1년 형을 선고한다.

과거에는 소설에서나 가능했던 이런 이야기가 이제는 먼 미래의 일이 아닐 수도 있게 되었다. 그리고 궁극적으로는 인간과 똑같은 정신 생활을 영위하는 기계를 만드는 것도 가능해진다. 감정의 기복도 이성적 추론도, 나아가 생명 활동까지도 특정 물질이 화학적으로 반응한 결과일 뿐이라면 그 물질의 반응 경로만 정확히 밝혀내어 그 반응이 인공적으로 일어나도록 하기만 하면 되는 것이다.

인공지능이 완성된다면 인간은, 인간의 위대함과 초라함을 동시에 느끼게 될 것이다. 생명과 의식의 신비를 밝혀낸 인간의 위대함에 경탄을 금치 못하는 동시에, 자신이 아무런 자율성도 가지지 못한 기계와 같은 존재였음을 깨닫고 초라해지는 자신을 발견하게 될 것이다.

어느날 집에 돌아가 보니 부모님이 동생의 두뇌를 열고 회로를 점검하고 있는 모습을 발견한다면 어떻겠는가? 그리고 부모님이 당신 두뇌의 회로를 탈 없이 점검할 계획에 대해서도 의논하고 계신다면 말이다.

패러다임의 전환

목적론에서 기계론으로 사고의 전환은 참으로 혁명적인 것이었다. 이를 앞에서는 '패러다임의 전환'이라고 불렀다. 제대로 알든 모르든, 저마다 한 번쯤은 입에 올려 봤을 '패러다임'(paradigm)이라는 개념은 토마스 쿤이라는 과학자가 『과학혁명의 구조』라는 기념비적인 저작에서 사용한 개념이다. 이해를 돕기 위해 비근한 사례를 통해 설명해 보자.

돈이 좀 있는 동욱이는 예쁜 여자를 밝힌다. 그는 여자란 예쁘기만 하면 모든 것이 용서된다고 믿는 속물이다. 그래서 그는 미모만을 보고 여자를 판단한다. 그러던 그에게 기회가 왔다. 소개팅에서 미스 유니버스 뺨치는 여자를 만난 것이다. 그는 완전히 그녀에게 빠져 들었다. 수단 방법을 가리지 않고 그녀를 자신의 사람으로 만들기로 했고, 결국은 성공했다. 그녀와 결혼한 것이다.

모두들 부러워했다. 장밋빛 주단이 펼쳐진 듯했다. 그러나 얼마 지나지 않아서 작은 문제가 생겼다. 그녀에게 주사가 있음을 발견한 것이다. 하지만 결혼 전의 신념은 깨지지 않았다. 예쁘기 때문에 그 모습조차도 귀여웠다. 그야말로 예쁘기 때문에 용서가 된 것이다.

얼마 안 가서 또 다른 문제를 발견했다. 그녀는 이른바 명품이라고 불리는 고가의 사치품 마니아였던 것이다. 하지만 그조차도 그에게는 장점으로 보였다. "예쁜 여자는 모름지기 스스로를 가꿀 줄 알아야 해. 못생긴 것들은 어쩌면 가꾸지도 않을까?"라고 생각한 것이다. 돈도 좀 있던 터라 처음에는 큰 문제가 되지 않았다.

일 년이 지나자 그녀는 더 이상 집안일을 못하겠다고 했다. 평생 손에 물 한 번 묻히지 않았던 자신이 너무 망가지는 것 같다고 했다. 고왔던 손이 망가져가는 것을 견딜 수 없다고도 했다. 그리고 자기 정도면 품위를 위해서라도 가정부를 써야 한다고 했다. 문제가 계속 발견되자 다소 꺼림칙하기는 했지만, 여전히 그녀는 예뻤다. 동욱이는 아직도 믿음을 버리지 않고 있다.

그런데 도저히 참을 수 없는 일이 벌어지고 말았다. 결혼 전부터 만나던 친구들이라 해서 별로 신경 쓰지 않았는데, 결혼 후 2년 정도가 지나고부터는 그들을 만나는 횟수가 늘어날 뿐만 아니라, 만났다 하면 노골적으로 밤 늦게까지 술을 마시는 것은 예사였고, 연락 없이 외박을 하는 경우도 생겼다. 알고 보니 그녀는 그들과 깊은 관계를 맺고 있었다. 그는 참을 수가 없어서 큰소리로 화를 냈다.

예전부터 알고 있던 일이었지만, 그녀는 자존심과 아집이 매우 강했다. 그런데 이번에 새로 알게 된 사실은 누가 자신을 비난하면 성질을 못 이기고 자해를 한다는 것이었다. 그는 경찰서에 드나들며 조사를 받아야 했다. 동네에도 파다하게 소문이 났다. 사실 그녀의 낭비벽과 술버릇, 게으름에 점점 견디기 힘들어져가던 차였다. 그녀에게 완전히 정이 떨어지고 말았다.

동욱이는 그녀와 헤어질 것을 결심했다. 그런데 그녀는 마지막까지 골치였다. 전 재산의 80%를 위자료로 달라고 우기는 것이다. 결혼 전에 자신이 장난 삼아 써 준 서약서가 화근이었다. 결국 재판까지 가서는 패소하고 말았다. 예쁜 여자 좋아하다가 사랑과 돈을 모두 잃은 것이다. 사람들도 입을 모아 여자 잘못 만나서 신세 망쳤다고 말하곤 했다.

하지만 동욱이는 다시 재기에 성공했다. 사업체를 결혼 전보다 더 크게 일구어 낸 것이다. 사람들은 다시 입을 모아 그녀와 헤어지지 않았더라면 오늘과 같은 날은 결코 오지 않았을 것이라고 말한다. 주변 사람들은 새 사람을 맞이하는 것이 어떠냐고 묻는다. 동욱이도 그 필요성을 느끼고 있었기에 주선을 부탁한다. 주변 사람들은 어떤 사람이 좋으냐고 묻는다. 동욱이는 대답한다. "얼굴 예쁜 여자는 싫어요. 얼굴값을 한다니까요. 부지런하고 검소해야 해요."

이와 같은 상황은 이해하기에 아무 어려움이 없을 것이다. 그렇다면 동욱이에게 무슨 변화가 생겼는지 생각해 보라. 그는 전혀 새로운 '여성관'을 가지게 되었다. 결혼 전에 그는 나름대로 여성에 대한 '이론'을 가지고 있었다. 주변 사람들이 아무리 그에 대해 반론을 제기해도 그는 끄떡도 하지 않았다. 심지어 결혼 후에 그의 이론에 반하는 증거가 계속해서 발견되었을 때조차도 그는 자신의 이론을 고수했다.

그러나 '여자는 얼굴만 예쁘면 된다'는 이론으로는 설명할 수 없는 현상들이 계속 발견되고 축적되어 가다가 결정적인 계기가 제공되자, 그는 자신의 이론을 완전히 포기한다. 그리고 혼란기를 겪은 후에 전혀 새로운 이론을 채택하게 된다. 여기에서 '여성관' 혹은 '이론'이 '패러다임'에 해당하며, 낡은 여성관을 버리고 전혀 새로운 여성관을 채택한 사건을 '패러다임의 전환'이라 할 수 있다.

패러다임이라는 용어는 토마스 쿤이 과학의 발전 과정을 그야말로 '혁명적인' 방식으로 설명하기 위해 채택한 개념이다. 쿤 이전에는 과학이 누적적으로 발전한다는 것이 상식이었다. 오늘 벽돌을 한 장 쌓고 내일 또 한 장 쌓아서 언젠가는 집을 완성하듯이, 오늘 하나의 사실을 발견하고 내일 하나의 사실을 발견한다면 그것이 쌓이고 쌓여 마침내는 우주의 신비를 벗겨낼 수 있을 것이라 믿었던 것이다. 그러나 쿤은 과학의 발전은 누적적이 아니라 혁명적인 방식으로 이루어진다고 주장한다.

원래 패러다임이란 사회의 구성원들이 공유하고 있는 신념이나 가치관의 총체를 가리키는 말이다. 어떤 사회에서든 구성원 다수가 공유하고 있는 신념은 보수적인 성격을 가지기 마련이며, 그에 반하는 증거가 발견되더라도 신념 자체를 검토하기보다는 이상 현상으로 치부해 버린다.

천동설이 지배적이던 시기에도 지구가 천체의 중심이 아님을 보여주는 관측이 계속 보고되었지만, 천동설 자체가 의심받기보다는 그 현상들이 예외적인 것으로 간주되고 말았다. 흑인이 백인보다 열등하다고 믿던 시기에 백인보다 월등한 능력을 가진 흑인이 등장하면 그 흑인을 돌연변이쯤으로 여기기 마련이었다.

변칙적인 사례에 의해 기존의 패러다임이 전면적으로 부정되면 패러다임에 위기가 오게 된다. 천동설로 설명이 안되는 별들의 움직임이 계속 관찰되고, 타이거 우즈나 비너스 윌리엄스, 덴젤 워싱턴, 오바마 상원의원 등과 같은 뛰어난 흑인들이 계속 등장하게 되면 천동설과 백인 우월주의에 흠집이 생기기 시작하는 것이다.

하지만 기존의 패러다임이 갑작스럽게 폐기되지는 않는다. 그것은 학문의 포기를 의미하기 때문이다. 여러 가지 새로운 주장들이 경합하다가 기존의 패러다임을 대체할 만한 새로운 패러다임이 등장하고, 과학자 집단이 그것을 인정하고 수용하면 위기는 끝나게 되고, 그 패러다임은 '정상과학'의 지위를 차지하게 되는 것이다.

패러다임의 변화에서 중요한 것은 머릿수이다. 예쁜 여자의 경우는 개인적인 일이므로 이에 해당되지 않지만, 사회적인 패러다임의 변화에서 가장 중요한 것은 다수의 합의인 것이다. 훌륭한 여성상이 신사임당과 같은 현모양처에서 힐러리 클린턴이나 강금실과 같은 진취적이고 적극적인 모습으로 바뀐 이유는 간단하다. 과거에는 대다수의 사람들이 여성은 당연히 현모양처를 지향해야 한다고 믿었거나 혹은 그에 동의했지만, 이제는 사람들이 동의하는 내용이 바뀐 것이다. 이제 자신의 딸이 현모양처가 되겠다고 말할 때 그에 기꺼이 동의하는 사람은 거의 없다.

목적론이 지배하던 중세적 사고가 붕괴되고 기계론이라는 새로운 이론이 등장한 것은 그야말로 혁명적인 사건이다. 패러다임의 전환이란 그런 것이다. 하지만 패러다임의 전환은 과학의 분야만 한정된 것이 아니다. 사회의 구조 자체도 혁명적인 변화를 겪게 되는 것이다. 물론 그 변화가 구체적인 성과를 맺기까지는 아직 많은 시간이 필요했지만, 그것은 만민 평등주의와 민주주의라는 새로운 패러다임이 완성되어 가는 과정에 불과했다. 거기에 철학적 변화가 수반됨은 두말할 필요도 없다.

3 _ 형이상학을 넘어(2) : 인식에 대한 반성

중세를 지배했던 목적론적이고 형이상학적인 사고의 가장 커다란 문제가 인식론적인 것임은 앞에서 누차 지적했던 바와 같다. "누차 지적했다"라는 말에 심리적 부담을 느끼는 독자들이 적지 않을 것이다. 기억이 잘 나지 않는다면 "어디서 지적했다는 말이지? 잘 기억이 나지 않으니, 나는 바보인가?"라고 되묻게 될 수도 있기 때문이다. 하지만 설사 기억이 나지 않더라도 실망할 필요는 없다. 대다수의 사람들이 그렇기 때문이다. 쉽게 기억이 난다면 철학에 대해 이미 어느 정도의 소양을 가지고 있거나 철학에 관심이 큰 사람일 것이다. 누구나 배우는 학생의 입장이 되면 다섯 번쯤 반복하기까지는 기억나지 않고 배우지 않았다고 우기는 것이 인지상정이다.

　아직 다섯 번은 채우지 못했으므로 실망할 것 없다. 앞쪽을 다시 뒤져 볼 필요도 없다. 다른 사례를 들어 다시 한 번 설명해 볼 테니 말이다.

　플라톤의 상기설에서처럼 비슷한 이야기를 듣고 여러분의 영혼 속 어딘가에, 즉 무의식 속에 저장되어 있을 내용이 다시 기억나기를 바란다. 또한 형이상학적 독단론이 우리의 삶 곳곳에 아직도 얼마나 깊이 뿌리박혀 있는지 실감하기 바란다.

다음은 내가 실제로 학생들과 수업 중에 나눈 대화의 일부이다.

나 : 레오나르도 다빈치의 「모나리자」는 훌륭한 미술 작품인가요, 그렇지 않은가요?

형진 : 당연히 훌륭한 미술 작품입니다.

나 : 왜 그렇게 생각하지요?

형진 : 그야… (잠시 생각하다가)…레오나르도 다빈치라는 위대한 화가가 그렸기 때문입니다.

나 : 그럼 다빈치는 어떻게 위대한 화가가 되었나요?

윤영 : (형진이가 주저하며 말을 못하자 끼어든다) 그거야 「모나리자」라는 훌륭한 그림을 그렸기 때문이지요.

나 : 형진이는 이미 「모나리자」가 훌륭한 작품인 이유를 "레오나르도 다빈치라는 위대한 화가가 그렸기 때문"이라고 설명했기 때문에, 다빈치가 위대한 화가인 이유를 묻는 내 질문에 "「모나리자」라는 훌륭한 작품을 그렸기 때문"이라고 설명하지 못하고 주저한 거예요. 맞죠? 그런데 윤영이는 그 문제에 대해 형진이가 주저했던 이유를 생각해 보지 않고 성급하게 그런 대답을 했어요. 그것을 순환논증이라고 해요. 어쨌든 「모나리자」가 과연 훌륭한 미술 작품이고 다빈치가 위대한 화가인지, 그리고 만약 그렇다면 왜 그런지를 설명하는 것이 생각만큼 쉽지는 않지요?

형진, 윤영 : (뒤통수를 긁으며)그렇네요.

나 : 그런데 형진이는 「모나리자」를 보면 감동이 느껴지나요?

형진 : 솔직히 그렇지는 않죠.

나 : 그런데도 「모나리자」가 훌륭한 작품이라고 생각하나요?

윤영 : (형진이가 또 주저하자 다시 끼어든다)예술품의 가치를 저희 같은 문외한이 어찌 알겠어요? 전문가들이 그렇다니까 그렇게 생각하는 거지요.

나 : 그럼 윤영이는 전문가들의 말이라면 다 믿나요?

윤영 : 그야 전문가들은 우리보다 탁월한 전문 지식을 가지고 있으니까 당연히……. 그리고요 보통 사람들이 「모나리자」 같은 작품에서 감동을 느끼지 못하는 이유는 원본을 직접 보지 못해서 그래요. 발터 벤야민이라는 유명한 학자가 원본에는 '아우라'라는 범접하기 힘든 고고한 분위기가 있다고 했잖아요. 제가 예전에 루브르 박물관에 가서 직접 볼 기회가 있었는데, 정말 그런 분위기가 느껴지더라구요.

나 : 그런가? 나는 파리는커녕 제주도에도 못 가봐서, 원.

형진 : 선생님, 저도 파리에 갈 기회가 있어서 루브르 박물관에도 들러 보았습니다. 때마침 일행이 배탈이 나서 화장실에 다녀온다고 하길래 오랫동안 「모나리자」 앞에 서서 그림을 찬찬히 볼 기회가 있었는데 그런 것 못 느끼겠던데요? 저는 사실 그동안 사람들이 다 그렇게 얘기하니까 그냥 「모나리자」가 위대한 작품이라고 믿게 된 것 같아요. 하지만 선생님 말씀 듣고 보니 지금은 몹시 헛갈립니다. 그럼 「모나리자」가 훌륭한 작품이 아니라는 말씀인가요?

나 : 아직은 그것을 말할 단계가 아니죠. 그리고 그것을 결정하는 것
이 이 수업의 목적도 아니고요. 그런데 윤영이는 우리가 전문가들의
말을 믿을 수밖에 없다고 했는데, 그렇다면 서로 의견이 반대인 두
명의 전문가를 만나면 어떻게 해야 할까요? 발터 벤야민만 해도, 그
의 주장을 신비주의적이라고 비판하는 학자들이 적지 않은데…….

윤영 : …….

대화가 여기에서 끝난 것은 아니지만, 이 정도면 논점이 분명해
졌으리라고 본다. 일반적으로 예술품의 가치는 대중이 그에 대해 어
떻게 느끼는가와 무관하게 극소수 전문가에 의해 결정된다고 본다.
여기에서 '일반적'이라는 말에 오해의 소지가 없는 것은 아니다. 독
자 여러분들 가운데에서도 "나는 아닌데…"라고 생각할 사람이 많
을 것이기 때문이다. 그렇다면 앞의 대화에서 내가 제기한 질문에
대해 차례대로 답을 해보라.

「모나리자」를 보고 깊은 감동을 느낀 사람이 "그것이 훌륭한 작
품인 이유는 내게 감동을 주기 때문이다"라고 대답한다면 아무 문
제가 없다. 그는 「모나리자」가 '객관적으로' 훌륭하다고 주장하는
것이 아니라, 그가 보기에 훌륭한 작품이라고 생각할 뿐이기 때문이
다. 그에 대해서는 다른 사람이 어떤 반론을 제기하더라도 아무 소
용이 없다. 사실의 문제와 달리 가치의 문제란 그런 주관적인 특성
을 가지고 있는 것이다.

이해가 어렵다면 사례를 통해 쉽게 설명해 보겠다(역시 설명에
는 사례가 최고다. 독자 여러분도 잊지 마시라. 자신의 생각을 설명할 때

가장 효율적인 방법은 적절한 사례를 찾는 것이라는 점을 말이다. "그는 정말 나쁜 사람이에요"라는 주장에 대해 "그가 뭐 그리 나쁜 짓을 했는데?"라고 물었을 때, "구체적인 사례는 떠오르지 않아요. 하지만 나쁜 사람인 것은 분명해요"라고 말한다면 그 주장을 납득할 수 있겠는가? 그리고 적절한 사례를 생각해 내지 못한다면 자신도 그 문제를 제대로 이해하지 못한 것임에 틀림없다).

승인이는 첫사랑을 잊지 못하고 있다. 승인이의 첫사랑은 안타깝게도 불치병으로 일찍 세상을 떠났다. 그녀는 자신이 아픈 것을 승인에게 알리지 않은 채 혼자 요양원에서 생을 마감했으며, 자신이 죽으면 아무 흔적도 남기지 말고 자신과 관련된 것은 모두 태워 달라고 유언을 남겼다. 뒤늦게 사실을 안 승인은 화장장으로 달려가 보았지만 그녀의 유품은 모두 태워지고, 마지막으로 그녀가 신던 운동화를 불덩이 속에 막 던지려던 참이었다.

승인이는 애걸복걸한 끝에 그 운동화를 얻었다. 그는 그녀의 마지막 유품을 자신의 생명보다 소중하게 간직한다. 그것이 그에게 소중함은, 전말을 아는 사람이라면 누구나 인정한다. 그렇다면 그 운동화의 가치는 객관적인 것인가? 그렇지 않다는 것을 쉽게 알 수 있다. 어떤 물건의 가치가 객관적이라면 누구나 그 가치를 인정해야 하고, 자신이 그 물건을 얻기 위해서는 그만큼의 대가를 지불할 용의가 있다는 뜻이다. 하지만 승인이가 "이것은 내 생명보다 더 소중한 물건이다. 그러나 내가 지금 경제적으로 너무나 곤란하니 이 물건을 처분하고자 한다. 5천만 원 이상이면 넘길 용의가 있다"라고 말한다면 누가 그것을 사고자 하겠는가?

누구나 「모나리자」는 명작이라고 말한다.
그러나 그 그림이 자신에게 감동을 준다
고 말하는 사람은 거의 없다. 이런 문제를
스스로 제기할 수 있다면 여러분도 이미
철학자이다.

　「모나리자」를 보고 감동을 느낀 사람이 그것을 훌륭한 작품이
라고 평가하는 것은 승인이가 첫사랑의 신발을 소중하게 생각하는
것과 다를 바 없다. 사실 그 대상이 무엇이든 "나는 저것이 좋다. 따
라서 그것은 내게 소중하다"라고 말하는 데는 아무 문제가 없다. 타
인에게 그 가치를 인정하라고 강요하지만 않는다면 말이다.

　문제는 자신의 기호에 불과한 것을 객관적으로 좋은 것이라 생
각하고 남에게 강요할 때 생겨난다. 많은 사람들은 자신이 좋아하는
것을 좋아하지 않고 자신이 싫어하는 다른 것을 좋아하는 사람은
'좋음'이 무엇인지 모르는, 자신보다 지적으로 열등한 사람으로 간
주한다. 스스로 자신은 그렇지 않다고 생각하는 사람은 다음의 사례
를 보고 다시 한번 반성해 보라.

사례 1 : 고등학교에 다니는 조카는 딱 붙는 바지에 세운 머리, 직선 챙 모자를 좋아한다. 한마디로 날라리 스타일을 좋아하는 것이다. 내 누나는 조카의 그런 모습만 보면 "그게 뭐냐?"며 힐난한다. 인자하신 할머니도 억지로 웃으면서 한 말씀 하신다. 내가 두 사람에게 말한다. "문제가 뭔데? 저 복장이 남에게 피해가 되는 것도 아니고, 저것도 한때야. 커서는 하래도 안 해" 그리고 나는 한 TV 프로에서 개그맨 전유성을 인터뷰한 내용을 떠올린다. 젊은이들의 파마와 염색에 대해 어떻게 생각하느냐고 묻자, 전유성은 "아마 제가 그 방면에 선구자일걸요? 그런데 나이 먹으니 하래도 안 해요. 다 때가 있어요." 누나와 할머니는 단지 보기 싫다는 이유로 비난한 것뿐이다.

사례 2 : 민재는 8년 동안이나 사귄 영자와 결혼을 하고 싶어 한다. 내성적이고 우유부단한 민재로서는 화끈한 성격에 결단력이 강한 영자가 몹시 맘에 든다. 두 사람은 결혼하면 서로 부족한 부분을 메워 가며 잘 살아갈 수 있을 것이라는 희망에 들떠 있다. 그러나 부모님 두 분 모두가 "여자란 모름지기 다소곳해야지. 암탉이 울면 집안이 망하는 법이야. 게다가 네가 쥐여살 게 뻔한데 그 꼴을 어찌 보란 말이냐?"라며 반대한다. 민재는 자신의 성격이 내성적이고 우유부단해서 영자와 같은 사람이 좋다고 설득해 보지만, 부모님은 "그건 네가 몰라서 하는 소리야"라고 말씀하시면서 고집을 꺾지 않으신다.

다시 「모나리자」 얘기로 되돌아가 보자. 그 그림은 단지 자신이 보기에 좋을 뿐이라고 말하면 아무 문제가 없다. 그러나 자신이 보기에는 좋은 줄 모르겠으나, 전문가들이 좋다고 하니 좋다고 주장할 경우에는 문제가 생긴다. 그 사람은 그것이 단순히 자신에게만 훌륭하고, 타인이 거기에 어떤 평가를 내리든 개의치 않겠다는 것은 아닐 것이다. 앞의 대화에서도 형진은 내게 그것을 훌륭한 작품이라고 생각하지 않느냐고 반문했다. 자신은 감동을 느끼지도 않고 설명할 수도 없지만, 그것이 훌륭한 작품임을 부인하는 사람에게는 본능적인 거부감을 느끼는 것이다. 그는 타인도 그 가치를 인정해야 한다고 생각하는 셈이다.

어쩌면 그는 「모나리자」가 위대한 작품임이 너무 자명하여 그에 대해서는 설명이 필요 없다고 생각해 왔는지 모른다. 하지만 그런 식으로는 문제가 해결되지 않는다. 너무나 자명해 보이는 문제에 대해 의문을 던지고 따져물으면서 반대 의견을 제시하는 사람이 등장한다면, 그가 택할 수 있는 선택지는 세 가지이다. 첫째는 나를 비정상적인 미친놈으로 치부해 버리는 것이고, 둘째는 자신의 주장을 포기하는 것이며, 셋째는 어떤 식으로든 나를 설득하는 것이다.

독자 여러분이 보기에 어떤 방법이 바람직한가? 심정적으로는 첫번째를 택하고 싶더라도, 대외적으로는 당연히 세번째라고 대답할 것이다. 그렇다면 어떤 예술품에 대해 아무런 흥취도 감동도 느끼지 못하는 사람에게 그것이 훌륭한 예술 작품임을 설명해 줄 수 있는 방법은 무엇일까? 아주 쉽게 떠오르는 대답은 윤영이처럼 전문가들이 그 가치를 인정한다고 말하는 것이다. 그러나 윤영이의 이 대답에는 형이상학적 전제가 깔려 있으며, 따라서 형이상학적 이론의 일반적 문제점을 동일하게 안고 있다.

"남대문이 무너졌다"라는 사실적 주장의 진위는 '객관적으로' 확인할 수 있다. 함께 손잡고 가서 확인해 보면 되는 것이다. 가치가 객관적이라고 주장하는 사람은 가치의 문제도 남대문을 확인하듯이 해결할 수 있다고 주장하는 셈이다. 그들은 가치가 남대문처럼 실제로 존재한다고 주장하는 것이다.

다른 모든 사람이 무너진 남대문 구경을 하느라고 야단법석인데, 무너진 남대문을 앞에 두고서도 그것을 부인한다면 시력에 문제가 있는 사람이라고밖에 할 수 없다. 가치의 객관성을 주장하는 사람들은 이렇게 말할 것이다. "가치를 몰라보는 사람도 무너진 남대문을 보지 못하는 사람처럼 가치를 분별하는 감각에 문제가 있는 것 아니겠는가?"

이들의 주장에 대해 어떻게 생각해야 할까? 남대문이 무너진 것을 보지 못하는 사람의 시각에 문제가 있다는 주장과 가치를 알아보지 못하는 사람에게 감각적인 문제가 있다는 주장은 동일한 형식을 갖추고 있는가?

정답부터 말하자면 "아니다"이다. 남대문은 실제로 존재하는 것이고 가치는 그렇지 않다는 주장은 그들에게 먹히지 않는다. 그들은 가치도 남대문처럼 실제로 존재한다는 이른바 '도덕 실재론'의 입장에 서 있기 때문이다. 중요한 것은 머릿수이다.

남대문의 경우에는 많은 사람이 인정하는 사실을 혼자서만 부인하고 있다. 물론 그렇다고 그 한 사람이 틀렸다는 결론이 나오는 것은 아니다. 여기에서 도출되는 결론은 증명의 책임이 그 사람에게 있다는 것뿐이다. 그 사람은 왜 다른 모든 사람들의 반대에도 불구하고 자신의 주장이 옳은지를 설명해야 하며, 그렇지 못할 경우에는 자신의 주장을 포기해야 한다. 그것을 거부한다면 그 사람이 택할 수 있는 방법은 다른 모든 사람을 힘으로 제압하는 것뿐이다.

하지만 예술품의 가치 문제는 상황이 다르다. 소수의 이른바 전문가들이 다수의 대중에게 가치의 객관성을 설득하고자 한다. 중요한 것은 설득의 방법이 "당신은 자명한 것을 보지 못하고 있소"라는 식이어서는 안 된다는 사실이다. 남대문의 사건에서 한 사람이 나머지 모든 사람에게 "나를 제외한 당신들 모두는 올바로 보지 못하고 있소"라는 주장으로 일관하기만 한다면 그것은 절대로 설명이나 설득이 아닌 것과 같다.

예술품의 가치를 소수의 전문가만이 알아볼 수 있고, 다수의 대중은 그것을 따라야 한다는 주장은 그 예술품의 본질적 가치가 마치 이데아처럼 객관적으로 존재한다는 주장과 같다. 누군가 혹은 어떤 집단이 자신 혹은 자신들만이 그것을 이성과 같은 어떤 특별한 능력으로 감지할 수 있다고 주장한다면, 이는 "당신들 모두는 제대로 된 인식 능력을 갖추지 못한 열등한 인간들이야!"라고 주장하는 것과 같으며, 이는 대화가 아니다.

자신과 의견을 달리 하는 전문가를 만나면 어떻게 할 것인가? "당신은 사이비 전문가야"라고 말하는 수밖에 없다. 그런 식으로 논의를 한다면 누군들 이기지 못하겠는가? 그리고 대중의 입장에서는, 설사 전문가의 의견을 따르기로 결정했다 하더라도, 의견을 달리 하는 두 명 이상의 전문가를 만난다면 어떻게 할 것인가? 이런 문제에서 전문가의 전문성을 대중이 판단할 수는 없다. 대중은 그

판단을 더 권위 있는 전문가에게서 구할 수밖에 없다. 그럼 그 사람은 어떻게 믿지? 더 권위 있는 전문가에게? 그럼 또 그 사람은?

7~8년 전 미학과 대학원 수업의 일환으로 예술의 전당에서 열린 '중국미술대전'을 관람한 일이 있다. 관람 중 나는 엄청난 그림 하나를 발견했다. 폭이 3미터는 족히 되어 보이고 길이는 수십 미터에 이르는 엄청나게 큰 그림이었다. 더 놀란 것은 거기에 등장하는 인물이 수천 명 이상인데, 사람들의 이목구비까지 세세하게 그려져 있었다는 사실이다. 그 그림을 그린 사람의 혼과 노력이 내 가슴에 저절로 와 닿았다.

그런데 한 귀퉁이를 돌아가니 종이에 먹물을 찍찍 뿌려놓은 듯한 그림이 있었다. 나는 "저게 뭐야?"라고 생각했는데, 그림 앞에 푯말이 하나 서 있었다. 그 푯말에는 '국보급, 접근 금지'라고 써 있었다. 나는 당황했다. 이해할 수가 없었다. 그래서 함께 갔던 후배를 불렀다. 그는 동양화를 전공하고 미학과에 진학해서 공부를 하고 있는 친구였다. 나는 "야, 저게 왜 훌륭한 그림이냐?"라고 물었다. 내게 그 후배 정도면 굉장한 전문가였기 때문에 그가 설명해 주기를 기대했으나 대답은 뜻밖에 "저도 잘 모르겠어요"라는 것이었다.

그래서 나는 '너희는 서로의 그림을 어떻게 평가하니?'라고 물었다. 그러자 그는 "서로 대화를 많이 나눠요"라고 대답했다. 만약 그런 식이라면 그림 하나 하나마다 그것을 그린 사람이 관객들과 많은 대화를 나누어야만 그림의 가치가 제대로 평가될 수 있다는 말이다. 하지만 그렇다면 그림은 보조적인 수단이고, 그 설명이 핵심적인 내용이 된다. 그림은 그 자체로서 관객들에게 뭔가를 주어야 한다. 그리고 그것은 아마도 감동이리라.

그러나 예술품의 가치가 얼마나 많은 사람에게 감동을 주느냐에 의해 결정되기보다는, 그와 무관하게 좋은 예술품이 있으며 그것을 전문가들만이 알 수 있다는 주장이 보다 일반적인 듯하다. 어떤 이들은 고차원적인 아름다움을 느끼려면 훈련이 필요하다고 주장한다. 물론 그 말에도 일리는 있다. 만화책만 좋아하던 아이가 인문사회과학 서적을 읽기 위해서는 훈련이 필요할 테니 말이다.

그러나 음악이나 미술 작품과 인문학 서적은 다르다. 인문·사회과학 서적은 논리적인 이해력 훈련이 필요하지만, 음악이나 미술 작품에서 필요한 훈련은 무엇인가? 전문가들이 좋다고 주장하는 것을 반복하는 것인가? 그런 경우 훈련이 단순한 습관화가 아닌가 하는 의문은 피할 수 없다. 그리고 습관화를 통해 무언가가 좋다고 느끼는 것은 예술 작품에만 국한되지 않는다. 술이나 마약, 담배, 온라인 게임 등도 습관화되면 도저히 빠져나오기 힘들 정도의 흡인력을 가진다.

예술 작품을 비롯한 모든 가치에 대해서 객관적이고 절대적인 기준이 있다는 주장은 플라톤의 이데아론과 같은 형이상학적 이원론의 범주에 속할 수밖에 없다. 그리고 형이상학적 이원론에서는 현실 세계 너머에 감각 경험으로는 지각할 수 없는 절대적이고 이상적인 기준이 존재한다고 주장한다.

하지만 그런 절대주의적 주장에 대해서는 언제나 두 가지를 물어야 한다. 그 절대적이고 보편적이며 객관적인 기준을 누가, 그리고 어떻게 알 수 있는가? 절대주의자들은 언제나 극소수의 엘리트만이 알 수 있다고 주장한다. 전문가들만이 예술품의 가치를 제대로 알 수 있다고 주장하는 것도 동일한 노선에 속해 있다. 그러면 다시 그들은 어떻게 그것을 아느냐고 물어야 한다. 결국 문제는 인식론적인 것이다.

형이상학을 넘어서려는 자들은 인식론적인 측면에서 "우리는 어떻게 진리를 발견해 낼 수 있는가?"라는 문제를 제기한다. 그리고 정답을 미리 정해 놓은 것이 아니라면, 문제에 대한 답을 찾아가는 과정에서 전혀 예상치 못했던 새로운 문제가 제기되어, 논의가 예기치 못한 방향으로 흘러가기도 한다.

| '나' 조차도 의심한다 |

"나는 생각한다, 고로 나는 존재한다!?"

형이상학적 이론의 문제가 인식론적인 것이라면, 해결 방법은 우리가 어떻게 세계와 진리를 인식할 수 있는가, 그리고 그 인식은 정당한 것인지를 물어보는 것이다. 한마디로 인식과 관련된 모든 것에 의심을 품어봐야 한다는 것이다. 이러한 인식론적 회의의 결과물이 데카르트의 저 유명한 "나는 생각한다, 그러므로 나는 존재한다"라는 말이다.

고속도로 휴게소나 지하철 역의 화장실에 가면 다양한 명언들이 걸려 있는데, 그 가운데 저 데카르트의 격언도 심심치 않게 발견되곤 한다. 사람들은 그 말을 보면서 무슨 생각을 할까? "음, 생각이 없이 살면 존재하지 않는 것과 마찬가지라는 뜻이군. 결국 열심히 신중하게 생각하면서 살아야 한다는 말이잖아. 좋은 말이야"라고 생각하는 경우가 대부분일 것이다.

원래 의도야 어떻든 그렇게 해서 많은 사람들에게 도움이 된다면 그것도 좋은 일이다. 하지만 그렇게 단순한 뜻이었다면, 그 말이 철학사에 한 획을 긋지는 못했을 것이다. 그 말은 모든 것에 대해, 심지어는 내가 과연 존재하는지에 대해서까지 철저하게 따져묻고 의심했음을 상징적으로 보여 주는 말이기 때문에 중요한 것이다.

우리의 인식이 정당한가를 알아보기 위해서는 모든 것을 따져 보지 않으면 안 된다. 보고 듣고 만지는 등의 일상적인 경험을 통해서 얻는 지식은 신뢰할 수 없다. 청와대를 가 보고서 '청와대의 지붕은 파란색'이라는 지식을 얻었다고 해보자. 그 지식이 올바른 것이려면 실제 청와대의 지붕이 파란색이어야 한다. 다시 말해서 보고서 얻은 앎의 내용과 실제 대상이 일치해야 하는 것이다(이렇게 앎의 내용과 대상이 일치하면 진리라고 보는 입장을 '대응설'이라고 한다).

그러나 두 가지가 일치하는지 여부를 확인할 수 있는 방법은 없다. 청와대의 지붕을 보았을 때, 나는 '이러저러한 모양으로 생긴 건물의 파란색 지붕'의 이미지를 가지게 된다. 그런데 그 이미지가 실제 대상과 일치하는지를 알기 위해선 그 대상을 다시 한 번 봐야 한다. 하지만 대상을 다시 본다고 해서 대상 그 자체를 알 수 있는 것은 아니다. 그저 대상에 대한 이미지를 다시 한 번 얻었을 뿐이다.

그럼, 다른 사람에게 확인을 받으면 어떨까? 이 역시 마찬가지이다. 그 사람도 대상에 대한 이미지만을 얻을 수 있을 뿐, 대상 자체를 알 수는 없기 때문이다. 결국 전에 얻은 이미지와 새로 얻은 이미지, 혹은 내가 가진 이미지와 남이 가진 이미지만을 비교할 수 있을 뿐, 그것과 대상 자체를 비교하는 것은 불가능한 것이다.

나아가 곰곰이 생각해 보면, 외적인 대상이 존재하는지 여부도 확실하지 않다. 우리는 꿈속에서 다양한 것들을 보고, 듣고, 만지고, 먹는다. 하지만 꿈속에서 경험한 것들이 현실에 실제로 존재하는 것은 아니다. 그것은 어떻게 해서 생겨난 것일까? 저절로 우리 마음속에 생겨나는 것일 수도 있고, 신이 그렇게 만든 것일 수도 있으며, 그것도 아니라면 심술궂은 악마가 장난을 치고 있는 것일 수도 있다. 영화 「매트릭스」에서 주인공 네오는 자신의 삶에 대해 한 치의 의심도 하지 않지만, 그 모든 것은 컴퓨터 프로그램에 의해 조작된 것일 뿐이었다. 그런 일이 실제로 불가능하란 법은 없다.

이런 식으로 생각해 보면, '나'가 과연 존재하는 것인지에 대해서도 의심해 보지 않을 수 없다. 네오는 매트릭스 속에서 먹고, 자고, 출근하는 등의 활동을 하지만, 그 모든 것이 환상일 뿐만 아니라, 그렇게 하는 자신조차도 만들어진 것이다. 누구나 한 번쯤은 거울 앞에서 "이 정도면 괜찮은 걸!"이라고 스스로 생각한 적이 있겠지만, 거울에 비친 자신의 모습조차도 이미지로밖에는 알 수 없다. 심술궂은 악마가 있다면 아주 못생긴 나를 거울에 멋지게 비치도록 만들 수도 있다. 나아가, 있지도 않은 내 모습을 있는 것처럼 보이게 만들 수도 있다.

얼토당토않아 보이는 생각이기는 하지만, 이 모든 것이 실제라고 가정해 보자. 뭔가 앞뒤가 안 맞지 않은가? 거울을 통해 내 모습을 내 눈으로 보고 있는데 내가 없다고? 물론 그것은 가능하다. 매트릭스에서도 그랬으니까. 그러나 「매트릭스」에 힌트가 있다. 모든 사람들은 속고 있지만, 그것이 가능하기 위해서는 최소한 속이는 존재와 속고 있는 존재가 필요한 것이다.

「매트릭스」에서 속이는 존재는 매트릭스이고, 속는 존재는 포로가 되어 수액이 든 병 속에 갇혀 버린 인간들이다. 만약 지금까지의 가정에서 속이는 존재가 심술궂은 악마라고 한다면, 속는 존재는 누구란 말인가? 이는 결국 내가 과연 존재하는지, 그리고 존재한다면 나는 어떤 존재인지에 대한 회의이다.

'나'가 어떤 식으로 존재하는지 알 수는 없다. 내게 물질적이고 육체적인 존재는 없을 수도 있다. 하지만 앞에서 말한 것처럼, 설사 속고 있다 하더라도 속는 무언가는 있어야 한다. 지금 논리 정연해 보이는 나의 추론도 악마의 장난일지 모른다. 사실 나는 엉망진창인 추론을 하고 있는지도 모른다. 그러나 한 가지 부인할 수 없는 확실한 사실은 '나'가 어떤 생각을 하고 있다는 것이다. 그 생각이 옳든 틀리든, 생각하는 '나'가 존재한다는 사실은 절대적으로 참이다. 따라서 "나는 생각한다, 그러므로 나는 존재한다."

신의 존재 증명하기

직접적인 통찰을 통해 자아, 즉 '나'의 존재를 확신하게 됨으로써 모든 지식 체계의 기반을 마련한 데카르트는 인식론적 문제를 해결하기 위한 다음 단계로 신의 존재를 증명하고자 한다. 세상을 창조한 전지전능하고 순선(純善)한 신의 존재를 증명한다면, 심술궂은 악마의 속임수 따위를 의심하지 않아도 된다. 세계는 신이 만든 것이고, 나의 마음은 신이 준 것이므로, 마음을 올바로 사용하기만 하면 세상과 관련된 진리를 발견할 수 있다는 것이다. 완전한 존재인 신에게 거짓이나 속임은 어울리지 않기 때문이다.

자, 이제부터 데카르트의 신 존재 증명을 재연해 보겠다. 먼저 독자 여러분은 스스로와 한 가지 약속을 해보는 것도 좋을 것이다. 데카르트의 증명에 대한 오류를 발견하지 못한다면, 신의 존재를 믿고 종교를 가지겠다는 약속 말이다. 다른 사람의 주장에 대해, "당신의 주장에 잘못된 곳은 없소. 하지만 당신의 주장을 믿을 수는 없소"라고 말하는 것은 참으로 어처구니없는 일이기 때문이다. 신 존재 증명을 알기 쉽게 재구성해 보면 다음과 같다.

1. 세상 모든 것에는 원인이 있다.

2. 원인은 언제나 결과보다 크거나 같다.

3. 우리는 신(God)에 대해 알고 있다.

4. 신은 전지전능하며, 세상을 창조한 존재이다.

5. 세상 모든 것에는 원인이 있으므로(1항). 우리가 신에 대한 앎을 가지고 있는 데에도 원인이 존재한다.

6. 원인은 언제나 결과보다 크거나 같으므로(2항), 신에 대한 앎의 원인이 된 존재는 전지전능 이상일 것이다.

7. 그런 존재를 신이라고 부르지 않을 수 없다.

자, 어떤가? 어쩌면 몇 가지 항목에 대해서 약간의 설명이 필요할 것이다. 먼저, 원인이 언제나 결과보다 크거나 같은지를 의심하는 사람이 있을 것이다. 하지만 결과가 원인보다 큰 경우가 있을 수 있는가? 예를 들어 내가 친구를 80의 힘으로 때렸는데, 그가 120의 상처를 입는 일이 가능하겠는가? 어떤 사람은 "맞아서 넘어지면서 책상 모서리에 머리를 찧어서 그렇게 될 수도 있잖아요"라고 대답할지도 모른다. 그러나 120의 상처를 입게 된 데에는 내가 때린 원인만이 작용한 것은 아니다. 책상 모서리에 찧었다는 사실도 원인에 추가되어야 하는 것이다.

3번에 대해 종교를 믿지 않는 사람도 있다고 반발할 수도 있다. 그래서 나는 실제로 수업 시간에 종교를 믿지 않는 사람들 수백 명을 대상으로 "'신(God), 즉 기독교에서 말하는 하나님은 전( )전( )한 존재이다'라고 말할 때 두 개의 괄호에 들어갈 말은?"이라는 질문을 던져 보았다. 답을 맞추지 못하는 사람은 한 명도 없었다. 신을 믿고 안 믿고와 무관하게 모두가 신이 전지전능한 존재라는 것은 알고 있었던 것이다.

이제 데카르트의 신 존재 증명은 완벽한 것처럼 보인다. 그것을 간단하게 요약해 보면, 불완전한 유한자인 인간이 완전한 무한자인 신에 대한 생각을 만들어 낼 수는 없다는 것이다. 독자 여러분은 이 논증의 오류를 찾아 낼 수 있는가? 만약 그렇지 못한다면 종교인이 될 것인가? 아니면 상대방 주장의 타당성과 무관하게 자신의 생각만을 고집할 것인가?

데카르트와 같이 확실한 제1원리로부터 필연적으로 추론되어 나오는 것만을 인정하는 입장을 합리론이라고 한다. 그리고 합리론에서 사용하는 방법을 연역법이라고 부른다. 합리론에서는 불확실

영화 「매트릭스」에서는 '나' 조차도 만들어진 것일 수 있음을 보여준다. 데카르트는 '나'에 대해서까지 의심을 던졌다는 점만으로도 위대한 철학자라 하지 않을 수 없다.

한 감각 경험을 불신하고, 오직 이성의 힘에 의해서 진리를 구하고자 한다. 합리론의 계보는 스피노자와 라이프니츠로 이어지지만, 여기에서는 데카르트와 연역법에 대한 설명에만 만족하고자 한다. 이후의 사상가들에 대한 설명은 이 책의 목적을 넘어설 뿐만 아니라 내 능력 밖의 일이기도 하다.

합리론과 연역법

연역법이란 자명한 이치나 일반적으로 받아들여지고 있는 사실에 비추어 자신의 주장이 필연적으로 참임을 보여 줌으로써 자신의 주장을 정당화하는 방법이다. 우리가 잘 알고 있는 연역적 논증의 대표적인 사례는 다음과 같은 삼단논법이다.

전제 1 : 모든 인간은 죽는다.

전제 2 : 소크라테스는 인간이다.

결론 : 그러므로 소크라테스도 죽는다.

위의 사례에서 볼 수 있듯이, 연역적 논증에서 전제가 참일 경우 결론은 필연적으로 참이 될 수밖에 없다. 따라서 연역법은 매우 강력한 논증 방식이다. 그러나 명심해야 할 중요한 사실이 하나 있다. 결론은 두 개의 전제로부터 필연적으로 도출되지만, 그 결론은 새로운 것이 아니다. 전제 속에 이미 결론이 내포되어 있는 것이다. 따라서 연역법이란 새로운 진리를 발견할 수 있는 방법은 아니며, 특수한 사례가 일반적 원리에 포함됨을 상기시킴으로써 그 사례의 속성을 설명하기 위한 것이다.

위의 삼단논법에서 첫번째 전제는 일반적 원리에 해당하는 것으로, 대전제라고 부른다. 그리고 두번째는 소전제가 된다. 이 삼단논법의 목적은 새로운 사실을 밝혀내는 것이 아니라, 소크라테스도 사람이기 때문에 필연적으로 죽을 수밖에 없음을 상기시키는 것이다. 어떤 경우에 무엇 때문에 그런 작업이 필요할까? 예를 들어, 소크라테스를 너무나 존경해서 그가 신처럼 불멸의 존재가 아닐까 하고 생각하는 사람이 있을 경우, 그에게 그것은 오해이며 소크라테스도 죽을 수밖에 없음을 설명하기 위한 것이다.

그런데 일반적으로 연역법을 사용할 때 범하기 쉬운 오류가 있다. 동일한 삼단논법의 형식을 갖추고 있으면서 실제로도 많이 사용되는 또 다른 사례를 살펴보도록 하자.

전제 1 : 살인은 불법이다.

전제 2 : 임신중절(낙태)은 잔인한 살인 행위이다.

결론 : 따라서 임신중절은 불법이다.

이것은 낙태 금지를 주장하는 사람들이 자주 사용하는 논리이다. 이 논변은 삼단논법의 연역적 형식을 갖추고 있고, 연역법에서는 결론의 필연성을 보장한다고 했으므로, 이 논변을 받아들여 낙태를 허용하지 말아야 할 듯하다.

그러나 위에서 "연역적 논증은 전제가 참일 경우 결론은 필연적으로 참이 될 수밖에 없는 형식을 갖추고 있다"라고 설명했다. 이 설명을 잘 살펴보면, 연역적 논증이 무조건적으로 타당한 것은 아님을 알 수 있다. "전제가 참일 경우"라는 조건이 붙어 있는 것이다. 첫번째 소크라테스의 사례에서는 두 가지 전제 모두를 받아들이지 않을 도리가 없다. 그러나 낙태의 사례는 상황이 다르다. 어떤 점이 다를까?

"살인은 불법이다"라는 대전제를 부인할 사람은 없을 것이다. 그렇다면 소전제는 어떨까? 임신중절은 과연 잔인한 살인일까? 사실, 낙태 허용론자와 찬성론자 사이에 논란이 되고 있는 핵심적인 쟁점은 "태아는 사람인가?"이다. 만약 태아가 사람이라면 당연히 낙태는 살인이겠지만, 태아가 사람이 아니라면 낙태를 살인이라고 할 수 없다. 그런데 태아가 사람인지 여부에 대해서는 아직 합의가 이루어지지 않았다. 그에 대한 합의가 있었다면 낙태에 대한 논쟁도 없었을 것이다.

위와 같은 논변을 제시하는 사람은 연역법의 기본 규칙을 어기고 있다. 객관적으로 참임이 확인되거나 혹은 모두가 참이라고 인정하는 전제를 사용하지 않고 있는 것이다. 이런 오류를 '선결문제의 오류'라고 한다. 자신의 궁극적 주장을 입증하기 전에, 먼저 해결해야 할 문제가 있다는 뜻이다.

한 가지 사례를 더 살펴보기로 하자. 자살을 반대하는 논변 가운데 기독교인들이 주로 제시하는 대표적인 것으로 "인간은 신에 의해 창조되었다. 그러므로 인간이 인간의 목숨을 좌지우지하는 것은 옳지 못하다"는 주장이 있다. 이 주장은 하나의 전제에서 곧바로 결론을 도출하는 것처럼 보이지만, 실제로는 이것도 삼단논법의 형식을 갖추고 있다.

전제 1 : 어떤 것을 만들지 않은 사람이 그것을 마음대로 좌지우지하는 것은 옳지 못하다.
전제 2 : 인간은 신이 만들었다(혹은 자신이 스스로를 만들어 낸 것이 아니다).
결론 : 그러므로 인간이 자신의 생명을 마음대로 좌지우지해서는 안 된다.

논란의 여지가 있지만, 이 삼단논법의 대전제는 대다수의 사람들이 무난히 받아들일 만하다. 문제는 소전제이다. 기독교 신자라면 인간이 신에 의해 창조되었음에 동의하겠지만, 무신론자나 다른 종교를 믿는 사람이라면 그렇지 않을 수도 있다. 따라서 이 논증도 선결문제의 오류를 범하고 있는 것이다.

이제 연역적 논증이란 무엇이며, 그것은 어떤 특성을 가지고 있는지 알아 보았으니, 데카르트의 신 존재 증명에 대해 평가를 내려 보도록 하자. 데카르트는 우리 모두가 전지전능한 신의 존재를 저절로 안다는 가정에서 출발한다. 좀 어려운 말로 하면, 신에 대한 앎은 '본유관념'(本有觀念)인 것이다.

데카르트에 따르면 우리는 세 종류의 관념을 가진다. 첫째는 외부의 사물에 의해 촉발되는 외래관념(外來觀念)이다. 소리나 빛, 추위, 고통 등이 그에 해당한다. 두번째는 언어나 도깨비, 유니콘처럼 인간들이 만들어 낸 인위관념(人爲觀念)이다. 그리고 마지막 세번째로 외적인 요인이나 자신의 의지와 무관하게, 그야말로 순수한 지성(知性)의 작용으로 마음속에 저절로 생겨나는 관념이 있다. 자아에 대한 관념, "X와 Y가 같고, X와 Z가 같다면 Y와 Z는 같다"와 같은 수학적 공리와, 앞의 신 존재 증명에서 언급한 바 있는 "원인은 언제나 결과 이상이다"라는 철학적 공리(公理), 그리고 신에 대한 관념 등이 그것이다. 이를 본유관념(本有觀念)이라고 부른다.

아마도 데카르트는 기독교 문화권에서 살았기 때문에 신에 대한 관념이 본유관념이라고 생각한 듯하다. 그러나 그것이 본유관념이라면 인간은 누구나 그것을 가져야 한다. 그리고 앞에서 말한 것처럼 내가 비종교인들에게 그것을 실험해 본 바로도 그런 듯하다. 그러나 기독교가 무엇인지 전혀 모르는 문화권에 살고 있는 사람의 경우를 생각해 보자. 그는 자신의 부족이 숭배하는 신은 알지언정, 전지전능한 유일신에 대해서는 알지 못할 수도 있다. 그렇다면 그를 불완전한 인간으로 보아야 하는가?

데카르트라면 모르지만, 현대인이라면 아무도 그런 생각을 가지지 않을 것이다. 결국 그는 우물 안 개구리에 불과했으며, 그의 주장은 선결문제의 오류를 안고 있다고 할 수 있다. 우리가 전지전능한 신에 대한 관념을 가지고 있는 이유는 기독교를 믿고 있거나, 혹은 기독교에 대해 학습을 통해 알고 있거나 둘 중의 하나이다. 신에 대해 우리 모두가 저절로 명석판명한 관념을 갖게 된다는 것은 참이 아닌 것이다.

데카르트는 모든 것에 대해 의심을 품고 따져물었고, 방법론적 회의를 통해 확실한 진리를 발견할 수 있다고 믿었다. 그러나 확실한 절대적 진리를 포기하지 못하는 인간의 욕구 때문인지 아니면 중세의 영향에서 벗어나지 못했기 때문인지는 확실치 않지만, 우리는 그가 형이상학적 사고의 틀에서 벗어나지 못하고 있음을 알 수 있다. 그가 명석판명하다고 여기는 '제1원리'나 '본유관념'은 과연 타인에게 설명 가능한가? 그것이 그다지 명석판명하지 않다고 생각하는 사람이 따져물었을 때 그 문제를 어떻게 해결할 수 있을까?

데카르트가 정신과 물질을 서로 다른 실체로 보는 이원론을 주장했고, 물질계에서는 물리학적이고 기계론적인 법칙이 지배하여 신조차도 그것을 어지럽힐 수 없다고 단언했으며, 경험적 관찰의 가치도 소홀히 하지 않았다는 사실, 그리고 근대 과학의 업적을 매우 높이 평가하고 그것을 정당화하기 위해 고민했다는 사실도 언급해 둘 필요가 있다. 이런 점들에 대해 자세한 내용을 알고자 하는 독자는 직접 책을 뒤져 봐야겠지만, 그의 사상의 핵심적 내용이 방법론적 회의와 신 존재 증명을 통한 합리론 체계를 세운 것이라는 점은 분명하다. 거기에 그의 공헌과 한계가 있는 것이다.

보이는 것만 믿자

선입견 버리기

데카르트는 모든 것에 대한 회의에서 출발했다. 그러나 경험을 가치 폄하하고 오직 이성적 사유에 의해 형이상학적 진리를 발견할 수 있다고 주장하는 합리론의 선구자가 됨으로써 중세적 사유의 틀에서 벗어나지 못했음을 보여 주었다. 반대편에는 "보이는 것만 믿자"라고 주장하면서, 여태까지 학자들에게 전혀 환대받지 못했던 감각적 경험에 절대적인 호의를 베푼 사람들이 등장하게 된다.

보이는 것만을 믿자는 너무나도 상식적이고 평범해 보이는 말이 철학사에서 혁명적인 전환점으로 여겨졌고, 현대에 이르기까지 막강한 영향력을 행사하고 있다는 사실은 그 이전까지 보이는 것보다는 그 '너머'에 있는 것을 얼마나 중시하고 추구해 왔는지를 반증한다. 그리고 실제로 그 주장은 혁명적인 귀결에 이르게 된다.

처음 철학에 입문한 사람들은 대체로 경험론보다는 합리론에 호감을 가지기 마련이다. 경험론에는 심오한 이론이라는 것도 없어 보일 뿐만 아니라, 진리에 관한 회의주의로 귀결할 수밖에 없기 때문이다. 나도 학부를 졸업할 때까지 "저게 무슨 이론이야? 그냥 누구나 할 수 있는 얘기 아냐?"라고 코웃음쳤던 기억이 있다. 하지만 정말 소중한 존재는 언제나 가까이 있고, 범상해 보이는 곳에 진리가 있기 마련인지도 모른다.

경험론자들은 인간의 지식이란 관찰과 실험이라는 경험적 과정을 통해서만 점진적으로 생긴다고 말한다. 본유관념이나 제1원리 따위는 없다. 아니, 정확히 말해서, 그런 것이 있다고 해도 우리는 알 수 없다. 인간의 마음은 백지와 같으며, 그 위에 무엇을 써 나가느냐에 의해 결정된다. 학문이란 절대적 진리를 발견하기 위한, 그 자체가 목적인 행위가 아니라, 실제 생활에 어떤 결과를 가져오는가에 의해 판단될 수 있는 수단적 존재이다.

사실에 대한 왜곡이 생겨나는 이유는 조급함과 선입견 때문이다. 사실을 있는 그대로 관찰하고자 한다면 주관적인 예측을 개입시키지 말고 마음을 비운 채 수동적으로 사태를 대해야 한다. 연애를 예로 들어 보자. 혜란이는 남자를 선택하는 '제1원리'가 학벌이라고 믿는다. 그녀는 최고의 대학에서 대학원까지 마친 남자와 미팅을 하기로 했다. 혜란이는 미팅을 하기 전에 벌써 그 남자를 택해야겠다고 마음을 먹고 있다.

그녀는 마음속으로 생각한다. "그 대학에 갈 정도면 능력은 말할 것도 없고 정말 성실한 사람일 거야. 그리고 학교에서도 모범생이었을 테니 인성도 훌륭하겠지. 최고의 대학에서 대학원까지 나왔으니 지적으로도 누구에게도 뒤떨어지지 않겠지. 설사 다른 면에서 다소 부족함이 있더라도 그 정도면 충분해. 이 남자를 반드시 꼭 잡아야지."

미팅 장소에서 상대방을 만났지만, 혜란의 눈에 상대방은 이미 자신의 이상형에 근접한 사람이었다. 마침 상대방도 혜란의 외모와 밝은 성격에 호감을 보였다. 불타오른 두 사람은 한 달 만에 서둘러 결혼식을 올린다. 과연 혜란은 애초에 자신이 기대한 대로 행복한 삶을 살 수 있을까?

물론 운이 좋아서 그녀의 예측이 모두 맞는다면, 모든 사람들이 그녀의 선견지명을 칭찬할 것이다. 그리고 그녀 자신도 뿌듯함과 성취감을 감출 수 없을 것이다. 그러나 자신의 예측과는 달리 상대가 성실하지도 않고 인간성도 볼 품 없다면 사람들은 그녀의 선입견을 비판할 것이며, 그녀 스스로도 그것을 후회할 것이다. 그녀는 '대학'을 우상화했기 때문에 냉철하게 사실을 있는 그대로 볼 수 없었던 것이다.

이 사례의 경우에는 운만 좋으면 성공할 확률이 어느 정도는 있다. 그러나 중세의 형이상학자들이나 그 그늘에서 벗어나지 못하고 있는 합리론자들이 추구하는 '제1원리'나 '절대적인 진리'의 경우에는 어떠한가? 아마 데카르트나 스피노자, 라이프니츠와 같은 사람이 활동하던 시기까지는 여전히 그 가능성이 크다고 생각했을 것이다. 그러나 현대적으로 생각해 보면 상황은 전혀 달라진다.

다음은 내가 실제로 후배와 나눈 대화 내용이다.

"너는 보편적 진리가 있다고 생각하느냐?"

"그렇습니다."

"그런 진리의 존재는 어쩌면 중요하지 않을지 모른다. 중요한 것은 그것을 인식할 수 있는 가능성이겠지? 설사 그런 것이 있어도, 누구도 알 수 없다면 아무 소용 없을 테니 말이야."

"맞습니다."

"그러면 시공을 초월하여 누구나 인정하고 또 그래야 하는 진리를 발견한 사람이 있었니?"

"그렇지는 않지요."

"그런데도 너는 그럴 수 있다고 주장하는 거니?"

"저는 할 수 있다고 생각합니다. 그래서 노력하는 거구요."

"이렇게 생각해 보자. 철학의 역사를 3,000년 정도로 잡고, 전 세계적으로 너처럼 절대적 진리를 발견하기 위해 노력한 사람이 1년에 평균 100명씩만 태어났다고 하자. 그 정도는 동의할 수 있겠지? 내가 과도하게 계산하는 것은 아니라는 점을 말이야."

"동의합니다."

"그러면 그것을 찾기 위해 노력한 사람이 최소 3십만 명은 되는군. 그런데 여태까지 그것을 발견한 사람은 없다고 네가 말했으니, 인간이 그것을 발견할 가능성은 3십만 분의 0이군. 맞나?"

"여태까지 없었다고 해서 앞으로도 없으리라는 법은 없습니다."

"맞아. 나는 그냥 확률적인 것을 이야기하고 있을 뿐이라구. 내 계산 방식대로라면 자네가 그것을 발견할 수 있는 확률은 제로라네. 그렇지 않은가?"

"선배님 계산 방식대로면 그렇습니다만, 말씀드렸다시피 저는 거기에 동의하지 않습니다."

"좋아. 자네가 앞으로 그것을 발견할 수 있다고 해도, 그 가능성이 매우 낮음을 말했을 뿐이네. 그렇다면 우리는 어차피 절대적인 우열을 가릴 수 없는 입장에 서 있는데, 어떻게 다른 사람들은 잘 몰라서 그렇다고 말할 수 있단 말인가? 게다가 자네는 아직 그런 진리를 발견했다고 단언하기도 전인데 말이야."

"……"

이 대화에서 내가 사용한 방법이 바로 전형적인 경험론자의 방법이다. 주관과 선입견에 의한 독단을 버리고, 네 앞에 펼쳐진 사실을 보라! 우리가 무언가를 알 수 있는 것은 오직 경험을 통해서이다. 그 무수한 사람들이 그랬다면, 특별한 다른 증거가 발견되지 않는 한, 모든 사람이 그럴 것이다. 모든 사람이 죽을 운명임을 아는 것은 여태까지 관찰되어 온 무수히 많은 사람들이 모두 죽었기 때문이다. 학문의 올바른 방법은 귀납에 있는 것이다.

귀납적 논증

앞의 사례에서 살펴본 것처럼 귀납법이란 관찰된 구체적인 사실들로부터 공통점을 도출함으로써 일반적인 원리를 이끌어내는 논증 방법이다. 예를 들면 "모든 까마귀는 까맣다"라는 주장은 "까마귀 1은 까맣다; 까마귀 2도 까맣다; 까마귀 3도 까맣다; …… 까마귀 258은 까맣다; ……"라는 경험적으로 관찰로부터 도출된 것이다.

귀납 논증의 사례는 일상생활에서 너무나도 쉽게 발견된다. "B형 남자는 바람둥이야"라든지, "서울대생들은 거만해"와 같은 학문과는 전혀 무관한 주장에서부터, "X라는 약이 고혈압에 효험이 있다고 밝혀졌다"와 같은 의학적 임상실험 결과나 "조기 영어교육이 아이들에게 심리적인 압박을 가중시키고 있는 것으로 나타났다"와 같은 사회과학적 연구 결과에 이르기까지 현대 생활 도처에서 찾아볼 수 있는 것이다.

"B형 남자가 바람둥이"라는 주장은 많은 여성들이 B형 남성과 교제한 경험을 교류함으로써 얻은 결론이며, "서울대생들은 거만해"라는 주장도 거만한 서울대생들을 만나 본 사람들의 경험이 집적된 것이다. 특정한 약이 특정 병에 효험이 있다고 하는 것은 그 병으로 고생하는 사람들에게 그 약을 투여하여 결과를 관찰한 것이다. 조기교육의 문제도 또한 마찬가지이다.

귀납법은 개별적인 사실들을 근거로 일반적인 원리를 밝혀냄으로써 우리의 지식을 확장시켜 주는 역할을 한다. 그러나 귀납추리에 의해 도출된 결론은 그와 모순되는 새로운 사실이 발견되면 언제라도 무효화될 수 있다는 점에서 "그것이 참일 수 있는 상당히 높은 가능성", 즉 개연성만을 가질 뿐임에 주의해야 한다.

물론 관찰된 사례의 수가 많아질수록 주장의 신빙성은 높아진다. 그러나 여전히 그 주장의 진리치가 필연성을 가지지는 못한다. "하늘이 두 쪽 나도 그렇다"라고 말할 수는 없는 것이다. "모든 사람은 죽는다"라는 주장은 엄청나게 많은 사례를 관찰한 후에 내린 결론이기 때문에 그 진리치도 거의 필연성에 가깝다. 그러나 그 주장도 또한 개연적인 것일 수밖에 없다. 언젠가 죽지 않는 사람이 하나만 발견된다면 그 주장은 거짓이 되고 마는 것이다.

귀납적 논증은 일반적 원리에 관한 새로운 지식 획득을 가능케 해주며, 논증의 근거를 경험적으로 확인할 수 있다는 점에서 연역적 논증에 비해 상당히 실천적이고 현실적인 논증 방법이다. 사회 과학에서 사용하는 통계적인 방법도 대표적인 귀납 논증에 속한다. 그러나 개연성을 주장할 수밖에 없다는 점에서 연역법과 같이 강력한 논증 방법은 되지 못한다. 따라서 귀납적 논증에서는 지나치게 적은 사례로부터 일반적인 원칙을 도출해 내고 있지는 않은지, 혹은 엄연히 존재할 가능성이 높은 반례를 무시하고 있지는 않은지 조심해야 한다. 즉, '성급한 일반화의 오류'를 경계해야 하는 것이다.

일전에 한 TV 토론 프로그램에서 출연자 중 한 사람이 사형제의 폐지를 주장하면서, 그 근거로 사형제를 폐지한 국가에서 흉악범죄가 늘어나지 않았다는 통계를 제시하였다. 사형제 존치론자들의 주된 근거가 흉악범죄 예방인데, 흉악범죄 예방 효과가 없는 것으로 드러났으니 사형제를 폐지하는 것이 마땅하다는 것이었다.

이 주장의 타당성은 어느 정도일까? 귀납 논증은 상대방이 제시한 사례를 충분하다고 인정하는 한에서만 유효하다. 상대방이 그 근거가 충분하지 못하다고 생각한다면 그 경우에는 증명의 책임이 상대방에게 넘어간다. 상대방이 반례를 제시해야 하는 것이다. 반례가 제시되는 순간, 귀납 논증은 결정적인 타격을 입고 만다.

위에서 말한 TV 토론의 경우, 반대편 토론자는 다른 통계 자료를 반례로 제시했다. 흉악범죄 예방 효과가 있다는 통계를 제시한 것이다. 두 사람의 토론자는 자신의 통계가 보다 믿을 만하다는 말만을 되풀이한다. 첫번째 토론자가 통계를 믿지 못하면 어떻게 하느냐고 큰소리를 내자, 두번째 토론자도 그게 바로 자기가 하고 싶은 말이라며 답답해 한다. 결국 토론은 흐지부지되고 만다.

두 토론자의 문제점은 너무나 쉽게 알 수 있다. 그들은 자신들이 펼치고자 하는 것이 귀납 논증이라는 사실과, 귀납 논증에 어떠한 특성이 있는지를 알지 못했다. 그들은 통계 자료를 준비하면서, 그것만 제시하면 상대방이 꼼짝 못하리라고 생각한 것이다. 우리는 일상적으로 그와 같은 너무나 실수를 많이 범한다. 혈액형이나 출신 지역으로 사람을 판단하고 선입견을 가지는 것도 귀납적 일반화를 필연적인 것으로 받아들인 결과로 생겨난 오류라고 할 수 있다.

사실 귀납법에는 더욱 심각한 문제점이 존재한다. 그리고 나는 그 문제점을 설명해야 할지 말아야 할지 한참을 망설였다. 그 내용이 매우 심오해서 이해하기 다소 어려울 수도 있다. 그러나 보다 심각한 문제는 어느 누구도 그 문제를 해결한 사람은 없는데, 그 문제를 인정해 버리면 우리의 일상적인 생활 자체가 힘들어지기 때문이다. 하지만 이론적인 측면에서 이 문제를 다루지 않을 수는 없다. 그것은 귀납을 핵심으로 하는 경험론이 어떻게 인식론적 회의주의로 이어지는지를 이해하기 위해 거쳐 가야만 하는 경유지인 것이다.

귀납법과 경험론, 그리고 회의론

귀납법은 규칙적으로 반복된 경험에 의거해서 미래를 예측하는 방식을 택한다. 그리고 이는 근대 과학의 방법이기도 하다. 근대 과학에서는 끊임없는 관찰과 실험을 통해 이론을 만들어내며, 그 목적은 미래를 예측하는 것이다. 물이 100도에서 끓는 것을 지속적으로 관찰해 왔기 때문에, "정상적인 온도와 기압에서 모든 물은 100도에서 끓는다"라는 이론을 도출해 냈고, 이제 그 이론에 입각해서 버너에 올려 놓은 저 물도 100도에서 끓을 것이라고 예측하는 것이다.

우리는 한 개의 태양이 매일 어김없이 떠오르기 때문에 내일도 한 개의 태양이 떠오르리라고 믿어 의심치 않는다. 매년 사과나무에 서는 사과가 열리기 때문에 올해도 저 나무에서는 사과가 열리리라고 확신한다. 사실 우리가 가지고 있는 모든 지식은 귀납적인 것이거나, 혹은 그에서 추론되어 나온 것이다. 합리론자들의 희망과는 달리 본래부터 존재하는 지식은 없으며, 연역적으로 추론된 지식도 새로운 것이 아니라 기존의 지식 속에 내포되어 있던 것임은 앞에서 말한 바와 같다.

그러나 내일도 어김없이 한 개의 태양이 떠오를까? 사과나무에서는 올해도 사과가 열릴까? 내일은 태양이 떠오르지 않거나 혹은 중국의 전설에서처럼 열 개의 태양이 떠오르지는 않을까? 사과나무에서 올해는 배가 열리지 않을까? 지금 이 순간부터 물은 100도가 아니라 30도에서 끓는 것은 아닐까? 무슨 뚱딴지같은 소리냐고 화를 낼지 모르지만, 그럴 가능성은 언제나 상존한다. 그리고 거기에 귀납의 심각한 문제가 존재한다.

앞에서 말한 것처럼 경험론자들은 편견과 선입견을 배제하고 오직 보이는 것에만 주목하라고 충고한다. 그런데 경험론의 학문 방법인 귀납법도 한 가지 가정, 즉 선입견에 절대적으로 의존하고 있으며, 그 가정이 성립하지 않는다면 아무 소용이 없게 된다. 그 가정이란 "우주의 변화는 한결같다"는 것이다.

잘 이해가 안 된다면 간단한 산수를 통해 설명해 보겠다. 태양에 대해 인간이 관측한 가장 오래된 기록이 5,000년 전이라고 해보자. 그 시기는 우주 전체의 나이로 보면 눈 깜짝할 새에 불과할 것이다. 그런데 우주의 운행은 규칙적이기는 하나, 그 규칙성이 10,000 년을 단위로 한다고 해 보자. 처음 10,000년간은 태양이 2개씩 떠오르다가, 그 다음 10,000년간은 태양이 1개씩 떠오르고, 그 다음 10,000년간은 태양이 떠오르지 않으며, 그 다음 10,000년간은 처음으로 돌아가 태양이 다시 2개씩 떠오르고 하는 식으로 말이다.

우주적인 관점에서 보면 충분히 가능한 일이며, 그렇더라도 우주는 역시 규칙적으로 움직이는 셈이다. 따라서 기계적인 법칙이 세계를 지배한다는 생각을 그대로 가지고 있더라도 그런 식의 운행은 충분히 생각해 볼 수 있는 일이다. 만약 그렇다면 내일부터 10,000 년간 태양이 떠오르지 않는다고 해도 전혀 이상할 것이 없다. 물론 인간에게는 큰 재앙이겠지만 말이다. 그것은 내일이 될 수도 있고, 10년 뒤가 될 수도 있다.

어제까지 10년간 아무 이상 없이 나를 받쳐주던 의자가 오늘 갑자기 다리가 부러질 수도 있다. 그런 일은 누구나 상상할 수 있다. 그렇다면 수천 년간 사과가 열리던 나무에 배가 열리지 말란 법도 없다. 세계, 즉 우주는 우리가 생각하는 것보다 훨씬 큰 주기로 순환하고 있는지도 모른다. 그리고 그 속에서 우리가 어디쯤에 있는지 알 길은 더더군다나 없다.

이러한 귀납법의 문제점들은 경험론 자체의 문제를 암시하고 있다. 그리고 합리론자들이 감각적 경험의 가치를 의심했을 때 고려되었던 내용이 바로 경험론의 문제이기도 하다. 일상적으로 어떤 사람이 "이것은 파란색 책상이다"라고 말했을 때, 그 주장의 진위는 그 책상을 확인해 봄으로써 가려진다. 그러나 앞에서 말했듯이, 내가 그 책상을 보았을 때 나는 내 망막에 비친 책상의 이미지만을 가질 수 있을 뿐이다.

처음에 말한 사람도 망막에 비친 책상의 이미지에 근거해서 말했고, 그 진위 여부에 대한 판단을 의뢰받은 나도 망막에 비친 이미지에 근거해서 판단할 수밖에 없다. 이런 식으로 생각한다면 어느 누구도 책상 그 자체에 대해 알 수는 없다. 우리에게 존재하는 것은 책상에 대한 시각적 이미지일 뿐이다.

그래도 책상이 파란색이기 때문에 파란 이미지가 생겨나지 않았겠느냐고 반문할 수도 있다. 누구에게나 파랗게 보이는 것이 그 증거라고 말할 수 있다. 누구나 그것을 파랗게 본다면 그것이 파란색임은 객관적이라고 할 수 있지 않느냐는 것이다.

그러나 빨간 색안경을 끼고 흰색 종이를 보면 빨갛게 보인다. 종이 자체가 빨간색이 아니라 눈에 뭔가가 씐 것이다. 파란색도 그렇게 해서 파랗게 보이는 것일 수도 있지 않은가? 사실 파란색 책상이 누구에게나 파랗게 보이는 것은 아니다. 개나 소, 말, 두더지, 파리, 바퀴벌레 등에게도 그것이 파랗게 보이겠는가?

앞에서 설명한 바 있듯이, '객관적'이라는 말은 '대상적'이라는 뜻이다. 파랑을 예로 들어 설명하면, 파랑이라는 색깔이 보는 사람과 무관하게 대상에 있기 때문에 누가 그것을 보더라도 파랑으로 보여야 정상이며, 그것을 파랑으로 보지 못하는 존재는 비정상이라는 말이 된다.

우리는 인간과 같은 방식으로 색을 지각하지 못하는 것들을 '색맹'이라고 부르고 싶은 충동을 느낀다. 인간은 색을 올바로 인식할 수 있는 존재이므로, 인간과 다르게 색을 인식하는 것들은 비정상이라는 것이다. 그러나 만약 백인만이 제대로 된 인간이고, 나머지 모든 인간은 비정상이라는 주장을 들으면 어떤 생각이 들겠는가? 그 주장과 앞의 주장이 무엇이 다른가?

파랑이라는 색깔은 사실, 대상 자체에 있는 것이 아니다. 그러면 '빛'에 있는 것일까? 마음속으로 그렇게 대답했다면 자신의 성미가 얼마나 급한지 반성해 보기 바란다. 대상에 있는 것과 빛에 있는 것이 달라질 것이 무엇인가? 어차피 다른 존재들이 그것을 잘못 본다고 생각하는 것은 마찬가지 아닌가?

파랑이라는 색깔은 대상에 있는 특정 성질이 빛의 영향을 받아 시각에 포착되었을 때 시세포에 의해 만들어진 이미지이다. 대상에 있는 성질과 빛이 모두에게 동일함을 고려할 때, 결국 책상을 파란색으로 인식하게 되는 데 있어서 가장 중요한 것은 시세포의 작용이다. 소, 두더지 등은 우리와 시세포가 다르게 작용하기 때문에 색을 다르게 보는 것이다.

결국 내게 파란 책상으로 보이는 저것이 정말로 파란색인지를 확인할 수 있는 길은 없다. 인간들이 모두 파란색으로 인식한다고 해서 그것이 정말 파란색은 아니다. 인간들은 같은 종에 속하기 때문에 동일한 색안경을 끼고 있을 뿐이다. 사물 자체가 어떤 색인지는 누구도 알 수 없다.

후에 합리론과 경험론을 종합했다고 일컬어지는 칸트 인식론의 핵심이 바로 이것이다. 파란색으로 감지되는 책상의 색을 확인할 수 없는 것에서 알 수 있듯이, 우리에게 인식 작용을 일으키는 것은 확인 불가능하다. 칸트는 그것을 '물자체'(thing-in-itself)라고 불렀다(독일어 발음 그대로 '딩 안 지히' Ding an sich라고 부르기도 한다). 그렇게 부른 이유는 조금만 생각해 보면 알 수 있다. 뭔가가 있기는 한 듯한데, 그 정체를 확인할 수 없어서 다른 이름을 붙이기가 힘들었기 때문이다.

그 확인 불능의 물체가 인간들에게 동일하게 인식되는 것은, 같은 종류의 색안경을 끼고 있기 때문이다. 소에게는 소의 안경이 있고, 두더지에게는 두더지의 안경이 있어서 같은 종에 속한 것들끼리는 같은 방식으로 인식하지만, 다른 종에 속한 것들은 인식 방식이 다를 수밖에 없다는 것이다. 그는 이 색안경을 '범주'라고 불렀다. '물자체'는 '범주'를 통해서 제한적이나마 객관적으로 인식될 수 있는 것이다.

그래서 칸트는 "개념 없는 지각은 맹목적이고, 지각 없는 개념은 공허하다"라고 말했다. 이를 좀더 쉽게 이해하고자 하는 사람들은 "형식 없는 내용은 맹목적이고, 내용 없는 형식은 공허하다"라고 쓰기도 한다. 형식이란 색안경이고, 내용이란 물자체에서 연유하는 지각인 것이다.

사람들은 나름의 색안경, 즉 범주를 통해 세상을 이해한다. 그 범주가 없다면 세상은 아무 의미도 없다. 눈에 콩깍지가 씌어야 짝을 만나는 것과 같은 이치다. 콩깍지가 없다면 세상의 모든 이성이 내게는 아무 의미도 없을 것이며, 콩깍지가 씜으로써 비로소 한 사람이 내 인생에서 중요한 의미를 가지게 되는 것이다.

역으로, 색안경은 있는데 어떤 대상도 그것을 통해 지각되지 않는다면 공허할 수밖에 없다. 눈에 콩깍지가 씌어서, "그런 스타일의 이성을 만나면 꽉 잡아야지! 그러면 내 삶은 의미로 가득해질 거야"라고 굳게 결심하고 있는데, 뜻하지 않은 누명을 쓰고 종신형을 선고받았다면 얼마나 공허하겠는가? 이성을 만날 수가 없으니 그 콩깍지는 아무 소용이 없는 것이다.

다시 파란 책상 이야기로 돌아가 보자. 어떤 사람은 "색깔이야 그렇다 쳐도, 가로와 세로, 그리고 두께가 정해진 딱딱한 물체가 있다는 사실은 분명하지 않은가?"라고 반문할 수도 있다. 하지만 극단적인 관념론자는 딱딱함과 부피에 대한 지각도 또한 관념일 뿐이라고 대답할 수 있다. 시각적인 인상이 그런 형상의 물체가 있음을 보장해 주지 못하듯이, 딱딱함과 부피에 대한 지각도 마찬가지라는 것이다. 논리적으로 그런 사람을 꺾을 수는 없다.

이를 잘 보여 주는 유명한 이야기 하나가 있다. 극단적인 관념론자를 논파하기 위해 그 사람을 세게 때리고는, "이래도 고통이 존재하지 않는단 말인가?"라고 묻자 그 관념론자는 "고통스럽다는 관념 말고 또 무엇이 있단 말인가?"라고 대답했다는 것이다. 보이는 것만 믿자는 상식적인 주장이 믿을 수 없을 정도로 극단적인 회의주의로 귀결되는 순간이다.

앞에서 약속한 대로 '회의주의'(懷疑主義, skepticism)라는 말에 대해서 설명을 하고 넘어가야겠다. 사실 이 말은 다양한 의미로 사용 가능하지만, 이곳에서는 일단 글자 그대로의 의미를 간략하게 설명하는 것으로 만족하도록 하겠다. '회의'(懷疑)는 의심[疑]을 품다[懷]는 뜻이다. 영어의 'skeptic'도 같은 뜻이다. 따라서 일차적으로는 데카르트처럼 모든 것에 대해 의심을 품는 태도를 가리킨다.

그런데 여태까지 살펴본 것처럼, 의심을 품고서 계속해서 의문을 던지다 보면, 형이상학적인 절대적이고 보편적인 진리는커녕 논리적으로는 결국 외부 사물의 존재마저도 확인할 수 없다는 결론에 이를 가능성이 높다. 따라서 회의주의란 진리의 절대성과 객관성을 의심하면서, 궁극적인 판단을 내리지 않으려는 경향을 말한다.

합리론자들은 이성의 능력에 의해 파악된 의심할 수 없는 직관으로부터 절대적이고 궁극적인 진리를 도출해 내고자 한다. 반면 경험론자들은 선입견을 버리고 보이는 것만을 믿자는 소박하고 현실적인 주장에서 출발한다. 그러나 인식론적인 탐구의 결과, 경험론에서는 주체 밖에 실제로 존재하는 대상을 파악할 수 있다는 믿음을 버려야 했다.

인식과 대상의 합치 여부에 의해 진리치를 판단하는 방법을 '대응설'이라고 부른다는 사실은 이미 언급한 바 있다. 경험론에 따르면 관념 너머에 있는 대상 혹은 실체와의 합치 여부에 의해 진리치를 가릴 수는 없다. 따라서 그들에게 중요한 것은 역사적으로 축적되어 온 지식 체계와의 정합성 여부이다. 대응설의 반대편에는 정합설이 있는 것이다.

경험론자들은 결국 객관적이고 보편적인 진리에 대한 희망을 버리고 회의주의로 기울고 만다. 하지만 그것은 절망이 아니었다. 그들은 보이는 것만을 믿자는 상식적인 견해를 구하려다 오히려 외부 대상의 존재 여부는 알 수 없다는 전혀 비상식적인 이론의 덫에 빠지고 말았지만, 결국 그것은 오늘날 세계 모든 국가가 추구하는 평등주의와 민주주의의 사상적 기반이 된다. 그 국가의 운영자들이나 구성원들이 그것을 인식하고 있든 그렇지 못하든 말이다.

세금 체납자는 자유주의자!?

논술강사 양성과정에서 강의를 할 때의 일이다. 나는 모 프로그램을 사례로 들어 자유주의에 대한 설명을 하고 있었다. 그 프로그램은 서울 시청의 전담반이 고액 세금 체납자를 찾아가 납부를 종용하고, 거부할 때는 압류와 같은 조치를 취하는 내용이다.

나는 그 체납자들의 사상적 근거가 자유주의라고 설명했다. 수업이 끝났을 때, 60세에 가까운 현직 고등학교 선생님께서 "선생님, 그런 사람들은 '나쁜 놈'이라고 해야지, 그들에게 자유주의자라는 폼 나는 이름을 붙여 주는 것은 교육적으로 좋지 않은 듯합니다"라고 말씀하셨다. 독자 여러분은 어떻게 생각하는가? 여러분들도 그 선생님과 같은 생각을 가지고 있지 않은가?

하지만 문제는 그리 쉽지 않다. 독자 여러분도 세금을 체납하고 큰소리치는 사람들을 '나쁜 놈'이라고 생각하고, 그 프로그램을 보면서 분개할 것이다. 그러나 왜 분개하는가? 세금은 당연히 내야 하는 것인데 내지 않아서? 그렇다면 한번 따져 보도록 하자. 여러분이 부모님께 100억 원의 유산을 물려받게 되었다면, 40억 이상을 기꺼이 세금으로 낼 용의가 있는가?

물론 그런 상황이라면 독자 여러분 대다수가 그렇지 않다고 대답할 것이다. 상속은 불로소득이기 때문에 세율이 굉장히 높다. 많은 돈을 물려받아도 그 가운데 상당 부분을 포기하기는 아까운 것이 인지상정이다. 그렇다면, 자신이 하면 로맨스이고 남이 하면 불륜이란 말인가? 재벌 총수들이 자식들에게 유산을 물려줄 때 교묘한 방법으로 탈세하는 모습을 보고 분개하는 것은 못 가진 자의 증오일 뿐인가?

그 사람들은 이렇게 말할 것이다. "내가 번 돈 내 자식에게 물려주는데 왜 국가가 참견하는가? 내가 벌었으니 내 마음대로 쓰는 것이 당연한 것 아닌가? 그렇게 높은 상속세를 정해 놓은 것 자체가 말도 안 되는 것이다."

앞서 말한 TV프로에서 세금을 체납하고 큰소리치는 사람들도 찬찬히 따져물어보면 아마 다음과 같은 유사한 대답에 이를 것이다. "우리를 위해 쓰이는 돈이라면 내가 왜 안 내겠는가? 그런데 왜 내가 애써 번 돈을 무능력하고 게으른 사람들을 위해 쓰는가? 여기는 자유국가 아닌가?"

여러분은 이런 반론에 대해 올바로 대응할 수 있는가? 아니, 사실 부자가 많은 세금을 내야 한다고 생각하는 사람들은 돈이 많지 않아서 그런 것 아닐까? 이 역시 그리 쉬운 문제가 아니다. 따라서 이런 문제를 근본적이고 논리적으로 해결하기 위해서는 그런 주장, 즉 자유주의의 배경과 내용에 대한 정확한 이해가 필요하다.

철학에 관심이 있든 없든 간에 '자유주의' 라는 말을 접하기는 어렵지 않다. 헌법 제4조에서는 "대한민국은 자유 민주적 기본 질서에 입각한 평화적 통일 정책을 수립하고 이를 추진한다"라고 천명하고 있다. 그리고 지난 1990년대 이후 우리 사회의 화두 가운데 하나가 '신자유주의'였다. 이렇게 자유주의라는 말은 여기저기서 범람하고 있지만, 그 말을 사용해서 글을 쓰는 사람도 그 글을 읽는 사람도 그 의미를 정확히 이해하고 있지는 못한 듯하다.

앞에서 언급한 헌법 제4조의 문제점을 언급하고 넘어가는 것이 이해에 도움이 될 것이다. 헌법 제4조에서는 대한민국이 "자유 민주적 기본 질서에 입각한 평화적 통일"을 추구한다고 밝히고 있다. 그렇다면 북한도 여기에 동의할까? 북한은 사회 민주주의 국가이다. 그들은 당연히 "사회 민주적 기본 질서에 입각한 통일"을 추구할 것이다. 자유 민주적 질서와 사회 민주적 질서가 어떻게 다른지는 아직 자세히 설명하지 않았지만, 서로가 다른 체제에 기반한 통일을 추구하고 있는 것은 분명하다.

평화적 통일이 대화와 타협에 의해서만 가능하다는 것은 분명한 사실이다. 그리고 쌍방이 자신의 입장만을 내세우려고 하면 대화는 불가능하다. 서로가 모든 측면에서 자신의 기득권을 버리고 열린 마음으로 상대방의 입장을 수용할 의사가 있을 때에만 대화가 가능한 것이다. 양측 모두가 상대방과 반대되는 체제를 고수하면서 말로는 평화적으로 통일을 추구하겠다고 백날 외친들 현실적으로 그것이 가능하겠는가?

헌법상의 문제점이 주된 주제가 아니므로 그 얘기는 이쯤 하기로 하자. 중요한 것은, 남측이 자유주의적인 민주주의를 추구하는 반면 북한은 사회주의적인 민주주의를 추구하고 있다는 사실이다. 자유주의는 사회주의와 상대되는 개념인 것이다. 그렇다면 우리는 자유주의가 자본주의와 관련이 있고, 사회주의는 공산주의와 관련이 있음을 어렵지 않게 짐작할 수 있다.

90년대 이후 우리 사회의 화두가 되어 온 말 가운데 하나인 '신자유주의'는 말 그대로 '새로 부활한 자유주의'이다. 따라서 자유주의라는 개념을 정확히 이해한다면 신자유주의는 저절로 이해될 것이다. 김대중 정부와 노무현 정부에 대해서는 두 가지 상반된 평가가 엇갈린다. 보수 우파들은 두 정부를 좌파 정권이라고 규정짓는 반면, 운동권 학생들과 노동자 등은 이들 정부가 신자유주의 정책을 쓴다고 비판했다.

보수 우파들은 정부의 규제를 철폐하고 철저하게 고전적인 시장 자본주의 체제를 유지하기를 희망한다. 반면 운동권 학생들과 노동자들은 정부가 적극적으로 나서서 가진 자들의 횡포를 제한하고 약자들의 권리를 보호해 줄 것을 요구한다. 그렇다면 좌파 성향을 가진 세력이 두 정부를 '신자유주의'라고 부르는 것은 결국 정부가 그들의 요구와는 다르게 보수 우파들이 추구하는 방향으로 기울고 있다고 비판하는 것이다. 그들의 생각이 옳든 그르든 간에 여기서도 '자유주의'라는 말이 시장 자본주의와 밀접한 연관을 가지고 사용됨을 알 수 있다.

계약론과 자유주의

자, 이제 고등학교 때 수업시간에 졸면서 듣고, 시험 치르느라 이해는 안 되지만 달달 외운 내용들을 떠올려 보자. 자유주의 하면 어떤 것들이 떠오르는가? 애덤 스미스, 보이지 않는 손, 야경국가, 빈부격차 따위가 떠오를 것이다. 그렇다면 이런 것들이 도대체 자유주의와 무슨 관련이 있단 말인가?

자유주의자들에 대해 한마디로 정의하라고 한다면 나는 '계약론자'라는 개념을 사용하고 싶다. 중세의 형이상학적 사고를 극복해 가는 사상사적 여정의 말미에서 자유주의를 언급하는 것은 그들이 내세우는 '계약'이라는 개념이 중세적 사고와 획을 긋는 근대적 사고의 대표적 특징 가운데 하나이기 때문이다.

플라톤의 이데아론을 설명하면서 나는 다양한 삼각형을 예로 든 바 있다. 플라톤에 따르면 그 삼각형들을 모두 '삼각형'이라는 동일한 명칭으로 부르는 이유는 그것들이 모두 삼각형의 이데아의 모사물이기 때문이다. 그러나 근대적인 사고를 하는 사람들이라면 당연히 "우리는 세 변과 세 각으로 이루어진 닫힌 도형을 삼각형이라고 부르기로 했다"라고 설명할 것이다. 이는 근대적인 사고에서 합의와 계약이 중시됨을 보여 주는 좋은 사례이다.

계약과 합의가 중시되는 사회의 가장 기본적인 특징은 평등한 인간관계이다. 상하 위계질서가 분명한 사회에서는 계약이 중시될 리 없다. 그야말로 "까라면 까는" 것이다. 조폭의 우두머리가 행동대원들에게 "아가들아, 내일은 새벽 5시까지 뒷산으로 모여라"라고 말한다면 누가 감히 "형님, 저는 거기 동의할 수 없구먼유"라고 말할 수 있겠는가? 하지만 위아래 없이 동등한 친구 사이에서는 그런 일이 얼마든지 가능하다. 따라서 자유주의 사회에서는 사회가 평등한 개인들로 이루어져 있음을 전제한다.

앞에서 설명했던 내용을 다시 한번 간단히 살펴보면, 사상사적으로 평등한 개인이 등장하게 된 것은 종교개혁에 따른 중세 사회의 붕괴와 인식론적 반성에 기인한다. 종교개혁으로 인해 모든 사람은 다 똑같이 신 앞에 선 죄인이 되었고, 인식론적 반성을 통해 인간은 누구나 절대적 진리에 도달할 수 없는 한계를 가진 존재이므로 타인에 대해 절대적 우월성을 내세울 수 없음을 깨달은 것이다.

자유주의의 출발점은 사회가 개인들 간의 합의로 이루어졌다는 주장이다. 사회가 합의의 산물이라면, 사회는 개인에게 수단적인 존재일 수밖에 없다. 철학과 학부에 다니던 시절 농구 마니아인 나는 농구를 좋아하는 후배들과 농구팀을 만들었다. 지금도 남아 있는지는 알 수 없으나, 중요한 것은 그 농구팀에 들어온 사람들이 한결같이 자신이 원해서 들어왔다는 사실이다. 내가 조폭 두목처럼 후배들에게 "아가들아, 너그들은 이자부텀 농구팀이 되었응께 나가 부를 때 나온나, 잉?"이라고 협박한 것은 아니며, 조선 시대의 백정처럼 태어날 때부터 그 집단에 소속되었던 것은 더더욱 아니다. 나는 농구를 좋아하는 후배들에게 "팀을 하나 만들자"고 제안을 했고, 그 제안에 후배들은 "좋습니다"라고 동의함으로써 하나의 사회가 형성된 것이다.

그렇다면 우리는 무엇 때문에 합의를 통해 농구팀을 만든 것일까? 당연히 농구를 즐기기 위해서이다. 그러니까 농구팀은 농구를 즐기기 위한 수단인 것이다. 물론 다른 목적을 위한 농구팀도 있다. 프로 농구 선수들의 목적은 돈을 버는 것이며, 팀은 홍보와 수익 두 가지 혹은 그 이상을 목표로 한다. 하지만 주목해야 할 점은 합의를 통해 사회를 만들 때 사회는 구성원들이 추구하는 목적을 성취하기 위한 수단 혹은 도구의 역할을 한다는 사실이다. 개인들은 자신의 목적을 추구하기 위해 사회를 만드는 데 합의하는 것이다.

형이상학적인 세계관이 지배할 때는 사람마다 추구해야 할 목적이 이미 정해져 있었다. 신의 명령이기 때문이라고도 하고 도(道)에 합치하기 때문이기도 했다. 중요한 것은 개인이 자신의 행복에 부합하는가 여부와 무관하게 그것을 해야만 했다는 사실이다. 조선시대에 정혼한 여인은 식을 올리기 전에 남편이 죽어도 수절을 해야 했다. 당사자의 행복이나 의지와는 무관하게 그것이 여인의 도리라는 이유로 말이다.

그런 세계관이 힘을 잃게 되면, 상하 위계질서가 사라져 평등한 사회를 향해 나아가게 되는 동시에 개인이 추구해야 할 궁극적 목표는 자신의 행복이 된다. 이 시점이 되면 행복은 즐거움, 만족, 쾌락과 동일시되는 경향이 있다. 우리는 흔히 '쾌락주의'라는 말에 왠지 모를 거부감을 가진다. 그러나 '쾌락'은 영어 단어 pleasure의 번역어로, 일본 학자들의 번역을 그대로 가져다 쓰고 있는 것이다.

'pleasure'는 즐거움이나 만족, 궁극적으로는 행복과 거의 동의어라고 보면 된다. 현대 사회에서 어느 누가 만족과 행복이 가득한 삶을 추구하지 않겠는가? 행복을 추구한다고 하면 거부감 없이 인정하다가, 쾌락을 추구한다고 하면 백안시하는 태도는 버려야 한다.

어쩌면 '쾌락'이라는 말을 다른 번역어로 대체할 필요가 있을지도 모르겠다. 어쨌든 형이상학적 세계관이 힘을 잃게 되고 계약론이 지배하는 사회가 되면 구성원들의 궁극적인 목표는 자연스럽게 개인의 행복으로 변하게 된다.

자유주의자가 말하는 행복의 필수 조건

개인이 추구하는 목적 가치는 행복이고, 다른 모든 것은 그것을 위한 수단이다. 개인들이 모여서 사회를 형성하는 것도 행복에 도움이 되기 때문이다. 그러므로 사회도 역시 행복 추구의 도구이다. 목적과 수단이 전도되어서는 안 된다. 따라서 사회가 개인의 행복을 침해하는 일은 절대 있어서는 안 된다.

그렇다면 행복에 있어서 가장 중요한 것은 무엇일까? 돈이나, 이성, 건강 따위의 대답이 가능할 것이다. 그러나 그 가운데 어느 것도 최선의 답이 될 수 없음은 한 가지 질문을 던짐으로써 분명해진다. "당신이 원하는 그것을 줄 테니 평생 동안 독방에서 갇혀 지내도 되겠소?"

자유가 없다면 세상 어느 것도 무의미하다. 영화나 드라마에서는 "그녀와 함께할 수만 있다면 지옥이라도 기꺼이 가겠소"라는 말을 종종 듣지만, 아마 지옥까지도 필요 없을 것이다. 그저 좁은 감옥에 몇 달 가둬 두는 것으로 그는 충분히 불행해질 것이다. 어떤 유명한 사상가가 말한 대로, 자유라는 것은 인간에게 너무나 고귀해서 어느 누구도 그에 반대할 수 없는 것인지도 모른다.

인간의 행복에 가장 필수적인 것은 바로 자유이다. 이들을 자유주의자라고 부르는 이유도 바로 이 때문이다. 자유주의자들이 중시하는 자유는 두 가지이다. 하나는 신체의 자유이다. 그렇다면 다른 하나는 무엇일까? 이런 질문을 던지면 99%는 정신의 자유라고 대답한다. 그러나 이는 오산이다. 사실 정신의 자유는 어느 누구도 침해할 수 없다.

내가 지금 당신을 마구 때리는 있는 상상을 하고 있다고 치자. 그 사실을 안 당신이 "하지 마!"라고 화를 내면, 나는 알았다고 대답하고 그냥 계속 상상하면 그만이다. 상상의 자유는 본질적으로 침해 불가능한 것이다. 그렇다면 왜 법에서 종교와 양심의 자유를 보장하느냐고? 이에 대해서는 이 책 2부 5장의 '소크라테스와 양심적 병역거부'에서 자세히 설명한 바 있으니 다시 읽어보시라.

자유주의자들이 중시하는 또 한 가지 자유는 바로 재산의 자유이다. 그것은 자신의 재산에 대해 어떠한 침해도 받지 않고 자기 마음대로 사용할 자유를 가리킨다. 재산의 자유는 신체의 자유와 매우 밀접한 관계가 있다. 재산이란 육체적 노동을 투여해서 창출해 낸 것으로, 어찌 보면 그것은 신체의 일부와도 같기 때문이다.

영화 「파 앤드 어웨이」를 본 독자들은 다음과 같은 장면이 기억날 것이다. 영국에서 미국으로 건너간 사람들에게 정부에서는 땅을 나누어 준다. 허허벌판에 구획이 나누어져 번호가 적힌 깃발이 꽂혀 있고, 사람들은 모두 출발선에 말을 타고 일렬 횡대로 줄을 서 있다. 총성이 울리면 일제히 자신이 원하는 땅을 향해 출발한다. 열심히 달려 먼저 깃발을 잡은 사람이 그 구획의 임자가 된다. 모두가 능력에 따라 땅을 얻게 되는 것이다. 그리고 그 다음에 부자가 되는가 그렇지 못하는가는 얼마만큼의 노동을 투여하여 노력하는가에 따라 달라진다.

이런 상황이야말로 자유주의자들의 이상에 가장 부합하는 모습이다. 누구나 능력껏 일해 재산을 모으고, 그 재산을 통해 자신과 가족의 행복을 추구하는 모습 말이다. 누구나 자유를 존중받는다.

국가가 필요한 이유는 한 가지이다. 합의를 어기고 타인의 자유를 침해하는 자들을 막기 위해서이다.

게임의 룰과 무임승차자, 그리고 심판 : 야경국가론

농구팀의 사례에서 볼 수 있듯이, 자유주의자들은 사회를 일종의 게임으로 본다. 사람들이 서로의 동의하에 게임을 하는 이유는 행복을 위해서이다. 일단 게임을 하기로 합의가 이루어지면, 게임의 룰을 정하게 된다. 농구를 하기로 한다면, 몇 분짜리 게임을 할 것인지, 한 팀당 몇 명씩으로 게임을 할 것인지, 올 코트를 쓸 것인지 하프 코트를 사용할 것인지 등을 결정하게 되는 것이다.

참가자들은 자신의 행복을 위해 게임의 룰에 동의했다. 그러나 룰이 정해졌다 해도, 그것으로 모든 것이 해결되는 것은 아니다. 룰을 어김으로써 자신의 행복을 극대화하고자 하는 사람이 등장하게 되기 때문이다. 룰을 어기는 사람이 등장하게 되면 다른 참가자들은 피해를 입기 마련이다. 따라서 룰이 잘 지켜지도록 감시하는 존재가 필요하다. 심판이 필요한 것이다.

사회의 규칙을 어기는 사람은 일종의 '무임승차자'(free-rider)이다. 횡단보도에서 신호를 기다리는 사람과 무단 횡단자를 비교해 보자. 누가 더 편하겠는가? 당연히 무단 횡단자가 더 편하다. 그렇다면 우리는 왜 군이 횡단보도를 찾아서 신호가 바뀌기를 기다린 후에 길을 건너는가? 그것은 사회 전체의 안전과 편의를 위해 우리가 합의한 규칙이기 때문에 개인적으로는 다소의 불편을 감수하면서 그 규칙을 지키는 것이다.

규칙을 지키는 사람들은 사회라는 버스에 타고 가는 '차비'를 내는 셈이며, 무단 횡단자는 무임승차한 것과 마찬가지이다. 나는 종종 학생들에게 그런 무임승차자를 보면 어떻게 하고 싶냐고 묻곤 한다. 학생들의 반응은 각양각색이다. 의외로 죽여 버리고 싶다는 극단적인 반응도 적지 않다. 하지만 실제 상황에서 그것은 거의 불가능하다. 그렇다면 현실적으로 가능한 최선의 답은 무엇일까?

　　내가 다니는 스포츠센터 옥상에는 골프 연습장이 있다. 회원들은 무료로 골프 연습을 할 수 있다. 그래서 나도 골프라는 것을 쳐 보았는데, 얼마 지나지 않아 딜레마 상황에 빠지게 되었다. 유료 골프 연습장이라면 다르겠지만, 그곳은 회원들이 무료로 사용하는 곳이라 자율적으로 정리가 필요하다. 자신이 사용한 골프채는 제자리에 가져다 두고, 자신이 친 골프공은 다시 수거해 두어야 다음 사람이 사용할 수 있는 것이다.

　　그런 사정을 알고 있었기에 나는 어설프게 골프채를 휘두르고 나면 공을 줍느라 땀을 흘리곤 했다. 그런데 몇 사람이 자신이 친 공을 방치해 둔 채 그냥 가버리는 사태가 벌어졌다. 상황은 어떻게 전개되었을까? 몇몇 학생들의 대답처럼 그 사람들을 죽여 버리고 싶어하는 사람이 자신의 감정을 실행에 옮겼을까? 물론 그런 기분을 느낀 사람이야 있었겠지만, 그랬다면 벌써 신문에 났을 일이다. 누구도 그런 일로 자신의 인생을 걸지는 않는다.

　　다음 과정을 짐작하기는 어렵지 않다. 공을 방치하고 가는 사람이 점점 늘어났다. 그냥 가는 것이 개인적으로는 더 편한데, 그리고 그렇게 하는 사람이 있는데, 자신이 규칙을 지키는 것은 뭔가 손해

보는 듯하다는 생각을 하게 되는 것이다. 이제 공을 줍는 사람은 거의 없다. 모두가 그냥 치고 간다. 나도 갈등 상황에 빠지게 되었다.

합의된 룰을 지키지 않는 무임승차자가 생겨나면, 모두가 무임승차의 유혹에 빠지게 되고, 룰은 무의미해진다. 모두가 자신의 행복을 추구하면서, 타인의 행복을 침해하지 말아야 한다는 규칙을 지키지 않는다면, 사회는 곧 정글이 된다. 이른바 "만인 대 만인의 투쟁" 상태가 될 수밖에 없는 것이다. 어두운 골목에서 마주 오는 사람을 만나면 그가 나를 죽이고 지갑을 훔쳐가지 않을까 걱정해야 하며, 권투 경기장에서는 상대방이 내 귀를 물어뜯지 않을까 걱정해야 하는 것이다.

게임이 제대로 굴러가기 위해서는 룰이 지켜지도록 감시해 줄 심판이 필요하듯이 사회가 제대로 운영되기 위해서는 개인의 자유가 침해되지 않도록 감시해 줄 심판과 같은 존재가 필요하다. 그 역할을 담당하는 것이 바로 국가이다. 그러나 자유를 수호해야 할 국가가 오히려 개인의 자유를 침해해서는 곤란하다. 국민을 함부로 구금하거나 그 재산을 빼앗아서는 안 된다. 국가는 오직 경찰의 임무만을 해야 한다. 이것이 이른바 '야경국가론'이다.

그렇다면 자유주의자들은 세금을 내는 문제에 대해서는 어떻게 생각할까? 대부분은 당연히 반대한다고 생각할 것이다. 그러나 도둑이 들 것을 염려해서 보안업체를 고용하거나, 신변의 안전을 위해서 경호원을 두는 경우를 생각해 보라. 보안업체나 경호원의 역할은 고용주의 신체와 재산의 자유를 수호하는 것이다. 하지만 고용주는 당연히 그들에게 대가를 지불해야 한다.

야경국가는 보안업체나 경호원과 같다. 자유주의자들은 자신의 자유를 수호하기 위해 드는 비용을 당연히 지불해야 하며, 그에 반대하지는 않는다. 그들이 반대하는 것은 자신이 애써 번 돈을 국가가 세금으로 거두어 가서 그 돈으로 가난한 사람들을 돕는 것이다. "그들은 무능하거나 게을렀기 때문에 가난한 것이다. 왜 내 돈이 그들을 위해 쓰여야 하는가?"

도로나 항만과 같은 사회 간접 자본의 경우에도 마찬가지이다. 전 국민은 자신이 사용하는 만큼의 비용을 지불해야 한다. 나도 내가 필요로 하고 사용할 용의가 있는 도로나 공원 등을 건설하는 데 들어가는 비용은 당연히 부담할 것이다. 하지만 내 돈으로 오지나 빈민가에 그런 시설을 건설하는 것은 찬성할 수 없다.

이제 다시 세금 체납자들에게로 돌아가 보자. 아버지가 돈이 많아서 엄청난 유산을 물려받은 사람에게 세금을 내라고 하면, 그는 "우리나라는 자유국가이다. 모든 국민에게 신체와 재산의 자유가 보장된다는 말이다. 내 아버지는 평생 동안 피땀 흘려 재산을 모았다. 그 재산을 자기 마음대로 처분하는 것이 무슨 죄라도 되는가? 왜 그에 대해 대가를 지불해야 하는가?"라고 되물을 것이다.

처음에 세금 체납자 문제를 언급했을 때, 대다수는 단순히 그들이 나쁜 사람이라고 생각했을 것이다. 그러나 그들은 도둑이나 강도가 아니다. 그저 자신이 애써 번 재산을 지키려는 것이다. 그들에게 무슨 잘못이 있는가? 왜 국가는 가진 자들에게 더 많은 세금을 거두는 누진세 제도를 실시하는가? 나아가 우리는 왜 세금을 내야 하는가? 이런 문제들에 대해 전처럼 쉽게 대답해 버릴 수 없을 것이다.

자유주의자들에게 사회란 일종의 게임과 같다고 말한 바 있다. 게임에서는 반칙만 없다면 어떤 결과가 나오든 상관없다. 과정만 정의로우면 되는 것이다. 자유 경쟁에서 더 많은 돈을 벌었다고 더 많은 세금을 내야 한다면, 이는 농구 경기에서 큰 점수 차로 이겼다는 이유로 점수 일부를 돌려주거나, 시험에서 점수 차이가 너무 크게 벌어졌다고 해서 점수의 일부를 양보해야 한다는 말과 같다. 반칙으로 인한 것이 아니라면 아무리 격차가 크게 벌어져도 문제될 게 없는 것이다.

인간이 살아가는 사회에서 빈부격차가 발생하는 것은 필연적이다. 능력과 노력의 차이가 존재하기 때문이다. 하지만 자유주의의 기본 원칙만 지켜진다면 이것도 문제될 것이 없다. 모든 사람은 자신의 능력을 발휘하고 최선의 노력을 다할 자유가 있다. 그러한 자유를 침해하는 행위는 정부에 의해 엄단되어야 한다. 그러나 일단 모든 사람에게 평등한 기회가 부여되고, 과정에 반칙이 개입되지 않는다면, 빈부격차가 아무리 크게 벌어져도 정부가 그것을 인위적으로 좁히려 해서는 안 된다.

자유주의자들이 자유방임적인 자본주의 시장 경제를 옹호하리라는 것은 쉽게 짐작이 간다. 호빵 장사가 호빵 하나의 가격을 1억 원으로 올리더라도, 그 사람이 다른 사람에게 그것을 강제로 팔지 않는 한 정부가 개입할 필요는 없다. 아무도 그것을 사는 데 합의하지 않을 것이기 때문이다. 또한 개인은 오직 자신의 이익만을 추구하면 될 뿐이며, 공익을 증진하려고 노력할 필요가 없다. 시장에서는 생산자와 소비자의 합의에 의해 가격이 결정되며, 모든 개인이 자신에게 최선의 이익이 되도록 행동할 때 가격이라는 보이지 않는 손의 조화에 의해 사회 전체에 최고의 이익이 될 것이기 때문이다.

자유주의의 두 얼굴 : 보수와 진보

빈부격차를 당연시하고 부의 재분배를 반대한다는 면에서 볼 때, 우리나라와 같은 자본주의 국가에서 자유주의자들은 보수 우파에 속한다("우리나라와 같은 자본주의 국가에서"라는 제한 조건을 붙인 이유는 '보수'와 '진보', '우익'과 '좌익'이라는 개념이 상대적인 것이기 때문이다. 과거 우리나라에서는 '좌익'하면 '빨갱이'와 동의어로 여겨졌기 때문에, 아직도 많은 사람들은 '좌익'이 '사회주의자'나 '공산주의자'와 동의어인 줄 알고 있다. 그러나 보수와 우익은 기존의 체제를 유지하고자 하는 세력을 가리키고, 진보와 좌익은 체제의 변화를 꾀하는 세력을 가리킨다. 따라서 북한과 같은 사회주의 국가에 자본주의를 옹호하는 자가 살고 있다면 그가 좌익이 되는 것이다).

김대중 정부와 노무현 정부에 대해 진보 성향의 인사들이 '신자유주의'라고 비판하는 맥락을 이제는 대충 짐작할 수 있을 것이다. 그들은 개혁적이고 진보적일 것으로 기대했던 두 명의 대통령이 이끄는 정부에서 자본주의의 문제점이 개선되기는커녕, 시장에 대한 각종 규제가 철폐되고 빈부격차가 심화되는 등 보수적인 정책 일변도의 행정이 이루어지고 있다고 주장하고 있는 것이다.

그 주장의 사실 여부와 무관하게, 반드시 짚고 넘어가야 할 점이 있다. 형이상학적 사고가 지배하던 중세 사회의 시각에서 보면 자유주의야말로 진정으로 진보적인 좌익 사상이었다. 자유주의적인 사고는 중세 사회를 송두리째 뒤엎는 결과를 가져왔기 때문이다. 여기에 자유주의의 중요성이 있는 것이다.

자유주의의 역사적 뿌리를 찾는다는 것은 쉽지 않은 일이겠지만, 자유주의적 사상의 맹아를 가장 잘 보여 주는 사건은 바로 영국의 마그나 카르타(대헌장)이다. 13세기 초 영국의 귀족들은 왕의 절대 권력으로부터 자신들의 권리를 지키기 위해 왕에게 대항하여 자신들의 요구를 관철시킨다. 그 내용은 "① 왕이 세금을 거두기 위해서는 세금을 내는 주체인 귀족과 신하의 동의를 얻을 것, ② 자유민의 체포와 처벌은 법에 따라 행할 것"이다. 왕과 귀족의 관계가 일방적인 상명하복의 관계에서 합의 체제로 변함으로써, 왕은 군림하지만 지배하지 않는 상징적인 존재가 된 것이다.

그러나 평등에 대한 요구가 확산됨에 따라 계약 관계가 왕과 귀족의 범위를 넘어 온 국민에게 적용되어야 한다는 주장이 제기된다. 자유주의의 시대가 온 것이다. 자유주의는 말 그대로 해방적인 기능을 행한다. 영국의 귀족들이 대헌장을 통해 정당한 근거 없이 자신들을 억압하던 왕권에 대항했다면, 자유주의자들은 사회 구성원들의 자유를 근거 없이 억압하는 체제와 관습에 대항한다. 몇 가지 사례를 살펴보자.

여러분은 동성애자나 성 전환자를 어떻게 생각하는가? 우리 사회도 많이 개방되어 동성애자나 성 전환자를 바라보는 시각에 변화가 있는 것은 사실이지만, 아직도 그들을 백안시하는 태도가 일반적임은 부인할 수 없다. 자신은 전혀 개의치 않는다고 주장하고 싶다면, 결혼 약속을 한 사람의 주민등록 번호 뒷자리가 자신과 똑같은 번호로 시작하는 상황을 생각해 보라. 그래도 전혀 개의치 않는다고 말할 수 있겠는가?

몇 년 전 홍석천이라는 배우가 방송에서 커밍아웃을 한 사건을 기억할 것이다. 이후 타의에 의해 방송 출연이 힘들어지자, 그가 마지막 남긴 인사말이 아직도 기억난다. 그는 "단지 제가 여러분과 다르다는 이유만으로 저를 보기 싫으시다면"이라고 말하면서 방송을 중단했다. 그는 자신을 꺼려하고 배척하는 사람들의 태도가 자유주의의 정신에 어긋남을 지적한 것이다.

그는 동성애자이다. 동성애자는 다른 동성애자와 사랑을 한다. 하지만 그것은 두 당사자의 합의에 의한 것이다. 그들은 어느 누구의 자유도 침해하지 않았지만 사회는 그들의 자유를 침해했다. 방송을 못하도록 압력을 넣음으로써 직업 선택의 자유를 침해한 것이다. 그가 말한 대로 그들은 단지 우리와 다를 뿐이다.

그들이 보기 싫다고 말한다면 이는 생각이 부족한 탓이다. 보기 좋거나 싫은 것은 단순한 취향의 문제이다. 보기 싫다고 해서 불이익을 주는 것이 말이 되는가? 담임선생님이 학생들에 대해 평가를 내릴 때, 보기 싫다고 해서 점수를 덜 준다면 그것이 합당하다고 할 수 있겠는가?

사람들은 자신에게 익숙한 것을 옳다고 여기고, 낯선 것을 그르다고 여기는 경향이 있다는 장자의 말을 기억하라. 우리에게 낯설다는 것 말고 그들에게 무슨 잘못이 있는가? 많은 사람들이 보기 싫어한다고 말해도 결과는 역시 같다. 단지 많은 사람들에게 낯설었던 것뿐이다.

여담이지만, 고대 그리스에서는 많은 성인 남성들이 동성애자였으며, 그 사실을 전혀 부끄러움 없이 공공연히 말하고 다녔다. 『향연』이라는 책에서는 등장인물 가운데 한 명이 소크라테스가 있는 곳에서는 잘생긴 남자를 차지할 수 없다고 불평하는 대목이 나온다. 확실치는 않지만, 소크라테스도 동성애자였을 가능성이 매우 높은 것이다.

어떤 의미에서 보면, 중세 사회에서 자유주의적인 사회로의 발전은 코페르니쿠스적 전환이라고 할 만하다. 형이상학이 지배하던 중세의 사회에서는 구성원에게 왜 그렇게 하지 않는지를 따져묻는다. 알기 쉽게 사례를 한 번 들어보도록 하겠다. 친구들끼리 분식점에 갔는데, 떡볶이를 시킨 한 친구가 오므라이스를 시킨 친구에게 "너는 왜 떡볶이를 안 먹어? 정당한 이유가 없으면 떡볶이 먹어. 그냥 네가 그러고 싶다는 대답은 안 돼!"라고 말한다면 얼마나 황당하겠는가?

중세의 상황은 이와 다르지 않다. 조선시대에 수절하기를 거부하는 여성에게 "왜 안 하겠다는 거야? 정당한 이유가 없으면 해. 네가 그러기 싫다는 대답은 안 돼!"라고 말한다. 아니, 사실은 정당한 이유가 있더라도 그것을 설명할 기회조차 얻기가 쉽지 않다. 사회에는 개인의 의사와 무관한 규범이 있으며, 개인에게는 선택의 자유가 없다. 그 규범과 달리 행동하고자 하는 사람이 있다면, 그는 나머지 모든 사람을 설득해야만 한다.

그러나 자유주의적인 사회에서는 역으로, 개인이 사회 혹은 다른 구성원들에게 왜 그렇게 해서는 안 되는지를 묻는다. 오므라이스를 시킨 친구에게 뭐라 불평하는 사람이 있다면, 그는 "나는 오므라이스 먹고 싶어. 왜 오므라이스 먹으면 안 되는데? 정당한 이유를 대 봐. 그냥 네 맘에 안든다는 말로는 곤란해!"라고 말할 수 있다. 수절을 거부하는 여성은 "나는 수절하기 싫은데, 내가 수절하지 않는다고 해서 안 될 것이 무엇이지? 그것이 다른 사람의 어떤 자유를 침해한다는 말이지? 설명해 봐. 그냥 당신들이 그것을 원한다는 것만으로는 부족해!"라고 말할 수 있는 것이다.

자유주의 사회에서는 타인에게 피해를 주지 않는 한 무엇이든 자유다. 자유주의적인 법 이론에서는 오직 타인에게 피해가 되는 행위만을 규제하고 처벌하는 이른바 '해악의 원리'(principle of harm)가 모든 법규의 근원이 된다. 타인의 자유를 침해하지 않고, 관련 당사자들이 합의했다면, 모든 것은 자유다.

따라서 자유주의 사회에서는 다원주의가 꽃필 수밖에 없다. 중세적인 사회에서는 정해진 것만이 허용되었지만, 자유주의적인 사회에서는 타인에게 피해만 주지 않는다면 무엇이든 자신이 선택하기에 달려 있다. 과거에 과부는 반드시 수절을 해야 했지만, 이제는 젊은 총각을 납치하거나 자신이 짝사랑하는 홀아비를 희롱하는 등의 행위를 제외하면 무엇이든 할 수 있다.

사상사적으로 볼 때, 형이상학적이고 독단적인 진리와 그에 기반한 소수의 독재를 거부하고, 사회의 모든 구성원들이 직접 규범을 만드는 데 참여하고 또 자신에게 가해지는 모든 제약에 대해 정당 근거를 따져물을 수 있게 되어 간다는 것은 곧 근대의 도래를 의미하는 것이었다.

자유주의에 기반한 사회에서는 다원성이 존중되고, 대화와 타협의 정신이 꽃필 수밖에 없다. 타인의 자유를 침해하지 않는 한 무엇이든 할 수 있기 때문에 다원주의는 자유주의와 동전의 양면이다. 다양성이 인정되고, 서로 다른 기호를 가진 사람들이 모여 살 수밖에 없는 현실을 인식하게 되면, 의견 차이를 해결하는 방식은 대화와 타협뿐이다.

그런데 왜 제목에서 자유주의를 "민주주의를 향한 첫 걸음"이라고 하고 있냐고? 결론부터 얘기하면 자유주의만으로는 진정한 민주주의가 성취될 수 없기 때문이다. 자유주의는 진정한 민주주의를 향한 노정에서 출발점일 뿐이다. 물론 그 노력은 현재에도 여전히 진행형이다. 그리고 그 진행 과정은 자유주의 사상의 변증법적 발전 과정이기도 하다.

5부

"데모크라토피아를 향하여"

인간은 천부인권과 존엄성을 가진 만물의 영장인가, 아니면 기계와 다를 바 없는 존재인가?

인간이 만물의 영장이라는, 너무나도 상식적인 견해의 이면에는 전통적이고 형이상학적인 인간관이 깔려 있다. "신은 천지만물을 창조하고, 자신과 닮은 존재를 만들어 이 세상을 맡기고자 하였다. 그래서 흙으로 사람을 만들고 그 속에 숨을 불어 넣어 생명을 부여했다……." 따라서 오직 인간만이 신에게서 부여받은 영혼을 가진 이성적이고 영험한 존재이고, 그 외의 모든 피조물은 그를 위해 창조되었다. 영혼이나 이성이 없는 동물은 기계와 다를 바 없는 존재이다.

뻥이야~~

인간의 두뇌는 고도의 정밀함과 소형화가 실현된 컴퓨터이다. 정신적인 이상을 보이는 사람은 신이 감기 걸린 상태에서 숨을 불어 넣어 준 것이 아니라, 두뇌 회로에 이상이 생긴 것이다. 인간 두뇌 회로의 구조와 작동 원리가 완벽하게 밝혀질 미래의 세계에서는 외과적 수술을 통해 인격을 개조하는 일도 가능해질 것이다. 인간이 기계와 다를 바 없다는 '불편한 진실'이 밝혀질 것이다.

1 _ 들어가기 전에

먼저 한 가지 고백을 해야겠다. 5부 제목에 큰 따옴표를 붙여 인용 표시를 한 데에는 이유가 있다. 내가 고안해 낸 것이 아니라 몇 년 전 출판된 책의 제목이기 때문이다(지은이는 김비환이고, 출판사는 교보문고이다). 제목이 아주 섹시하고 멋있는 책이었다. 마지막 부의 제목으로 그보다 더 좋은 것은 없을 듯해 빌려 쓰기로 한 것이다.

'데모크라토피아'(democratopia)는 민주주의라는 뜻의 데모크 라시(democracy)와 이상향을 뜻하는 유토피아(utopia)의 합성어이 다. 데모크라시에서 데모(demo)는 '대중', '민중', '인민'이라는 뜻 이고, 크라시(cracy)는 '~의 지배', '정치 체제'를 뜻한다. 따라서 데모크라시는 대중이 지배하는 정치 체제를 가리킨다. 그리고 유토 피아는 일반적으로 이상향을 뜻하지만, 어원상으로 보면 희랍어(고 대 그리스어)의 '아니다'(ou)와 '장소'(topos)의 합성어로, '어디에 도 존재하지 않는 곳'이라는 뜻이다.

민주주의가 무엇이고 진정한 민주주의를 위해서는 어떤 조건 이 필요한지에 대해서 많은 논란이 있다는 사실 자체에서 알 수 있 듯이, 그것은 영원히 실현될 수 없는 이상향에 불과할지도 모른다.

그러나 이상이란 언제나 목표가 되어 준다는 점에서 의미를 가진다. 자유주의를 통해 첫 발걸음을 내디딘 이래 민주주의는 끊임없는 발전을 이루어 왔으며, 현재 세계 모든 나라는 진정한 민주주의의 실현을 위해 노력하고 있다고 해도 과언이 아니다. 그래서 나는 저 제목을 빌려 쓰고픈 유혹을 견딜 수 없었다.

물론 제목은 빌려 쓰지만, 내용은 전혀 다르니 오해 없기 바란다. 제목을 빌려 쓰는 대신 그 책 홍보도 겸한 셈이니, 상부상조 아니겠는가.^^

2 _ 자유주의, 문제를 드러내다

자유주의는 형이상학적 위계질서를 극복하고 평등주의와 다원주의에 입각한 새로운 장을 열었다. 그러나 자유주의 사상도 완결된 것일 수는 없다. 새로운 시대의 혁명적 사상이었던 자유주의도 점차 영향력을 확대하여 지배적인 사상이 되면서 문제점을 드러내기 시작한다. 문제는 이론적 측면과 현실적 측면 두 가지 모두에서 찾아볼 수 있다. 여기에서는 현실적 측면을 살펴본 후, 그와 관련해서 이론적 측면을 설명하도록 하겠다.

진정한 기회의 균등인가?

자유주의자들은 모든 사람에게 능력을 발휘할 기회만 균등하게 주어진다면 그리고 과정상에 반칙만 없다면, 어떤 결과가 나오든 그것은 정의로운 것임을 주장하면서 국가나 사회의 개입을 반대한다. 기말 시험에서 주영이는 평균 94점을 받고, 수연이는 평균 35점을 받았다고 할 때, 선생님이 "두 사람의 점수 차이가 너무 많이 나니, 주영이의 점수를 20점만 수연이에게 주자꾸나"라고 말씀하신다면 그것이 정당하겠냐는 것이다.

자유주의자들은 말한다. 진정한 평등이란 모든 사람을 똑같이 대하는 것이 아니라, "같은 것은 같게 다른 것은 다르게" 대하는 것이라고 말이다. 경준이는 100m를 13초에 주파한다. 나이키로부터 매년 10억의 지원금을 받는 최고의 단거리 선수 희성이는 100m를 9초 85에 뛴다. 그런데 경준이가 나이키의 담당자를 찾아가서는, "모든 사람은 평등하다. 희성이와 나를 차별하지 말라"라고 주장한다면, 타당하다고 할 수 있겠는가? 능력에 따른 대우야말로 진정으로 평등하고 정의로운 대우인 것이다.

자유주의자들의 주장은 너무나 타당하다. 두 사람이 동등한 조건에서 경쟁했다면 말이다. 하지만 두 사람의 경쟁 조건이 달랐다면, 다시 말해서 출발선이 달랐더라도 그 결과가 정당하다고 할 수 있을까? 희성이는 언제나 10m 앞에서 출발했기 때문에 그런 기록을 가질 수 있었다면 말이다. 그런 질문을 받으면 누구라도 "에이, 그건 당연히 반칙이지!"라고 대답할 것이다. 그리고 실제로 육상 경기에서는 그런 일이 불가능하다. 하지만 기말 시험의 경우는 다르다. 주영이와 수연이의 경우로 되돌아가 보자.

주영이네 집은 부자다. 주영이의 부모님은 교육에 관심이 많고, 지원도 아끼지 않는다. 주영이는 과목마다 500만 원이나 하는 개인 교사가 있어서 스스로 학습 스케줄을 짤 필요조차도 없다. 그저 선생님들이 가르쳐 주는 것만 따라하면 되는 것이다. 예습복습도 필요 없다. 선생님들은 비싼 값을 한다. 프로그램 속에서 모든 것이 해결된다. 주영이가 평균 94점을 받은 것은 놀라운 일이 아니다.

반면 수연이네 집은 찢어지게 가난하다. 와병 중이신 부모님과 세 동생을 모두 수연이가 부양해야 한다. 동사무소에서 매달 생활 보조금조로 몇 십만 원의 돈이 나오지만, 그 돈으로는 부모님 약값 충당하기도 벅차다. 그래서 수연이는 새벽 2시부터 4시까지 신문 배달을 하고, 그 일이 끝나면 4시부터 6시까지 우유 배달도 한다.

학교에 다녀와서는 집안일을 해야 한다. 밀린 설거지를 하고, 하루치 밥을 해놓고, 청소와 빨래를 하다 보면 학교 숙제도 건너뛰기 일쑤다. 사정을 모르는 선생님들에게 수연이는 숙제도 잘 안 해오고, 상습적으로 조는 문제아이다. 수연이가 꼴찌를 하면, "저 녀석 만날 숙제도 안 해오고 졸더니 저럴 줄 알았어. 저거 커서 뭐가 되려고 저래?"라고 말하면서 머리를 한 대씩 쥐어박고 간다. 학교에서 수연이는 언제나 주눅이 들어 있다.

반면 주영이는 언제나 생기 넘치고 발랄한 모범생이다. 수업 시간에 선생님이 질문을 해도 늘 자신감 있게 대답한다. 물론 가정교사를 통해 선행학습이 되어 있는 상태이기 때문에 주영이에게는 전혀 어려운 일이 아니다. 모든 선생님들이 입에 침이 마르도록 칭찬한다. 그녀는 더욱 당당해지고 자신만만해진다.

주영이가 반칙을 범한 것은 아니다. 하지만 주영이가 수연이에게 "누가 너한테 공부하지 말라고 했니? 기회는 동등하게 주어졌어. 그런데 너는 경쟁에서 뒤진 거야. 이것은 내 능력이 너보다 뛰어나다는 것을 의미하고, 따라서 나는 너보다 나은 대접을 받아 마땅해. 그것이야말로 정의에 부합하는 거야"라고 말한다면 어떻겠는가?

100m 경주 상황에서 10m 앞서 출발하는 것이 반칙임은 누구

나 인정한다. 그렇다면 주영이는 수연이와 동등한 출발선에서 경주를 시작한 것인가? 그렇다고 말하기는 쉽지 않다. 주영이는 반칙을 범했는가? 그런 것 같지도 않다. 그러면 이 상황은 어떻게 설명해야 하는가?

또 다른 사례를 하나 들어 보자.

걸봉이와 만홍이는 일란성 쌍둥이이다. 걸봉이와 만홍이의 부모님은 거듭된 사업 실패와 건강 악화로 아이들을 돌볼 수 없게 되자, 어린 쌍둥이를 고아원에 맡겼다. 몇 년 후 만홍이는 중산층 가정으로 입양이 되었지만, 걸봉이는 그런 행운을 만나지 못했다. 초등학교를 졸업할 무렵, 두 아이 모두는 이미 동급생들보다 20cm는 더 커져 있었다. 그들은 타고난 장사 체질이었던 것이다.

양부모님은 만홍이를 부족함 없이 키웠다. 초등학교 때 체육 선생님이 만홍이의 재질을 알아보고 씨름을 권유했다. 마침 씨름의 인기가 하늘을 찌를 때라 만홍이도 부모님도 동의했다. 만홍이는 전국체전에서 우승하는 등 두각을 나타내기 시작했고, 고등학교를 졸업할 무렵에는 이미 몇 개의 프로구단으로부터 거액의 연봉을 제안받았다. 그리고 프로에 입단해서도 천하장사 타이틀 최다 획득 기록을 경신한다.

하지만 걸봉이는 전혀 다른 길을 걷게 된다. 체질상 남들보다 밥을 세 배 이상은 먹어야 힘을 쓸 수 있었지만, 고아원에서는 그렇게 배불리 먹는 것이 힘들었다. 그래도 다른 아이들보다 힘이 월등했지만, 걸봉이가 다니던 학교는 촌구석에 있었기 때문에 그가 힘을 쓸 일은 기껏해야 삶은 감자나 옥수수를 배불리 얻어먹기 위해 나뭇

짐 날라 주는 것 정도였다. 고등학교에 진학할 무렵이 되자 도저히 배고픔을 참을 수 없었던 걸봉이는 돈을 벌기로 결심하고 도시로 무작정 상경했다. 하지만 고등학교 졸업장도 없이 힘만 쓸 줄 아는 걸봉이가 할 수 있는 일은 정해져 있었다. 공장과 공사판을 전전했지만, 그는 언제나 라면 신세였다. 한 끼에 라면 10개는 먹어야 했던 걸봉이가 기름지고 영양가 있는 음식을 배불리 먹거나 돈을 모으는 것은 꿈도 꿀 수 없었다.

그러던 어느날 걸봉이는 자신의 쌍둥이 동생 만홍이가 씨름 영웅이 되어 있음을 알게 된다. 한참을 망설이던 걸봉이는 만홍이를 만나 보기로 결심한다. 잃어버린 동생을 만나면 외로움이나마 덜 수 있지 않을까 하는 생각에서였다. 우여곡절 끝에 만홍이를 만날 수 있었다. 서로 살아 온 애기를 하던 도중 만홍이가 불쑥 "형도 좀 열심히 살지 그랬어? 형이나 나나 다를 게 뭐 있어? 일란성 쌍둥이인데. 그랬으면 형도 나처럼 성공했을 것 아냐?"라고 말한다.

만홍이의 말이 타당하다고 생각하는가? 만홍이는 이렇게 주장하고 있다. 우리나라는 자유주의 국가이다. 누구에게나 능력을 발휘할 수 있는 기회가 보장되어 있다. 걸봉이가 자신과 똑같은 능력을 발휘해 출세하는 것을 막는 제약은 아무것도 없다. 그런데도 걸봉이가 자신처럼 출세하지 못한 것은 노력 부족 탓이다.

만홍이의 주장이 터무니없다는 점에 대해서는 따로 설명이 필요 없을 것이다. 만홍이는 걸봉이보다 더 좋은 환경에서 자랐다. 그에게는 자신의 능력을 발휘할 수 있는 더 좋은 기회가 주어진 것이다. 그것은 능력이나 노력과는 무관한 우연적인 것이다. 둘은 공정한 경기를 한 것이 아니다. 상대방을 일주일 정도 가두어 두고 아무 것도 먹지 못하게 한 후 경기를 하는 것과 다를 바 없는 것이다.

그런 상황에서 나는 아무 반칙도 하지 않았으니, 결과적으로 아무리 차이가 많이 나더라도 그것은 능력과 노력 탓이므로 승복해야 한다고 주장하는 것은 무리가 있다. 진정으로 공정하게 능력과 노력을 평가하기 위해서는 시험이나 경기 자체만이 아니라 그것을 준비하는 과정에서도 동등한 기회와 환경이 주어져야 하는 것이다.

빈부격차가 큰 사회에서 동등한 기회와 환경이 주어진다는 것은 불가능하다. 도시 지역과 농촌 지역의 격차가 큰 사회에서도 마찬가지이다. 노력을 통해서 극복할 수 있는 경우도 있지만, 돈이 돈을 버는 자본주의 사회의 특성상 그것이 원천적으로 불가능한 경우도 많다. 주영이와 수연이의 미래를 좀더 그려 보도록 하자.

수연이는 주영이의 핀잔에 커다란 상처를 받았다. 그래서 "그래, 이 수모를 갚는 길은 내가 성공하는 것뿐이야. 내 보란 듯이 너보다 훨씬 성공해 주지"라고 마음먹었다. 고등학교를 졸업하고 작은 회사에 취직해서 열심히 일했으며, 야간대학도 다녔다. 야간대학이기는 하지만 타고난 성실성과 노력으로 수석 졸업을 하자, 좀더 규모가 있는 중소기업에 들어갈 수 있는 기회가 열렸다. 월급도 훨씬 많아졌다.

거래처에 다니는 민수와 몇 년간의 연애 끝에 결혼을 하기로 했다. 그러나 민수네 집에서는 결사적으로 반대했다. 수연이의 집이 너무 가난한 데다, 대학도 변변치 못한 곳을 나왔다는 이유였다. 두 사람은 함께 노력했으나, 집안의 반대를 극복할 수는 없었다. 수연이는 좌절했다. 이 사회에 계급이 존재한다는 생각이 들었다. 그러나 다시 마음을 다잡았다. 이 모든 설움을 씻어 내는 길은 당당하게 성공하는 것뿐이라고 말이다.

결국 자신이 다니던 회사의 선배와 결혼을 하게 되었다. 그는 집안도 학벌도 비슷했으므로, 전과 같은 어려움은 없었다. 두 사람이 함께 벌기 때문에 수입도 훨씬 많아졌다. 하지만 양가 부모님 모두 지병이 있는 데다가 집안도 넉넉지 못한 터라, 시댁과 친정에 조금씩 도움을 주고 나니 많은 돈을 모으는 것이 쉽지 않았다.

하지만 이를 악물고 저축했다. 3~4년 후면 집도 살 수 있다는 희망이 생겼다. 그때쯤이면 막내까지 독립해서 부모님 부양을 거들 것이다. 그렇게 3년이 지나고 나니 더욱 희망이 커졌다. "내년이면 24평 아파트를 사고, 또 5년 동안 열심히 모으면 32평 정도는 장만할 수 있을 거야. 그런 식으로 조금씩 늘려 나가면 아이들에게는 나처럼 힘든 삶을 물려주지 않을 수 있겠지"라는 생각을 하루도 거르지 않고 했다.

그런데 그 해 말부터 부동산 투기 바람이 불어 집값이 한 달에 20% 이상 오른 곳도 허다했다. 그녀가 사려던 아파트 가격은 1년 사이에 2배가 되었다. 덩달아 전세도 급등해서 집 장만하려던 돈이 오른 전세금을 충당할 정도밖에 되지 않았다. 또 다시 좌절했지만, 오뚝이처럼 다시 일어나겠다고 마음먹었던 수연을 주저앉힌 것은 고교 동창을 만나 우연히 듣게 된 주영이 소식이었다. "주영이네 아버지가 대부업을 하셨잖니. 글쎄 재산이 100억대였는데, 1년에 순이익이 20~30억 원씩이나 된데. 돈이 돈을 낳는 거지 뭐. 주영이는 대기업 사장 아들하고 결혼한 거 아니? 그리고 원래 자기 이름으로 아파트 한 채 있었는데, 결혼할 때 아버지가 한 채 더 사줬대. 그런데 최근에 집값이 많이 올라 앉아서 십 억을 챙겼대. 그리고 걔 주식하는데, 남편 통해서 들어오는 정보가 좋으니까 한 달에 몇 천씩 수익을 올린다더라. 우리 같은 사람들 아무리 열심히 일해도 소용없다니깐. 뱁새가 황새 쫓아가려다 가랑이 찢어지는 꼴이지 뭐."

그제서야 수연은 깨달았다. 그것은 애초에 넘을 수 없는 벽이었다. 말로는 평등한 사회라지만, 분명 계급은 존재했다. 그것은 가진 자와 못 가진 자라는 새로운 계급이었다. 초등학교 때부터 친구들도 끼리끼리 놀았다. 주영이의 자식들은 또 수백만 원짜리 선생을 써서 좋은 대학에 가고 좋은 집안끼리 결혼을 할 것이나, 자기는 빚이나 물려주지 않으면 다행이다.

수연이가 깨달은 것처럼 자본주의 사회에서도 계급은 여전히 존재한다. 그리고 중세 신분제 사회의 그것처럼, 그 계급도 대물림 되기 마련이다. 기회의 균등은 애초부터 불가능한 이야기이다. 이상 국가를 꿈꾸는 사람들은 아이들이 태어나면 국가에서 모두 거두어 동등한 환경에서 양육할 것을 주장하기도 했다. 만약 그런 것이 실제로 가능하다면 기회의 균등이 거의 완전하게 이루어졌다고 할 수 있을 것이다.

하지만 그런 상황에서는 국가와 사회의 역할이 커질 수밖에 없다. 전 국민이 성인이 될 때까지 국가가 그들의 양육과 교육을 책임져야 하기 때문이다. 그러나 그것은 야경국가가 할 수 있는 역할이 아니며, 자유주의자가 추구하는 바도 아니다.

| 두 가지 종류의 자유 |

자유라 하면 외적인 구속 없이 하고 싶은 대로 하는 것이지, 자유에 무슨 종류가 있냐고 반문할지 모른다. 그러나 '외부적인 구속이 없음'과 '하고 싶은 대로 함'은 전혀 다른 것이다. 전자를 소극적 자유, 후자를 적극적 자유라고 부른다. 주영이와 수연이, 그리고 걸봉이와 만홍이의 사례를 통해 소극적 자유와 적극적 자유의 차이를 이해해 보기로 하자.

주영이는 수연이에게 "누가 너한테 공부하지 말라고 했니?"라고 말한다. 그리고 만홍이는 걸봉이에게도 능력을 발휘해서 출세하는 것을 막는 제약은 없었다고 말한다. 어찌 보면 주영이와 만홍이의 말은 옳다. 수연이가 공부를 하려고 할 경우, 국가나 사회 혹은 타인이 그것을 못하게 막지는 않았을 것이다. 걸봉이가 씨름 선수가 되려고 했을 경우에도 사정은 마찬가지이다. 그렇다면 두 사람에게는 주영이나 만홍이와 똑같은 자유가 보장된 것일까?

주영이와 만홍이의 질문을 좀더 구체화해 보면 사정이 더 분명해질 것이다. 주영이는 수연이에게 말한다. "너도 나처럼 공부를 잘하고 싶으면 나하고 똑같이 유능한 개인교사를 쓰고, 영양을 잘 섭취하고, 적절하고 충분한 휴식을 취하면 되잖아? 누가 그걸 못하게 했니?" 만홍이는 걸봉이에게 말한다. "형도 나처럼 영양가 있는 음식을 충분히 먹고, 성적 좋은 씨름부가 있는 도시의 학교에 다녔으면 되잖아? 누가 그걸 못하게 막았나? 형이 안 한 것 아냐?"

주영이와 만홍이의 말이 성립할 수 없음은 명백하다. 최고급 외제 승용차를 보고 부러워하는 당신에게 차 주인이 "부러워만 하지 말고 당신도 저 차를 사세요. 여기는 자유국가예요. 당신이 저 차를 산다고 해도 못하게 할 사람이 없는데 왜 안 사요?"라고 말한다면 기분이 어떻겠는가? 할 수만 있다면 몽둥이찜질을 해주고 싶을 것이다. 주영이와 만홍이의 말은 그 뻔질이 외제차 주인의 말과 다를 것이 전혀 없다.

「아, 대한민국!」이라는 노래가 유행한 적이 있다.

하늘엔 조각구름 떠 있고
강물엔 유람선이 떠 있고
저마다 누려야 할 행복이
언제나 자유로운 곳

뚜렷한 사계절이 있기에
볼수록 정이 드는 산과 들
우리의 마음속에 이상이
끝없이 펼쳐지는 곳

원하는 것은 무엇이든 얻을 수 있고
뜻하는 것은 무엇이건 될 수가 있어
이렇게 우린 은혜로운 이 땅을 위해
이렇게 우린 이 강산을 노래 부르네
아아 우리 대한민국

아아 우리 조국

아아 영원토록

사랑하리라

당시에는 이 노래를 개사해서 부르는 것이 유행이었다. 사실 개사라기보다는 세번째 구절의 첫째와 둘째 줄 뒤에 몇 마디 덧붙이는 정도였다. 첫째 줄 뒤에는 "돈 있으면, 돈 있으면"을 붙이고, 둘째 줄 뒤에는 "빽 있으면, 빽 있으면"을 붙인다. 그러면 "원하는 것은 무엇이든 얻을 수 있고(돈 있으면, 돈 있으면), 뜻하는 것은 무엇이건 될 수가 있어(빽 있으면, 빽 있으면)"가 된다.

아무도 원하는 것을 못 가지게 하지는 않는다. 그러나 그것만으로 원하는 것을 가지기에 충분한 조건이 충족되는 것은 아니다. 원하는 것을 가지기 위해서는 돈이 있어야 한다. 경제적 여건의 뒷받침이 있어야 하는 것이다.

만홍이와 주영이의 말을 통해서 알 수 있듯이, 소극적 자유가 보장되었다고 해서 반드시 기회의 균등이 보장되는 것은 아니다. 육상 경기에서 기회의 균등은 동일한 지점에서 출발할 수 있음을 의미한다. 하지만 단순히 경기 자체에서 출발선을 맞춘다고 해서 공정한 경쟁이 보장되는 것은 아니다. 한 사람은 충분한 영양을 섭취하고 충분한 훈련을 행한 반면, 다른 한 사람은 독방에 갇힌 채로 일주일 이상 굶은 상태에서 경기에 출전한다면 그것은 공정한 경기라고 할 수 없다. 이러한 이유로 적극적 자유에 대한 요구가 생겨나게 되는 것이다.

자연인은 없다

이론적인 측면에서 볼 때, 이런 문제가 생길 수밖에 없는 이유는 사회와 개인의 관계에 대한 자유주의자들의 생각 때문이다. 사실 개인과 사회의 관계는 닭이 먼저인가 달걀이 먼저인가와 같은 것일 수밖에 없다. 그런데 자유주의자들은 개인이 사회의 핵심적이고 기본적인 요소이며, 사회란 개인의 합의에 의해 이루어진 개인의 결집체라고 주장한다.

따라서 사회가 존재하기 이전에 개인이 먼저 존재해야 한다. 이렇게 사회가 구성되기 이전의 인간을 '자연인'이라고 부른다. 그런데 단순히 생물학적으로 인간의 특징을 갖추는 것만으로는 자유주의자들이 생각하는 자연인이 될 수 없다. 자연인은 계약을 할 수 있어야 하며, 계약을 위해서는 나름의 정체성, 공통의 언어, 그에 수반되는 다양한 지식을 필요로 하기 때문이다.

하지만 사회와 동떨어진 인간에게는 정체성이 있을 수 없다. 여러분 스스로 다음과 같은 실험을 해보면 간단하게 알 수 있다. 스스로를 소개하는 글을 작성해 보라. 단, 여러분의 사회적 관계가 언급되어서는 절대로 안 된다. 그런 소개가 가능하겠는가? 한 마디도 할 수 없을 것이다. 인간의 정체성이란 사회화의 과정 속에서 형성되는 것이기 때문이다.

언어도 사회생활의 산물이라는 점에 대해서는 따로 설명할 필요가 없다. 사회가 존재하지 않는다면 언어도 존재할 수 없다. 언어란 기본적으로 타자와의 의사소통을 위한 도구이기 때문이다. 그렇다면 사회에 속하지 않은 인간은 언어를 습득할 수 없고, 언어를 사용하는 사회의 문화적 산물인 지식도 가질 수 없다. 따라서 설사 자연인이 존재한다고 하더라도, 그는 자유주의자들이 생각하는 존재가 아니다.

『로빈슨 크루소』가 흥미로운 점 가운데 하나는 사회에서 벗어나 있는 개인을 그리고 있다는 사실 때문이다. 그러나 그 책이 자연인을 그리고자 한 것이었다면 그것은 분명 실패였다. 로빈슨은 이미 사회 속에서 교육받고 자라난 상태였으며, 표류한 지 얼마 되지 않아 프라이데이를 꼬드겨 노예로 삼아 또 하나의 새로운 사회를 구성한 뒤 다시 이전의 사회로 돌아오기 때문이다.

자연인의 모습에 보다 가까운 인물은 아마도 『정글북』의 주인공 모글리일 것이다. 소설 속에서 모글리는 늑대에 의해 양육된 후 사회로 돌아온다. 그러나 설사 그런 인물이 실제로 존재한다 하더라도, 사회로 돌아오기 이전의 모글리가 계약을 행할 수 있는 존재가 아님은 분명하다. 앞에서 말한 것처럼 정체성과 언어, 지식이 결여되어 있기 때문이다.

자연인은 많은 경우 이기적인 인간으로 묘사되며, 또 그것이 당연하게 여겨진다. 자연인이 이기적인 성질을 가지고 있을 것이라는 생각의 이면에는 영화 「할로우 맨」의 상상력이 존재한다. 스스로에게 시도한 투명인간 실험에 성공한 주인공(케빈 베이컨)은 투명 인간의 지위를 이용하여 동료와 이웃집 여인 등을 성폭행하는 등의 만행을 저지르다가 이를 저지하려는 동료들과의 사투 끝에 죽음에 이르게 된다.

사실 이 이야기의 원작은 2천 년 이상 거슬러 올라간다. 양치기 기게스는 우연히 반지를 하나 줍게 된다. 그런데 그 반지는 특수한 힘을 가지고 있어서, 구슬이 자신을 향하도록 돌리면 자신의 몸이 보이지 않는 것이었다. 그 사실을 알게 된 기게스는 그 나라의 왕비와 정을 통한 후 왕을 죽이고 자신이 왕좌를 차지하게 된다.

만약 여러분에게 투명인간이 될 수 있는 반지가 생긴다면 무슨 행동을 할 것인가? 두 이야기에서는 의미심장하게도 여인을 성추행하는 내용이 공통적으로 등장한다. 여러분도 스스로에게 질문해 보라. 여러분이 할 행동이 이야기의 주인공처럼 원하는 이성과 권력 및 부를 얻기 위한 행위에서 크게 벗어날 수 있을지 말이다.

그래서 사회의 규제에서 벗어난 인간, 즉 자연인은 타인에 대한 배려는 전혀 없이 오직 자신의 욕구만을 위해 행동하는 존재로 여겨진다. 우리의 자연적인 욕구는 사회의 규범과 규제에 의해 억압된 채로 잠재되어 있다. 규범이 영향력이 미치지 않는 곳에서는 그 억압된 욕구가 깨어난다. 그것이 인간의 보편적인 모습이라는 것이다.

그러나 영화 「웰컴 투 동막골」에 등장하는 주민들의 경우를 생각해 보자. 감자와 옥수수가 주식이며 대다수의 마을 사람들이 똑같이 허름한 옷차림을 하고 있다. 서구화된 현대의 도시인들이 보기에는 너무나 가난하고 불편해 보이는 생활을 하면서도 그들은 인간에 대한 신뢰와 애정을 가슴속 깊이 품고 있다. 그들은 스스로를 가난하다고 생각하지 않으며, 외지인들에게도 스스럼없이 먹을 것을 내민다. 나이 많은 노인이 마을의 지도자 역할을 하고는 있지만, 그가 가진 것은 권력이 아니다. 그는 좀처럼 나서는 일이 없으며, 그저 존경받는 조언자에 불과할 뿐이다.

만약 동막골 사람 가운데 하나가 기게스의 반지를 얻었다면 그는 어떻게 행동할까? 영화를 본 사람들이라면 최소한 그가 「할로우맨」의 주인공이나 기게스처럼 행동하지는 않으리라는 것을 쉽게 짐작할 수 있다. 아마도 그는 그 반지를 지도자 격인 노인에게 가져다줄 것이고, 옛날이야기에서처럼 그 노인은 마을 사람들과 의논한 끝에 그 요물을 누구도 찾기 힘든 곳에 감추어 둘지도 모른다.

이것이 영화 속의 이야기일 뿐이라고 생각해서는 안 된다. 『오래된 미래』를 읽은 독자라면, 서구 문물에 물들기 전의 라다크 사람들도 동막골 사람들과 동일하게 행동했으리라고 생각하기 쉽다. 물론 서구인들에 의해 경쟁과 탐욕을 배운 현재의 라다크인이라면 다르게 행동하겠지만 말이다.

반드시 폐쇄적인 소규모 공동체만이 그러하다고 생각할 필요는 없다. 아무도 안 보는 곳에서도 매일 같은 시간에 성지인 메카를 향해 절을 올리는 경건한 이슬람교도를 생각해 보라. 그가 기게스의 반지를 손에 넣었다고 해서 「할로우 맨」의 주인공이나 기게스처럼 행동할 거라는 생각이 드는가? 이슬람교도만이 아니라 신실한 마음으로 종교를 믿는 사람이라면 누구라도 그렇게 행동할 것이다.

「할로우 맨」의 주인공이나 기게스처럼 행동할 사람이 보다 많다는 식의 결론을 내려선 곤란하다. 어떤 사회에서는 꼭 그렇게 행동하지만은 않는다는 사실이 중요하다. 욕구를 꾹 억누르고 있다가 규범의 제재가 미치지 않는 곳에서 그것을 표출한다는 사실은 어쩌면 그 사회의 규범을 강요당하고 있다는 반증에 불과할지도 모른다.

우리도 동막골이나 라다크 혹은 구성원 모두가 경건한 신앙심을 가진 사회에서 태어나고 자라났다면 이와 유사하게 행동했을 것이다. 자연인은 존재할 수도, 상상할 수도 없는 것이다. 인간의 보편적 모습에 대해 확실히 말할 수 있는 한 가지는 아마 사회를 이루어 산다는 사실일 것이다. 그리고 나머지 모든 것은 그가 속한 사회에 따라 달라지게 되어 있는지도 모른다. 심지어는 본성까지도 말이다.

자유주의와 전통적 인간관 : 자유주의의 형이상학적 잔재

자유주의에 대해 설명하다가 갑자기 인간관 타령을 하는 이유는, 자유주의의 또 다른 이론적 문제점을 설명하기 위해서이다. 물론 인간관에 대한 설명 없이 곧바로 그 문제점을 지적할 수도 있다. 그러나 이 책은 입문자들을 대상으로 하고 있으며, 철학 입문자들은 인간관에 대한 이해 없이 이론적 문제점들을 이해하기가 쉽지 않다. 게다가 인간 정체성에 대한 성찰은 반드시 한 번쯤은 거쳐야 할 철학의 핵심 주제 중 하나이므로, 여기서 인간관을 설명하는 것은 이중의 목적을 가지고 있는 셈이다.

독자 여러분께서는 부담 없이 읽기 바란다. 여러분들은 여태까지 나름대로 철학적 훈련을 거쳐 왔으며, 앞으로 설명할 내용 중에는 앞에서 이미 언급한 내용들도 포함되어 있으므로 커다란 어려움을 느끼지는 않으리라. 다만 전통적 인간관에 대한 설명이 자유주의의 문제를 논하는 과정에서 불거졌다는 사실은 기억하길 바란다. 그래야 논의의 큰 흐름을 놓치지 않을 테니 말이다.

서양의 전통적 인간관

형이상학의 극복은 인간 인식의 방법에 대한 반성을 통해 이루어진다. 그런데 모든 사람의 인식 능력은 같지 않으며 엘리트주의자들에 의하면, 그것이 같아서도 안 된다. 모든 사람의 인식 능력이 같다면 자신들만이 진리를 인식할 수 있다는 주장으로 자신들의 지배를 정당화할 수 없을 것이기 때문이다. 따라서 그들에게는 인간 사이의 차이를 설명할 필요성이 생긴다.

그런데 인간들 간의 차이를 설명하다 보면 보다 광범위한 차원에서의 차이, 즉 인간과 인간이 아닌 존재들 간의 차이에 대한 의문이 생기게 되며, 그에 대한 설명도 필요해진다. 인간 중에서 일부는 진리를 완벽하게 파악할 수 있고 나머지는 그렇지 못하기 때문에 일부 소수가 나머지 다수를 지배해야 한다. 또 현실이 그러하다면, 인간이 다른 모든 존재를 지배하는 이유도 동일한 차원에서 설명해야 할 것이다.

동서양을 막론하고 전통적인 견해에 따르면 인간은 다른 피조물과 차원이 다른 존재이다. 동양에서는 인간이 우주의 기(氣) 가운데 가장 우수한 기를 타고 났다고 말한다. 서양의 인간관은 주로 기독교 사상에 입각해 있고, 동양의 인간관은 서양과는 다른 독특한 우주론에 기인한다. 그러나 인간이 다른 존재보다 질적으로 우월하다고 보는 면에서는 같다.

앞에서도 설명한 바 있지만, 논리적으로 유일신이 필요한 이유는 인과관계의 악순환을 끊기 위해서이다. 모든 것을 인과관계로 설명해야 한다면, "A의 원인은 B이고, 그 원인은 C이며, 그 원인은 D

이고, 그 원인은…"과 같은 설명이 끝없이 진행될 것이다. 그리고 그 설명은 "네 나이가 몇 살이니?"라는 질문에 "우리 형보다 두 살 어려요"라고 대답하고, "그럼 형은 몇 살이니?"라고 물으면 "누나보다는 세 살 어리지요", "그럼 누나는?", "엄마보다…"로 이어지는 것과 같아서, 아무런 유용한 정보도 주지 못한다(실제로는 그렇지 않지만 서양 사람들은 그렇게 생각한 듯하다).

그래서 그들은 모든 존재의 궁극적 근거가 될 만한 절대적인 존재가 필요하다고 생각했다. 그 존재는 기독교에서 '하나님'이라고 부르는 유일신(God)이다. 그는 세계의 제1원인이며, 자신은 변화하지 않으면서 모든 변화와 운동을 일으킨 '부동의 원동자'이다. 그는 인과관계의 사슬에서 벗어나 있어야 하며, 따라서 절대적으로 자유로운 유일한 존재이다.

여기에서도 우리는 동양과 서양의 근본적인 차이를 발견할 수 있다. 기독교에서도 그렇고 파르메니데스와 플라톤을 비롯한 많은 형이상학적 이론에서도 그렇지만, 서양인들은 변화하는 세상을 비정상적인 것으로 생각한 듯하다. 그리고 그 변화 이면에 있는 불변의 존재를 찾고자 노력한다. 그러나 『주역』을 통해 알 수 있는 것처럼 동양인들에게는 변화가 정상적인 것이다. 변화가 멈춘다는 것은 파국을 의미한다. 물론 이런 사고방식의 차이가 생겨난 주된 이유는 생활환경의 차이였을 것이다.

어쨌든 그런 설명대로라면 태초에 존재했던 것은 신뿐이다. 신은 세계를 창조한다. 그런데 아무것도 없었으니 할 수 없이(?) 신은 말로 창조한다. "있으라!" 하면 있는 것이다. 너무나 부럽고 편리한 방식이 아닐 수 없다. 우리 같으면 "금덩이 있어라"라든지 "거액 당첨 복권 있어라"와 같이 말할 텐데, 신은 그러지 않았다. 사실 그럴 필요도 없다. 언제나 얻을 수 있다면 바라지도 않을 테니 말이다.

모든 것을 말로 창조했다면 문제도 생기지 않았을 텐데, 신은 그렇게 하지 않았나 보다. 그는 무슨 이유에선지 자신과 닮은 존재를 만들어 그에게 세상을 맡기고 싶어 했다. 그래서 흙으로 자신의 형상에 따라 인간을 만들었다. 그러나 흙이 움직이거나 말을 할 리 없으니, 신은 그 조각품에 자신의 '숨'을 불어 넣었다. 그 '숨'은 생명이요, 정신이요, 영혼이요, 이성이었다. 우리는 두 부분으로 이루어져 있는 것이다. 우리 몸의 재료는 이 세계의 흙이요, 우리의 영혼은 저 세계의 신에게서 왔다. 플라톤의 이데아론에서도 영혼은 신들과 이데아의 세계에 함께 살고 있었음을 기억하라.

세부적인 측면에서는 다소 차이가 있겠지만, 이런 유의 이론에 따르면 인간은 동식물을 비롯한 다른 모든 존재와 질적으로 다른 존재이다. 그리고 인간을 제외한 다른 모든 존재는 질적으로 커다란 차이가 없다. 생물과 무생물이 구분되고, 생물 내에서도 동물과 식물이 구분되기는 하지만, 결국 그들은 모두 '물건'에 불과하다.

도대체 동물이 왜 물건이냐고? 그럼 좀더 알아듣게 설명해 보자. 흔히 동물은 본능에 따라 행동하지만, 인간에게는 이성적으로 행동할 능력이 있다고 말한다. 인간은 이성의 힘으로 본능을 억제하고 자신이 선택한 행동을 할 수 있지만 동물의 경우에는 그렇지 않다는 것이다.

그러면 본능적 행동이란 무엇일까? 쉽게 말해서 배고프면 먹고, 졸리면 자고, 배변의 욕구가 생기면 싸고 하는 것 등이다. 본능적인 행동의 특징은 특정한 X라는 상황에 처하면 반드시 Y라는 행동을 한다는 것이다. 배가 고픈데 눈앞에 먹이를 두고도 참거나, 배변의 욕구가 생겼는데도 체면을 생각해서 참는 동물을 본 적이 있는가? 그렇지 않기 때문에 동물은 오직 본능적으로 행동한다고 말하는 것이다.

오직 본능적으로만 행동한다는 것은 예외 없이 획일적으로 행동한다는 뜻이다. 그런 면에서 보면 동물은 기계와 다를 바 없다. 커피 자판기에 동전을 넣고 '밀크커피'를 누르면 반드시 밀크커피가 나온다. '밀크커피'를 눌렀는데 코코아가 나온다면, 그 기계는 고장이 난 것이다.

마찬가지로 며칠을 굶었는데도 먹이를 땅에 던져 주면 먹지 않고 예의를 갖추어 주어야만 먹는 개가 있다고 해보자. 그 개는 특종으로 TV에 등장하게 될 것이다. 정상적인 개와는 매우 다른 희한한 개이기 때문이다. 정상적이 아닌 기계를 고장난 기계라고 불러야 마땅하듯이, 그 개도 고장이 났다고 할 수 있다. 동물은 오직 본능적으로만 행동한다는 전통적인 견해는 이런 결론에 이를 수밖에 없기 때문에, 데카르트는 동물이 기계와 같다고 주장하게 된다.

동물은 생명을 가지고 있고 기계는 생명체가 아니다. 기계는 생명이 없는 다양한 '물질'을 결합해 거기에 동력장치를 달아 동력을 제공했을 뿐이다. 그러나 둘의 작동 방식은 똑같다. 건전지가 내장된 기계는 외부에서 동력을 제공하지 않더라도 건전지의 수명이 다할 때까지는 스스로 작동한다. 동물도 그렇다고 볼 수 있지 않을까?

개가 고장이 난 것이 아니라 훈련을 시켰을 뿐이라고 말할 수도 있다. 그러나 밀크커피가 나오도록 하는 회로와 코코아가 나오도록 하는 회로를 바꾸어 연결하면 '밀크커피'를 눌러도 코코아가 나온다. 훈련을 시킨다는 것은 기계의 회로를 바꾸는 것과 같다. 그것은 본능을 넘어서서 스스로 판단하고 행동하는 것과는 전혀 다르다.

"X라는 요인이 주어졌는데 Y라는 행동을 하지 않고 Z라는 행동을 했으니 본능적인 영역에서 벗어난 것 아닌가?"라고 말하는 사람도 있을 수 있을지 모르나, 그 사람이 한 가지 간과한 점이 있다. X 외에 또 다른 요인이 주어진 것이다. 그것은 '회로'의 접선 등으로 인한 고장일 수도 있고, 훈련과 같은 것일 수도 있다. 기계의 입장에서 보면 훈련은 외부의 충격과 같은 것이다.

본능적인 행동을 굉장히 단순화해서 서술했지만, 보다 많은 요소가 개입됨에 따라 본능적인 행동도 복잡하게 나타날 수 있다. 배고픈 동물에게 먹이를 준다면 본능적으로는 먹어야 한다. 그러나 먹이를 미끼 삼아 동물을 잡으려는 사냥꾼이 있다면 그 동물은 생명의 위협을 피하려는 보다 강력한 본능 때문에 먹이를 포기하게 된다. 배가 고픈데 먹이를 포기하는 것은 일견 본능에서 벗어난 행동으로 보이지만, 다양한 본능이 동시에 작용하여 그 함수관계에 의해 빚어진 행동에 불과한 것이다.

그러나 인간은 그와 전혀 다르다. 모든 사람이 오직 본능적으로만 행동한다면 어떨까? 배가 고픈데 마침 빵집에 주인이 없을 경우 모든 사람이 빵을 마구 먹는다면? 배변 욕구나 성적인 욕구가 생기면 때와 장소를 가리지 않고 그 욕구를 해결해 버린다면? 그런 모습은 상상조차 하기 힘든 모습이다. 그만큼 인간은 본능적인 행위에서 벗어나 있다. 인간은 동물과 달리 이성을 가지고 있기 때문이다.

그렇다면 이성이 무엇이기에 본능에서 벗어날 수 있단 말인가? 이 질문에 대한 대답은 앞에 이미 반쯤 암시되어 있다. "반쯤 암시되어 있다"고 말하는 것은 이 책에서 다루고 있는 내용이 주로 서양의 사상적 전통에 관한 것이기 때문이다. 하지만 여기에서는 기왕 말이 나온 김에 궁금해 하는 독자를 위해 동양의 인간관에 대해서도 언급을 하는 것이 좋겠다. 그렇게 함으로써 중세적인 사상의 특징이 동서양 모두에 공통적으로 드러남을 보여줄 수 있을 테니 말이다.

먼저 서양 사상에 대해 이야기해 보자. 앞에서 플라톤의 이데아론과 기독교 사상의 유사성을 설명한 바 있다. 그리고 보다 앞으로 거슬러 가보면, 이름을 기억할 필요가 없는 철학자들이라고 설명하면서도 그 가운데에서도 정말 유명하지 않다고 '실례를 범한' 파르메니데스라는 철학자를 기억하는 독자가 있을 것이다. 이들의 공통점은 육체적인 것보다 정신적인 것을 높이 평가한다는 사실이다.

이데아론에서 영혼은 신들과 함께 이데아의 세계에 살다가 육체 속으로 들어온 것이다. 기독교에서는 신이 흙으로 만든 육체에 '숨'을 불어 넣는 방식으로 인간에게 영혼을 부여한다. 결국 서양의 전통에서 다른 존재와 인간의 차별성은 인간의 영혼이 신적인 영역으로부터 유래했다는 사실 때문에 생겨난다.

신적인 영역은 자연계의 법칙으로부터 자유롭다. 늙어 죽지도 않고, 먹고 싸지도 않고, 추위와 더위도 없고, 시공간의 제약도 받지 않는다. 그 세계는 불변하는 완벽한 진리의 세계로, 불완전하고 변덕스럽기 그지없는 인간의 세계가 본받아야 할 이상향이기도 하다. 우리의 영혼이 그곳으로부터 왔다는 사실은 오직 인간에게만 신의 은총이 함께 하며, 오직 인간만이 진리의 세계에 도달할 수 있음을 의미하기도 한다.

우리의 이성은 이 세계의 한계로부터 자유롭다. 이성을 통해 세계의 참모습과 올바른 삶의 방식을 알 수 있다. 신과 달리 육체의 감옥 속에 갇혀 있기는 하지만, 이성의 빛을 통해서 인간은 진리의 세계로 상승할 수 있다. 그러기 위해서는 이성의 빛과 의지에 의해 육체적 욕구를 극복해야 한다.

인간은 이성의 힘으로 욕망을 극복하고 도덕과 예술을 창조한다. 동서를 막론하고 도덕과 예술은 저 세계의 진리를 드러내는 통로이다. 그것은 본능적이고 저속한 욕구의 통로인 육체의 눈이 아니라 신적이고 거룩한 이성의 눈을 통해 파악한 것이기 때문이다. 따라서 도덕과 예술을 모른다면 그는 "짐승과 다름없는" 것이다.

동양의 전통적 인간관 : 성리학의 인간관

그럼 동양의 인간관은 어떨까? 설명을 시작하기 전에 앞으로 설명할 내용은 동양의 인간관 전반을 포괄하는 것이 아니라, 조선을 대표하는 이념인 성리학의 인간관임을 밝혀 둘 필요가 있다. '서양'이나 '동양'의 인간관 전체를 포괄하는 설명은 불가능하다. 나는 서양 사상의 주류로서 기독교적 사유를 선택했을 뿐이며, 동양의 그것으로는 이제 성리학을 택하고자 한다.

물론 동양 사상이라 하면 흔히 유불도 3교를 일컫는다. 따라서 동양의 인간관을 올바로 소개하기 위해서는 불교와 도교의 인간관도 따로 설명해야 한다. 그럼에도 불구하고 내가 유학, 그 가운데에서도 신유학, 또 그 가운데에서도 성리학의 인간관을 통해 동양의 인간관을 설명하고자 하는 데에는 몇 가지 이유가 있다.

무엇보다도 중요한 이유는 그것이 오랫동안 관심을 가져 온 전공 분야라서 내가 다른 사상보다 그것을 잘 알기 때문이다. 하지만 내가 잘 안다고 해서 그것을 동양의 대표적 사상이라고 주장한다면 나는 학자로서 최소한의 양심도 없는 사람이 되고 말 것이다.

중국에서 이전의 모든 사상을 총망라하여 정리했다는 의미의 '집대성'(集大成)이라고 불리는 사람은 세 명이다. 한 사람은 여러분도 너무나 잘 아는 공자 할아버지이며, 또 한 사람은 한나라 때의 훈고학자인 정현이고, 마지막 한 사람이 바로 주희이다. 송대의 유학자였던 주희는 불교와 도교의 이론까지 흡수하여 유학 사상을 새롭게 해석하고 정리했다. 따라서 성리학을 주자학이라고도 부르는 것이다.

성리학을 주희가 완성했는데 왜 '주희학'이 아니라 '주자학'인가? 중국에서는 위대한 학자를 기려 성 뒤에 '선생님'이라는 뜻의 '자'(子)를 붙여 부르는 전통이 있다. 대표적인 사람이 바로 공자이다. 공자를 영어로 컨퓨셔스(Confucius)라고 부르는데, 이는 중국인들이 공자를 '공씨 성을 가진 저 선생님'이라는 의미의 '공부자'(孔夫子)라고 부른 데서 유래한다. '공부자'의 중국어 발음 '꽁뿌쓰'를 서구인들이 따라한 것이다.

춘추전국시대의 사상가인 맹자, 순자, 묵자, 장자 등도 모두 그러한 존칭을 적용한 사례이다. 맹자의 이름은 맹가이며, 순자는 순경, 묵자는 묵적, 장자는 장주이지만, 일가를 이룬 사상가들이므로 이름을 부르지 않고 '선생님'〔子〕을 성 뒤에 붙여 부르는 것이다.

제자백가 이후의 사상가에 대해 공식적으로 '자'를 붙이는 경우는 거의 없다. 그러나 성리학의 완성자인 주희는 대체로 주자라고 부른다. 반면 왕수인(왕양명)의 학문은 '왕자학'이라고 부르지 않고, 양명의 호를 따서 '양명학'이라고 부른다. 물론 특정 학파에서 자신들의 선생님에게 '자'를 붙여 부른 일은 많았지만, 일반적으로 그것을 인정한 것은 춘추전국시대 이후에는 주희가 거의 유일무이하다. 그만큼 주희의 영향력이 크고 그 범위도 넓음을 반증하는 것이다. 주자학의 인간관을 동양적 인간관의 대표적 사례로 제시하는 이유도 여기에 있다.

우리나라 학자 가운데도 공식적으로 '자'가 붙은 사람이 있다. 독자 여러분들은 아마 퇴계 이황이나 율곡 이이라고 생각하겠지만, 주인공은 바로 우암 송시열이다. 송시열은 노론의 영수이다. 따라서 노론을 제외한 다른 당파의 사람들에게는 극도로 미움을 받았다. 남인에 의해 사사되었을 뿐만 아니라, 남인의 정신적 고향인 영남지방에서는 개의 이름을 '시열이'라고 지을 정도였으니 말이다.

그런 송시열에게 '자'라는 존칭이 붙게 된 것은 그의 특이한 이력 때문이다. 그는 주희를 흠모했으며, 일거수일투족을 주희와 똑같이 하고자 했다. 주희는 조국인 송나라가 금나라의 압박을 받던 시기에 살았는데, 아이러니컬하게 송시열도 조선이 청나라의 압박을 받던 시기에 살았다. 두 사람 모두 힘의 열세를 생각하지 않은 채 북진해서 오랑캐를 물리쳐야 한다는 비현실적인 주장을 했으며, 그들이 모신 왕도 공교롭게 모두 효종이었다.

그도 주희처럼 명분론에 입각한 비타협적인 태도를 견지했다. 이러한 그의 태도가 조선의 당쟁이 격화되는 데 큰 역할을 했다. 그러나 당쟁에서 궁극적인 승리자는 그를 숭상하는 노론이었다. 그가 죽은 후에 그의 호를 딴 『우암집』이라는 문집이 나왔으나, 그의 소원대로 주희의 『주자대전』 편제에 따라 다시 『송자대전』이라는 문집이 등장하게 된 것은 노론의 완전한 승리를 선포하는 것이었다.

다시 인간관 이야기로 돌아가 보자. 어쨌든 여기에서는 동양적 인간관의 대표적 사례로 성리학, 즉 주자학의 인간관을 설명할 것이다. 주자학은 유학의 틀 속에서 불교와 도교의 사상까지 포괄했을 뿐만 아니라, 이후의 시대에 광범위한 영향력을 행사했기 때문이다. 우리나라 동양 철학계에서는 아직도 "주자 만세!"를 외치는 사람들이 있을 정도이니 말이다.

주자학이 그 창시자의 이름을 딴 것이라면, 성리학은 그 이론의 내용을 딴 것이다. 성리학의 핵심 테제는 "본성이 곧 이치다"〔性卽理也〕라는 것이다. 여기에서 본성이란 우리 인간의 본질적인 모습을 일컫는 것이다. 그리고 이치란 사물의 존재 근거이자 이상적이고 당위적인 모습이다.

다시 쉽게 설명해 보자. 당신이 책상을 만든다고 해보자. 이때 당신은 책상의 다리를 한 개나 두 개로 만들지는 않을 것이다. 그렇게 만들어 가지고는 책상이 책을 지탱하고 서 있을 '리' (理)가 없다. 그렇다고 해서 책상의 다리를 다섯 개나 여섯 개로 만드는 것은 바보 같은 짓이다. 책상에 네 개 이상의 다리가 필요할 '리'(理) 없기 때문이다.

책상이 네 다리를 가지고 있는 데에는 이유가 있다. 그리고 그 것이 책상의 이상적인 모습이기도 하다. (북반구의 온대기후대에 속한 나라들에 한정되겠지만) 여름에 눈이 올 '리'가 있겠는가? 여름에 날씨가 덥고 눈이 오지 않는 데에는 이유가 있다. 겨울이 아니라 봄에 꽃이 피는 데에도 이유가 있다. 남성이 아니라 여성이 아기를 낳는 데에도 이유가 있다. 세상 모든 것이 존재하는 데에는 다 이유가 있는 것이다. 그것이 바로 이치이다.

주자학의 '이치'[理]는 플라톤의 이데아와 매우 유사하다. 다른 점이 있다면 이치는 이데아처럼 이 세계에서 동떨어진 곳에 존재하지 않고 개개의 사물 속에 내재해 있다는 것이다. 그렇다면 한 가지 의문이 생긴다. 이데아와 같은 이치가 모든 사물 속에 있다면 세상이 곧 이데아의 세계, 즉 유토피아인가? 불교에서라면 그렇다고 대답할 수도 있다. 깨닫기만 하면 이곳이 극락이요, 번뇌가 열반일 수도 있으니 말이다. 그러나 주희는 깨달음을 통한 마음의 평화를 목표로 삼는 승려가 아니었다. 그는 현실의 모순을 인정하고 그것을 고치려 한 유학자였다.

오랑캐에게 압박을 받고 있는 현실은 반드시 바로잡아야 했다. 세상 모든 것에 이치가 있다고 해서, 세상이 반드시 이치로 가득 차 있는 것은 아니다. 책상의 이치가 있다고 해서 세상 모든 책상이 이상적인 형태로 존재하지는 않는다. 오히려 이상적인 형태로 존재하는 것은 극소수에 불과하고, 나머지 모두는 이러저러한 결점을 가지고 있다. 이데아론에서처럼, 이치가 필요한 것은 불완전한 현실적인 존재들이 마땅히 지향해야 하는 이상적인 모습을 보여 주기 위한 것일 뿐이다.

이치는 무형의 원리이다. 그것이 '현실적으로' 존재하기 위해서는 깃들 뭔가가 필요하다. 이데아들은 현실적인 사물들과는 달리, 육체적인 감각에 의해서는 파악할 수 없는 형이상학적인 방식으로 존재한다. 주자학의 이치도 이와 마찬가지이다. 이치는 형이상학적인 존재이다.

이데아론에서 형이상의 세계에 살던 영혼이 '이 세계'에서 존재하기 위해서는 육체와 결합을 해야 한다. 주자학에서는 이치의 세계가 따로 존재하지는 않지만, 이치가 이 세상에 존재하기 위해서는 '영혼-육체'의 이항구조에서 육체에 해당하는 무언가에 의지해야 한다. 그 무언가에 해당하는 것이 바로 기(氣)이다. 그래서 주자학의 핵심 이론 가운데 하나가 바로 이치와 기의 관계를 밝힌 이기론(理氣論)인 것이다.

이데아론과 주자학의 또 다른 공통점은 이데아와 이치가 물질적인 것에 대해서만 존재하는 것이 아니라는 사실이다. 이데아와 이치는 '사랑'이나 '정의'와 같은 것에 대해서도 또한 존재한다. 좀 어려운 말로 하자면, 이데아와 이치는 사실에만 해당되는 것이 아니라 당위에 대해서도 또한 적용된다는 것이다. 그리고 이는 전근대적인 사고의 특징 가운데 하나이다.

사실 이데아론과 주자학 모두 사실보다는 당위를 밝히는 데 중점을 두고 있다. 이데아론에서 최고의 이데아는 좋음[善]의 이데아이다. 주자학에서 최고의 이치는 인(仁)이다. 두 사상 모두 "우리가 추구해야 할 진정한 가치는 무엇인가?"를 밝힘으로써, "어떻게 살아야 하는가?"라는 질문에 답을 하고자 했으며, 그 답이 객관적으로 존재한다고 생각했다. 이렇게 도덕적 가치가 실제로 존재한다는 주장을 '도덕 실재론'이라고 부른다.

주희에게 우리가 밝혀내고 추구해야 할 최고의 가치이자 목표는 바로 '인'(仁)이라는 덕목이다. 그 커다란 덕목은 다시 인의예지신(仁義禮智信)이라는 다섯 가지 세부 덕목으로 구성되어 있다. 한 가지 흥미로운 사실은 '오상'(五常)이라는 이 다섯 가지 덕목이 유가 고유의 개념이 아니라는 점이다. 전국시대 말기에 점술의 일종인 오행론이 널리 퍼지자, 유가는 오행에 대응하는 다섯 가지 덕목을 만들어 낸 것이다.

어쨌든 주희에게 이치란 곧 오상이다. 그리고 주희는 모든 존재가 총체적인 이치를 가지고 있다고 주장한다(그는 이러한 주장이 맹자의 성선설에서 나온 것이라고 역설하지만, 내용상으로 보아 그런 주장은 불교의 불성론에서 차용한 것이 분명하다). 주희에게 그 총체적인 이치는 '인'이자 '태극'(太極)이다.

여기에서 한 가지 궁금증이 생긴다. 인이면 인이고 태극이면 태극이지, 인이자 태극은 또 뭔가? 주희에게는 그럴 만한 사정이 있다. 그는 이전의 사상 체계를 총체적으로 재정리한 '집대성자'이다. 유가의 모든 경전을 하나의 체계로 설명한 것이다. 여기에서 여러 가지 문제가 생기게 된다.

여러분도 알다시피 유가의 최고 대장은 공자이며, 그의 사상은

『논어』에 잘 나타나 있다. 그리고 그 책을 통해 공자가 추구한 최고의 인격적 가치가 바로 '인' 임을 또한 알고 있다. 그런데 유가의 또 다른 중요한 경전 가운데 하나로 여겨지는『주역』에서는 모든 존재의 궁극적인 근원이 '태극'이라고 말하는 구절이 있다.

요즘 같으면 둘 중의 하나는 잘못된 것이라든가, 두 권의 책은 서로 다른 사상을 담은 것이라고 설명하면 간단하겠지만, 주희에게 두 권의 책은 모두 '경전'이었다. 유학자들에게 경전이란 기독교인들에게 성경과 같은 위상을 가진다. 가장 훌륭한 학자는 모든 경전의 말을 일목요연하게 꿰어 맞추는 사람이었다. 그리고 그런 사람 가운데 하나가 바로 주희였다.

사실『주역』은 정통 유가의 작품이라기보다는 우주론적 색채가 농후한 음양가의 사상이 많이 담긴 책이다. 그렇게 설명하면 '인'과 '태극'을 억지로 끼워 맞출 필요도 없었을 것이다. 그러나 두 책 모두를 완벽한 것으로 인정하기 위해서는 두 책 각각에서 가장 근본적이고 핵심적인 것으로 꼽고 있는 '인'과 '태극'이 같은 것이라고 주장할 수밖에 없다. 주자학의 여러 가지 문제가 바로 여기에서 생겨난 것이다.

여기에 "모든 존재는 부처가 될 소지를 가지고 있다"는 불교의 불성론을 차용하여 성리학의 독특한 형이상학이 생겨나게 된다. 우주의 모든 존재는 태극을 갖추고 있다. 태극은 인이며, 세부적으로는 인의예지신이다(주희는 때로 '인의예지'의 사덕四德을 말하기도 하고, 때로 '인의예지신'의 오상을 말하기도 한다. 맹자는 인의예지만을 말했기 때문이다. 모두가 경전의 일관된 해석이라는 동일한 이유에서 생긴 문제인 것이다).

그렇다면 모든 존재는 질적으로 동일하다는 말인가? 당연히 그렇지 않다. 형이상학적인 이치와 관련해서는 모든 존재가 동일하지만, 현실적으로는 '영혼-육체' 이항 도식에서 육체에 해당하는 기(氣)의 영향을 받을 수밖에 없다.

오직 물 속에서만 존재할 수 있는 진주가 있다고 해보자. 이때 물은 진주를 존재할 수 있게 하는 일종의 '그릇' 역할을 해주는 동시에, 진주의 모습이 밖으로 그대로 드러나지 못하도록 은폐하는 기능도 동시에 수행하게 될 것이다.

이치는 형이상학적인 존재이기 때문에 진주에 비유할 수 없지만, 이해를 돕기 위해 이 비유를 계속 사용해 보자. 진주가 이치에 해당한다면 진주를 담고 있는 물이 기에 해당한다. 그렇다면 현실적으로 진주가 얼마나 영롱한 광채를 발할 수 있는가는 진주를 담고 있는 물에 의해 좌우될 것이다.

주희에 따르면, 모든 존재는 태극을 가지지만, 세부적인 다섯 덕목을 모두 발휘할 수 있는 것은 오직 인간뿐이다. 진주의 비유에서 물에 해당하는 기질이 탁하기 때문이다. 동물들은 그 일부만을 간신히 드러낸다. 개미가 충성을 다하는 것은 충성에 해당하는 덕목인 '의'(義)만이 드러나기 때문이다. 하지만 그뿐이다. 인간처럼 맑고 청아한 기질을 타고나 오상을 모두 드러낼 수 있는 존재는 없다.

인간의 본성은 곧 이치이다. 본성은 마음속에 존재한다. 그러나 마음 자체가 본성은 아니다. 본성은 형이상학적 존재이기 때문에 그것을 담을 그릇이 필요하며, 그 그릇이 곧 마음이다. 따라서 마음은 기이다. 마음은 기이므로 본성을 담는 그릇의 역할과 본성을 은폐하는 기능을 동시에 수행한다.

마음은 물과 같다. 본성은 진주와 같다. 그런데 주희는 마음에 특별한 기능을 부여한다. 무엇에 의해서도 제약받지 않고 스스로를 주재할 수 있는 능력이 마음에 있다고 주장하는 것이다. 인간의 마음은 나무나 돌과 같은 단순하고 꽉 막힌 기가 아니라, 다른 기와 소통 가능한 유연한 기이다. 그것은 스스로의 의지와 노력 여하에 따라 맑아질 수도 있고 탁해질 수도 있다.

우리는 욕망을 억제하고 마음을 맑게 하여 본성에 따라야 한다. 따라서 경건하게 마음을 가라앉히는 수양이 필요하다. 하지만 본성은 형이상학적 존재이기 때문에 마음을 가라앉힌다고 해서 그 내용을 파악할 수는 없다. 내용 파악은 탁월한 능력을 가진 성인들에게나 가능한 것이다. 따라서 우리는 경건한 마음으로 본성을 음미하는 수련과 더불어, 본성의 내용인 이치를 완벽하게 파악해 낸 성인의 행동을 공부하고 책을 읽어야 한다.

매우 복잡해 보이지만 귀 기울여 듣다 보면 그럴싸하기도 하다. 귀 기울여 듣다 보면 그럴싸해지는 것이 형이상학적 이론의 특징이다. 검증 불가능한 자신의 주장을 타인에게 관철시키기 위해서는 여간 그럴싸하지 않으면 안 되기 때문이다.

전통적 인간관과 선민사상

동서양 전통적 인간관의 공통점은 인간만이 진리를 인식하고 구현해 낼 수 있는 존재라고 생각한다는 점이다. 우리는 이런 견해에 매우 익숙하다. 어릴 때부터 인간은 만물의 영장이라고 귀에 못이 박히도록 들어 왔기 때문이다. 게다가 자신도 인간인데, 그러한 주장을 마다할 이유가 무엇이겠는가? 경험적으로도 인간의 우월성은 자명한 듯하다.

그러나 일단 철학적 태도를 발휘해서 따져묻기 시작하면 문제점은 한도 끝도 없다. 무엇보다도 중요한 것은 인간의 우월성을 주장하는 근거가 형이상학적인 것이라는 사실이다. 당신도 인간이면서 뭘 그런 것을 문제 삼느냐고 되물을 사람도 있을 것이다. 그러나 그것을 문제 삼지 않아서 얼마나 비극적인 사건들이 벌어졌는가를 안다면 그리 쉽게 말할 수는 없을 것이다.

이데아론과 주자학은 모두 '도덕 실재론'에 해당한다. 이들의 주장에 따르면, 형이상의 존재라 감각적으로 인지될 수는 없어도 도덕적 가치는 실제로 존재한다. 그것을 인식할 수 있어야만 인간다운 존재라 할 수 있다. 그리고 인간은 실제로 그런 능력을 갖추고 있다.

따져물어야 할 것은 또 다시 인식론적인 것이다. 그리고 이 문제는 이미 앞에서 한 번 다룬 바 있으므로 간략하게 설명해 보겠다. 인간으로서의 우월성을 드러내 보이는 방법은 진리에 대한 인식 능력을 보여 주는 것이다. 이데아론에서 진리에 대한 인식은 영혼이 변증법적인 과정을 거쳐 진리 인식을 향한 상승을 계속함으로써 가능하다. 주자학에서 진리에 대한 인식은 경건한 마음으로 성인의 경전을 암기함으로써 가능하다.

여기서 제기될 수 있는 중요한 문제는 두 가지이다. 첫째, 이데아론에서 상승에 성공한 영혼이 파악한 내용이 진리임을 어떻게 보장할 수 있는가? 동일한 맥락에서, 주자학에서 말하는 성인의 경전이 절대적인 진리임을 어떻게 보장할 수 있는가? 이데아론에서 절대적 진리를 파악했다고 주장하는 사람은 타인들을 '올바른 길로 인도하기 위해' 강압적이고 폭력적인 방법을 사용할 수밖에 없다.

　주자학의 경우도 크게 다르지 않다. 성인의 경전에 대해 의심을 품는 사람에 대해서는 "짐승"이라고 욕을 해버리는 수밖에 없다. 게다가 주희는 자신과 같은 노선의 주장을 하는 사람들만을 성인의 반열에 올려놓는다. 또한 유가의 경전으로 인정받던 모든 책들을 자기 나름대로 해석하고, 그렇게 해석하지 않는 사람은 모두 이단이라고 주장한다. 그런 방식은 진리를 밝히려는 논리적이고 학문적인 노력이 아니라 정치적인 투쟁에 불과하다.

　주자학의 이런 폐쇄적인 태도는 조선 유학에서도 그대로 드러난다. 조선 성리학자들 가운데 주류는 유학에 대한 해석이 다른 사람들을 '사문난적'(斯文亂賊)으로 몰아 목숨을 빼앗아 버린다. 여기에서 '사문'이란 '이 문화'(this culture)라는 뜻으로, 공자가 이 말을 '우리 문화'라는 의미로 사용한 이래로 유학의 별칭이 된 말이다. 그들은 자신의 학문적 입장을 받아들이지 않으면 "우리의 의견을 받아들이지 않는다"라고 말하지 않고, "절대적 진리인 유학을 거부하는 나쁜 무리"라고 배척한 것이다.

　그리고 이것이 형이상학의 궁극적인 특징이기도 하다. 중세적 사고에서는 우주와 인간을 동일한 구조로 설명하고, 그 설명 방식이 절대적 진리라고 주장한다. 물론 그런 주장도 처음에 제기될 때에는 이전의 사상을 타파하는 혁신적인 성격을 가지고 있었으며, 당시 사람들이 요구하는 바, 즉 '시대정신'에 부합하였을 것이다. 그러나 그 사상 자신도 변증법적 발전의 산물임에도 불구하고, 사상의 변증법적 과정을 무시하고 자신의 절대성을 주장하게 되는 것이다.

결국 모든 것은 정치 투쟁으로 환원되어 버린다. 이제 모든 사람이 고개를 끄덕일 수 있는 진리를 발견하고 설명해 내는 것보다는 반대 세력을 무자비하게 탄압하고 타도함으로써 자신들이 이미 장악한 헤게모니를 지키는 것이 관건이 된다. 그리고 거기에는 당연히 사상에 대한 통제와 주입이 수반된다.

두번째도 첫번째 문제와 매우 밀접한 관계를 가고 있다. 인간의 우월성이 진리에 대한 인식 능력에서 기인한다 해도, 형이상학적 진리를 모두가 인식할 수 없음은 경험적으로 자명하다. 만약 누구나 그 진리를 인식할 수 있다면 세계에 분쟁은 없을 것이기 때문이다. 절대적인 진리가 존재하는 데도 이견과 분쟁이 있다면 올바른 진리를 확보하고 있는 것은 한 쪽뿐일 것이다. 다시 말해서 인간 사이에도 인식 능력의 차이는 존재하며, 그에 대해서도 설명이 필요하다.

이데아론이나 기독교에서는 진리를 파악하지 못하는 자들의 영혼에 문제가 있다고밖에 설명할 수 없다. 기독교를 예로 들어 보면, 신이 숨을 불어 넣을 때 바이러스가 함께 들어갔다든지, 아니면 신이 감기에 걸렸을 때 숨을 불어 넣었다든지 하는 등등의 설명이 가능하다.

그러나 주의 깊은 독자라면 그런 식의 설명이 정합적이지 않음을 쉽게 눈치챌 수 있다. 신의 숨, 즉 영혼은 형이상의 존재이고 바이러스는 형이하의 존재인데 두 가지가 어떻게 서로 간섭한단 말인가? 신이 감기에 걸린다는 것도 마찬가지로 어불성설이다. 신은 물리학적, 생물학적, 화학적 법칙의 구속에서 벗어나 있지 않은가?

결국 가능한 설명은 한 가지다. 세계에 다양한 사물과 생명체가 존재하는 것이 신의 섭리이듯이, 다양한 인간이 존재하는 것도 신의 뜻에 따른 것이다. 만약 그렇다면 보다 우월한 자가 보다 열등한 자를 지배하고 다스리는 것도 신이 예비해 놓은 세상의 모습이다.

신이 특정 개인 혹은 집단을 선택했다는 주장을 '선민사상'(選民思想)이라고 부른다. 하지만 이 역시 정치 투쟁에 불과함을 쉽게 알 수 있을 것이다. 신이 누구를 선택했는지를 신에게 물을 수 없다면, 누구나 자신이 선택받았다고 주장할 것이고, 현실적으로 힘을 쥐고 있는 자가 스스로 선택받았음을 입증할 것이기 때문이다. 결국 세상은 약육강식이 지배하는 정글이다.

주자학에서도 사정은 다르지 않다. 주희는 인간들 사이의 차이가 발생하는 이유 역시 기의 차이로 설명한다. 다섯 가지 덕인 '오상'을 모두 알 수 있다는 면에서는 모든 사람이 똑같지만, 어떤 사람들은 그 가운데에서도 기질이 훨씬 맑고 투명해서 그 이치를 굉장히 확실하게 볼 수 있고, 다른 사람들은 그렇지 못하다는 것이다.

이기론에 입각해서 보면 당연한 설명 방식이다. 하지만 조금 더 따져물어 보자. 그런 기질의 차이는 왜 발생하는가? 만약 설명할 수 없다면, 그것도 또한 우주의 이치라고밖에 할 수 없으며, 이 또한 선민사상과 크게 다를 바 없다.

사실 주희가 아무런 설명도 안 하는 것은 아니다. 기질의 차이가 생기는 원인에 대해 주희는 수태될 당시 하늘이 맑고 우주의 기운이 청아하면 훌륭한 기질을 가진 사람이 태어난다고 말한 적이 있다. 이것이 설명이 된다고 생각하는 사람은 스스로의 정신적 능력을 의심해 보기 바란다. 그런 설명이 맞다면 일기예보관이 최고의 직업 가운데 하나가 되어야 마땅하다.

특정 집단이 선택받았다는 주장은 인류 역사 전반에 걸쳐 계속적으로 제기되어 왔다. 남성이 여성보다, 백인이 흑인보다, 게르만인이 유태인보다 선택받은 종자라는 것이었다. 그런 주장으로 남성들은 수천 년 동안 여성들을 억압하고 착취했으며, 백인들은 흑인을 노예로 부리고 그 와중에서 수억 명을 죽였으며, 게르만인은 수백만의 유태인을 가스실로 보냈다.

형이상학적 이론에 기반해서 다른 피조물에 대한 인간의 우월성을 주장하는 이론이 독단적이기는 해도 인간인 우리 자신에게는 아무 피해도 없을 거라고 생각했다면 그것은 커다란 오산인 것이다.

전통적 인간관과 자유주의 : 형이상학적 잔재

이제 다시 원점으로 돌아와서 자유주의의 문제점을 거론할 차례이다. 자유주의자들은 만민 평등사상의 세례를 받았다. 그렇다면 자유주의자들은 전통적 인간관의 선민사상과 무관하거나 혹은 그 문제점을 해결한 것일까? 결론부터 말하자면 자유주의자들은 전통적 인간관을 견지하고 있으며, 차별적 선민사상에서는 벗어나 있지만 그와 관련된 또 다른 문제를 안고 있다.

자유주의자들은 빈부의 격차가 능력과 노력의 차이 때문이므로, 국가가 부자들에게서 세금을 거두어 가난한 자들을 도와줄 이유가 없다고 주장한다. 부자가 되느냐 가난뱅이가 되느냐는 오직 자기 하기에 달린 일이니, 자신의 처지에 대해서는 자신이 책임을 져야 한다는 것이다.

그러나 수연이가 공부를 잘 못하고, 걸봉이가 가난뱅이가 된 것이 과연 그들의 책임인가? 하지만 자유주의자들은 그들 스스로가 책임을 져야 한다고 주장한다. 이런 주장을 하는 사람들은 이른바 '자유의지론'(혹은 '자유론'이라고도 한다)에 입각해 있으며, 전통적 인간관의 형이상학적 전제를 공유하고 있는 것이다.

인간은 이성을 가지고 있으며, 본능적이고 충동적인 욕구에 매몰되지 않고 스스로 선택하는 도덕적인 존재가 될 수 있다. 인간은 자신의 행위를 스스로 결정할 수 있는 자유로운 존재인 것이다. 그리고 그런 면에서 인간의 이성은 신적이다.

인간은 어떻게 그런 신적인 이성을 가지게 되었는가? 자유의지 론자들이 이 질문에 대답할 수 있는 방법은 전통적 인간관의 형이상 학적 전제에 의거하는 것뿐이다. 신이 자신의 형상에 따라 인간을 창조하고, 자신의 '숨'을 불어넣었다거나 혹은 인간은 다른 존재와 달리 고르고 청명한 기(氣)를 타고나 이치를 파악할 수 있는 탁월한 능력을 가지고 있다거나 하는 것 말이다.

인간은 자신이 어떤 행동을 해야 하는지 알 수 있다. 인간을 도덕적 존재라고 부르는 것이 바로 이 때문이다. 하지만 단순히 알 수만 있고 행동으로 옮길 수 없다면 그 앎은 무의미하다. 당위에 대한 앎이 의미를 가지기 위해서는 행동 능력이 뒷받침되어야 한다. 칸트의 표현에 따르면, "당위는 능력을 함축한다."(Ought implies can)

음~! 무슨 소리냐고? 저 유명한(?) 말을 들으면 그렇게 느낄 수밖에 없다. 그런 생각이 들지 않는다면 칸트를 짝사랑하는 사람일 것이다. 하지만 그런 태도야말로 가장 비철학적이며 시대착오적인 모습이다. 모든 사상은 시대의 요구에 대한 응답이다. 특정 사상가에 대해 연구하는 것은 그를 숭배하기 위해서가 아니라 우리가 당면한 문제를 해결하기 위한 타산지석으로 삼기 위함인 것이다.

그렇다면 우리는 일단 칸트의 말을 쉽게 풀이해 볼 필요가 있다. 철학 전공자가 아니면 "당위는 능력을 함축한다"라는 말을 통해서 얻을 수 있는 것은 거의 없을 것이기 때문이다. '당위'란 "우리가 마땅히 해야 하는 것"이라는 뜻이다. '함축한다'라는 표현은 사실 번역에서나 주로 쓰이는 말이다. 좀더 쉬운 말로 표현하면 '내포하다'가 될 것이고, 보다 쉬운 말로 표현하면 '의미하다'가 된다.

쉽게 표현할수록 오해의 소지가 있기는 하지만, 이해를 못하는 것보다는 다소 오해의 소지가 있어도 쉽게 표현하는 편이 낫다. 철학에 조예가 깊은 사람들도 난해한 주제에 대해 쉽게 설명해 달라는 요구를 받으면 당황하는 경우가 많다. 내가 보기에 그 사람들은 그 주제에 대한 고민과 이해가 부족한 것이다. 정확하게 이해하고 있다면 쉽게 설명하고 나서, 어떤 오해의 소지가 있는지를 밝혀 주면 된다. 쉽게 설명하는 것은 타인을 위한 배려일 뿐 아니라, 자신이 보다 잘 이해하기 위한 필수적인 과정이기도 하다.

이제 칸트의 그 말은 이렇게 풀이할 수 있다. "당신이 무언가를 마땅히 해야 한다고 생각한다면, 당신이 그것을 할 수 있다는 뜻이다." 혹은 "자신이 할 수 없는 것에 대해서는 마땅히 그렇게 해야 한다는 생각을 하지 않게 된다."

하지만 여전히 쉽지 않다. 그 다음 과정은 일상생활에서 발견할 수 있는 비근한 사례를 찾아보는 것이다. 고차원적인 사상을 다루는 사람일수록 이 작업은 쉽지 않다. 그러나 그러한 작업이 불가능한 것은 아니며, 어떤 측면에서 보면 필수적이라고도 할 수 있다. 『장자』나 『한비자』를 비롯한 중국 고대 사상가들의 책을 보면 우화와 일화로 가득 차 있다. 그리고 그들의 심오한 사상을 이해하는 데 그 우화와 일화들이 결정적인 역할을 한다.

지하철을 기다리는데, 열차가 막 도착할 무렵 몸이 불편해 보이는 노인 한 분이 옆에 와서 섰다. 몸을 지탱하기조차 버거워 보이는 노인을 보면서 왠지 불안한 마음을 감추지 못하고 있었는데, 아니나 다를까 비틀거리던 노인이 발을 헛디뎌서 철로로 떨어지고 말았다. 모든 사람들이 깜짝 놀랐지만, 열차의 도착을 알리는 경보음과 함께 열차가 들어오기 시작하여 어느 누구도 노인을 구하려는 엄두를 낼 수 없었다. 당신은 바로 옆에 있었기 때문에 그 끔찍한 장면을 처음부터 끝까지 목격했다. 당신도 다른 사람들과 마찬가지로 비명만 질렀을 뿐, 다리가 후들거려서 다른 조치는 엄두도 내지 못했다.

집에 돌아와서도 마음이 진정되지 않는다. "나는 그렇게밖에 할 수 없었는가?"라는 생각을 떨쳐 버릴 수가 없다. 어쩔 수 없는 상황이었다고, 다른 모든 사람들도 손 놓고 있을 수밖에 없었지 않느냐고, 그 상황에서 뭘 어쨌겠느냐고 자위해 보지만 자꾸만 양심의 가책이 느껴지는 것을 피할 수는 없다.

인터넷을 검색하다가 몇 년 전 일본에서 지하철 선로에 떨어진

취객을 구하기 위해 자신을 희생한 이수현이라는 젊은이에 대한 기사를 다시 읽어 보게 된다. 그도 나와 같은 상황이었는데, 그는 달리 행동했다. 그의 행동이야말로 진정으로 도덕적이라고 할 수 있는 것이다. "본능적으로 몸을 사린 나는 뭔가? 나도 그렇게 행동했어야 하는 것이 아닐까?"라는 가책이 든다.

이제 당신은 양심의 가책을 느끼고, 과거에 달리 행동했어야 한다(ought)고 생각한다. 그리고 그것이 당위적이라고 느낀다면 당신은 그렇게 할 수 있었던(can) 것이다. 이성적 존재가 불가능한 일에 대해 당위성을 느끼지는 않을 테니 말이다. 당신에게는 어떻게 행동할지를 자유롭게 선택할 수 있는 의지가 있고, 따라서 당신은 당위적으로 옳다고 생각하는 일을 할 수 있으며, 그렇게 행동해야 옳다. 뛰어들어 노인을 구하고자 했어야 하는 것이다.

그런 상황에서 사람이 어떻게 그렇게 행동할 수 있냐고? 동물이라면 본능적인 두려움에 사로잡혀 그런 행동을 할 수 없다. 자유의지를 가진 이성적인 사람이니까 그렇게 할 수 있는 것이다. 본능적인 행위는 도덕적인 행위라 할 수 없다. 강력한 선의지로 본능과 욕구의 장애를 극복했을 때에만 진정으로 도덕적인 행위라 할 수 있다. 결과는 오직 신만이 안다. 말 그대로 '진인사대천명'(盡人事待天命)인 것이다.

이런 식으로 설명하면, 분명 핏대를 세우면서 반발하는 사람들이 있을 것이다. 아마도 그들은 "칸트는 다만 '보편화 가능성의 원리'와 '모든 인간을 목적으로 대하라'는 두 가지 '정언명법'(定言命法)을 말했을 뿐으로, 그것들은 형식적인 것이어서 위에서 예로 든 것과 같은 구체적인 상황에서 반드시 그렇게 행동해야 한다는 결론이 나오지는 않는다"고 말하기가 십상이다.

나는 먼저 이런 형태의 반론 자체가 불만이다. 왜 잘 알아듣지 못하는 말로 하는가? 설사 칸트가 어렵게 말했다 할지라도, 칸트를 전공하는 사람은 쉽게 풀어서 설명해야 지식인으로서의 사회적 역할을 다하는 것 아닌가? 일본인들이 서양철학을 도입하면서 만들어 낸 번역어인 '정언명법'(定言命法)이나 '가언명법'(假言命法)과 같은 말을 아직도 그대로 써야만 하는가?

정언명법이란 '무조건적인 명령'이라는 뜻이고, 가언명법이란 '조건부 명령'이라는 뜻이다. 칸트에 따르면 도덕법칙이란 "다른 사람들의 신뢰를 얻고자 한다면, 약속을 지켜라"와 같이 "X하기 위해서는 Y해라"와 같은 조건부 명령이어서는 안 된다. "약속은 절대적으로 지켜야만 한다"와 같이 무조건적이어야 하는 것이다.

칸트는 바람직한 도덕법칙, 즉 정언명법이 어떠해야 하는지에 대해 다양한 방식으로 표현하고 있는데, 그 가운데 가장 유명한 것이 바로 위에서 말한 두 가지이다. 첫째, 도덕법칙은 언제나 보편화가 가능해야 한다. 다시 말해서, 모든 사람이 그 원칙을 따르더라도 아무 문제가 없어야 한다. "형편이 어려울 경우에는 도둑질을 해도 된다"라는 주장은 도덕법칙이 될 수 없다. 모든 사람이 그렇게 행동하면 어떻게 될지는 너무나 자명하기 때문이다.

둘째, 모든 인간을 수단이 아닌 목적으로 대해야 한다. 승진을 위해 직장 상사에게 아부하는 사람은 부도덕한 행위를 하고 있는 것이다. 그 상사를 승진을 위한 수단으로 대하고 있기 때문이다. 보다

고전적인 예로, 정원 10명인 구명정에 15명이 타서 위험해진 경우를 생각해 보라. 두세 명을 빠뜨림으로써 대다수의 사람을 살릴 수 있다면 그렇게 해야 할 듯하다. 그러나 칸트의 원칙에 따르면, 그것이 많은 사람을 살릴 수 있다 해도, 물에 빠져야 하는 사람들은 다른 사람을 살리기 위한 수단이 되어 버리기 때문에 그런 행동을 허용해서는 안 되는 것이다.

그러면 어떻게 해야 한단 말인가? 누구도 수단이 되어서는 안 되므로, 어느 누구도 물에 빠뜨려서는 안 된다. 어느 누구도 희생시키지 않기 위해 최선을 다할 뿐이다. 결과는 신만이 안다. 그저 '진인사대천명', 즉 마땅히 해야 할 일을 하고 나서 하늘의 뜻을 기다릴 뿐이다.

이제 지하철의 사례로 돌아가 보자. "위험에 빠진 사람을 도와야 한다"는 주장은 보편화 가능하며, 따라서 도덕 법칙의 자격을 가지고 있다. 반면 "자신이 위험하지 않을 경우에만 위험에 빠진 사람을 도와라"는 주장을 보편화하는 것은 쉽지 않아 보인다. 또한 노인을 구하는 것이 그를 목적으로 대해야 한다는 두번째 원칙에도 잘 맞을 듯하다.

당위라고 생각한다면 그것을 할 수 있음을 의미한다는 칸트의 말에서 주목해야 할 것은 인간 의지의 자유와 인간의 우월성에 대한 확고한 믿음이다. 아무리 어려운 상황에서도 어떻게 행동해야 바람직한지를 생각해 내고 또 그것을 실천에 옮겨야만 도덕적이고 인간다운 인간이라 할 수 있다는 것이다.

이러한 자유의지론의 특징은 행동의 책임을 전적으로 행위자 자신에게 묻는다는 사실이다. 인간에게도 육체적 본능이라는 구속이 있음은 인정하지만, 무엇이 당위인지를 알 수 있을 뿐만 아니라 어떻게 행동할지를 스스로 결정할 수 있는 이성이야말로 인간의 본질적인 부분이라고 생각하기 때문이다.

행동은 의지의 발현이다. 지하철의 경우와 같이 당위의 법칙에 어긋나는 행동을 하면, 이성적 존재자는 양심의 가책을 느끼고 후회하게 된다. 그리고 가책과 후회는 그가 달리 행동할 수 있었다는 증거이기도 하다. 게다가 진정으로 도덕적인 행위가 갈등 상황에서 의지의 힘으로 이루어 낸 것이라는 주장을 인정한다면, 어려운 상황이었기 때문에 그렇게 하지 못했다는 말은 변명거리가 되지 못한다.

따라서 인간은 자신의 행위에 대해 전적으로 책임을 져야 한다. 스스로가 결정한 것이며, 의지의 결정에 따라 달리 행동할 수도 있었기 때문이다. 그들 스스로가 의식하고 있는가 여부와 무관하게, 칸트를 비롯해서 사형제를 옹호하는 사람들의 주장 이면에는 이런 이론적 배경이 있다. 그리고 사형제 폐지를 주장하고자 한다면, 사형제 옹호론자들 전제하고 있는 이러한 이론적 배경을 논박해야 하는 것이다.

자유주의자들은 이러한 자유의지론을 공유하고 있다. 사람들 간의 격차는 당사자의 능력과 노력 여하에 의해서 결정되므로 그에 대해서는 전적으로 자신이 책임을 져야 하며, 국가나 사회가 개입해서는 안 된다는 주장에는 자유의지론이 수반될 수밖에 없다. 이에 대해서는 다음 장에서 다루게 될 자발적 행위와 비자발적 행위의 구분을 보면 보다 명확한 이해가 가능할 것이다.

자유주의자들은 인간이란, 동물과 달리 본능에 얽매이지 않고 이성적으로 행동할 수 있는 존재라는 전통적 견해를 공유한다. 전통적 견해에서는 동물에 대한 인간의 우월성을 주장했지만, 그러한 주장의 논리적 결말 가운데 하나는 선민사상에 입각한 다른 인간에 대한 차별로 귀결되고 만다.

자유주의에서는 진보된 평등관을 기반으로 그러한 차별주의적 색채를 배제했지만, '본능을 초월해서 스스로 결정할 자유를 가진 이성'이라는 사고에서는 자유로울 수 없었다. 그러나 인간이 신이 아닌 이상 완벽한 자유는 불가능하다. 자유의지론은 여전히 형이상학적이고 종교적인 사고의 잔재에 불과하다. 자유주의는 가진 자와 못 가진 자라는 또 다른 계급과 차별을 낳았고, 사회의 변증법적 발전 과정에서 그러한 계급과 차별의 모순을 극복하기 위한 투쟁이 발생하는 것은 필연적인 것이었다. 데모크라토피아를 향한 여로는 아직 시작 단계였던 것이다.

3 _ 자유주의의 안티테제* :
새로운 인간관과 사회주의

| 자발적 행위와 비자발적 행위 |

자유의지론자들에 따르면, 인간은 자신이 행한 모든 행위에 책임을
져야 한다. 인간은 다양한 선택을 할 수 있고, 그 가운데 어떤 것이
옳은지 판단하고 그에 따라 행동할 수 있다. 이는 물론 당위적인 노
선에 따르지 않기로 작정할 수도 있다는 뜻이기도 하다. 그래야만
행위에 대해 책임을 물을 수 있을 것이기 때문이다.

그러나 자유의지론의 반대편에서는 전혀 다른 주장이 제기된
다. 인간이 자신의 행동을 자유롭게 결정할 능력이 있다는 주장은
허구이며, 오히려 인간의 행동은 자신과 무관한 요소들에 의해 결정
된다는 것이다. 따라서 행위의 책임을 행위자에게만 묻는 것은 무리
라는 것이다. 그리고 그 주장이 나름의 정당성을 가지고 있음은 쉽
게 알 수 있다. 몇 가지 사례를 통해 생각해 보자.

---

* '안티테제'(antithesis)란 변증법의 '반'(反)에 해당하는 말이다. '반', 혹은 '반정립'이라
는 말을 쓰면 더 의미가 통하지 않을 것 같아 식자들이 많이 사용하는 독일어 표현을 쓰기
로 했다. 적절한 번역어를 찾으려는 노력이 더 필요할 듯하다.

사례 1 : 예진은 지민과 단짝이다. 둘은 잠자는 시간을 제외하고는 매일 함께 붙어다닌다. 그러면서도 아침에 만날 때면 몇 년은 못 본 사람들처럼 펄쩍펄쩍 뛰면서 반가워한다. 그러던 어느날 지민은 예진을 만나 여느 때와 마찬가지로 반가워하며 다가갔으나, 예진은 인상을 찌푸리면서 짜증을 냈다. 지민이는 예진이를 붙들고 묻는다. "너, 집에서 무슨 일 있었지?"

사례 2 : 세란은 매일 자신의 도시락이 없어지는 것을 보고 의아해하다가, 하루는 같은 반 친구인 예원이 자신의 도시락을 꺼내는 모습을 목격했다. 아주 친하지는 않았지만, 평소 신실한 친구로 생각했던 터라, 세란은 배신감에 예원에게 몹시 심한 욕을 퍼부었다. 그러나 잠시 후 예원에게 상황 설명을 들은 세란이는 오히려 예원에게 사과한다. 그 학교 불량배들의 모임인 일진회의 이른바 '짱'인 혜정은 평소 세란을 못마땅히 여기고 있었으며, 그녀를 괴롭히기 위해 심약한 예원을 칼로 위협해 세란의 도시락을 훔치도록 한 것이다.

사례 3 : 고등학교 3학년 지원이 등교하던 중 집 앞에서 두세 살 된 꼬마 아이가 지원의 정강이를 걷어차면서, "야, 덤벼!"라고 소리친다. 지원은 기가 막혔지만, "귀여운 녀석!"이라고 말하면서 그냥 꼬마의 머리를 쓰다듬고는 지나간다. 그런데 그 모습을 유심히 살펴보던 옆집의 초등학교 3학년짜리 학생이 지원의 정강이를 걷어차면서, "야, 덤벼!"라고 외친다. 어이가 없었지만, 역시 어린 아이인지라 꿀밤을 한 대 주고는 등굣길을 재촉했다. 그런데 그 날은 정강이가 수난을 겪을 날이었나 보다. 버스를 기다리고 있는데, 중학교 2~3학년쯤으로 보이는 여자아이가 또 정강이를 걷어차면서, "뭘 봐?"라고 소리친 것이다. 이번에는 도저히 참을 수가 없었다. 그 아이를 으슥한 골목으로 끌고 가서 반쯤 죽여 놓고는 버스를 타고 등교했다. 친구들에게 그날 있었던 일을 얘기했더니, 친구들 모두가 "잘했어, 어린 애들이야 몰라서 그렇다 쳐도, 그런 싸가지는 그렇게 해줘야 해"라고 말한다.

사례 4 : 상습적인 미성년자 성추행범인 형진은 오늘도 범행 대상을 물색하고 있다. 감옥을 내집 드나들듯 했던 형진은 작전을 바꿔 상대방의 동의를 얻고 행동하기로 했다. 드디어 범행 대상을 찾아낸 형진은 그 아이가 좋아할 만한 과자류를 듬뿍 산다. 그리고 그 아이에게 다가가서는 "애야, 아저씨가 이 과자 다섯 봉지 줄 테니 아저씨랑 저기 모텔이라는 곳에 가서 놀래?"라고 묻는다. 아이가 "모텔이 뭐하는 곳인데요?"라고 묻자, 형진은 "저기는 친한 사람들이 함께 쉬기도 하고 잠도 자는 곳이야"라고 설명한다. 아이는 "좋아요"라고 형진을 따라갔고, 형진은 계속 과자로 아이를 유혹하여 결국 성추행을 했다. 이후 아이 부모의 신고에 의해 경찰에 잡혀 재판에 넘겨진 형진은 항변한다. "제가 저 아이에게 강요한 것이 아닙니다. 모든 일은 합의 하에 이루어졌습니다. 저는 죄가 없습니다."

사례 5 : 은선은 광철과 만난 지 2달 만에 임신을 했다. 보수적인 은선이 그런 행동을 하게 된 것은 의사인 광철이 줄곧 매너 있고 헌신적인 모습을 보였을 뿐만 아니라, 결혼까지 약속했기 때문이다. 그러나 임신을 하자 광철의 태도는 180도 달라진다. 자신은 결혼 약속을 한 적이 없다고 잡아떼고, 은선의 임신에 대해서도 평소 그녀가 헤픈 몸가짐을 했기 때문이라고 힐난하면서 오히려 헤어질 것을 요구한다. 알고 보니 광철의 그런 행위는 상습적인 것이었다. 은선은 충격으로 유산을 하고, 자살을 기도했으나 가족들이 발견하여 목숨을 건진다. 그녀는 필리핀으로 취업하여 떠남으로써 아픈 상처를 잊고자 한다.

2년 후, 은선은 사촌동생 희선이 결혼한다는 소식을 들었다. 그로부터 1년 후 어머니가 편찮으셔서 한국에 돌아온 은선은 결혼 축하도 하고 회포도 풀 겸 희선의 집을 방문한다. 집 구경을 하던 은선은 결혼 사진을 보고 깜짝 놀란다. 희선이 결혼한 남자가 바로 광철이었던 것이다.

희선도 은선에게 가슴 아픈 일이 있었음은 알고 있었지만, 상대방 남자에 대해서는 아무것도 몰랐다. 그런데 생각해 보니 광철은 결혼 전에 이미 자신이 은선의 사촌동생이라는 사실을 알고 있었다. 희선은 어렸을 때부터 은선을 친언니 이상으로 따랐기 때문에, 광철을 만났을 때에도 은선이 희선의 이야기를 해주었을 뿐만 아니라 그녀의 사진까지 보여 주었던 것이다.

분노한 희선은 광철에게 따져 묻는다. 그러자 광철은 인상을 찌푸리면서 도리어 역정을 낸다. 어이가 없어진 희선은 왜 자신과 결혼했느냐고 묻는다. 광철은 의사인 자신이 성공하기 위해서는 희선이 아버지의 배경이 필요했다고 말한다. 희선은 헤어질 것을 요구하지만,

광철은 그럴 수 없다고 한다. 그는 이렇게 묻는다. "내가 결혼을 강요했니? 너도 동의할 일이잖아?" 희선은 기가 막혀서 소송을 제기하고, 판사는 그녀의 손을 들어준다.

첫번째 사례는 일상생활에서 너무나 쉽게 발견할 수 있는 자유의지론에 대한 반례이다. 우리는 별 일이 없다면 사람들이 평소처럼 행동할 것이라고 기대한다. 그러나 평소와는 전혀 다른 행동을 하는 사람을 보면, "저 사람은 지금 자유로운 의지에 의해 저렇게 행동하는 거야"라고 생각하지 않고, "저 사람에게 무슨 일이 생긴 것이 분명해"라고 생각한다. 우리는 평상시에도 인간이 자유로운 의지에 의해서만 행동하는 것이 아니라 주변 상황에 의해 크게 영향을 받음을 당연시한다.

두번째는 행위자에게 책임을 묻지 않는 대표적인 사례에 해당한다. 강요에 의해 어쩔 수 없이 이루어진 행위에 대해서는 책임을 묻지 않는다. 예원은 세란의 도시락을 훔쳤지만, 그것은 예원의 악한 의도에서 나온 행위가 아니라 혜정의 강요와 위협에 못이긴 행위이다. 행위가 자신의 의지에 의해 이루어진 경우와 강요에 의해 이루어진 경우를 동일하게 취급할 수 없음은 너무나도 명백해 보인다.

물론 예원에게 "위협을 당한다고 해서 다 그런 짓을 하면 어떻게 하겠니? 그리고 혜정이가 반드시 너를 칼로 찔러서 위해한다는 보장도 없지 않니? 강요에 의해 어쩔 수 없이 도시락을 훔쳤다 해도 네가 양심의 가책을 전혀 느끼지 않을 수는 없을 거야. 그렇다면 너는 당위적으로 해야 할 일을 알고 있었던 것이고, 그렇게 행할 능력도 또한 가지고 있었던 거야. 그렇게 행동하지 말았어야 해"라고 말하는 사람도 있을 수 있다.

물론 그 사람은 자유의지론자이다. 그는 예원이에게 전설 속의 성인과 같은 초인적인 행동을 요구하고 있다. 성인의 행동을 찬양하는 것은 보통 사람이 그렇게 하기 힘들기 때문이다. 누구나 그렇게 할 수 있다면 그 사람을 성인이라 부를 이유가 없다. 성인과 같은 행위를 하는 사람에 대해서는 칭찬을 아끼지 말아야 하지만, 그렇게 하지 못했다고 비난을 받을 일은 아니다. 지하철역에서 일본인을 구하고 죽은 이수현과 같은 사람은 칭찬받아 마땅하지만, 그렇게 하지 않았다고 해서 비난받거나 양심의 가책을 느껴야 할 일은 아닌 것이다. 좀 어려운 말로 하자면, 그런 행위는 도덕적 판단의 범위를 넘어서는 '초도덕적'(supermoral)인 것이다.

누군가가 몽둥이로 당신을 때린다면 당신은 몽둥이에게 화를 내겠는가, 아니면 그 사람에게 화를 내겠는가? 당연히 그 사람에게 화를 내야지, 무슨 뚱딴지 같은 질문이냐고 되묻고 싶을 것이다. 그렇다. 몽둥이는 단지 그 사람이 당신을 때리는 '수단'일 뿐이다.

그렇다면 그 사람이 가만 있는 예원의 손을 끌어다가 당신을 때린다면 당신은 그 사람에게 화를 내겠는가, 예원에게 화를 내겠는가? 당연히 그 사람에게 화를 낼 것이다. 이 경우도 몽둥이의 경우와 다를 바 없다. 당신을 때린 행위에 예원의 의지는 전혀 개입되지 않았다. 예원의 손은 몽둥이와 같이 조종된 도구에 불과하다.

혜정이 예원을 칼로 위협하여 세란의 도시락을 훔치도록 한 것도 여기에서 크게 벗어나지 않는다. 도시락을 훔친 행위에 예원의 의도는 개입되지 않았다. 그 상황에서 예원을 '자신의 행위에 책임을 질 수 있는 정상적인 행위자'로 볼 수 없다. 예원도 몽둥이처럼 단순한 도구에 불과했던 것이다.

잘 생각해 보면 우리는 모든 행위에 대해 행위자에게 책임을 묻지 않는다. 자신이 스스로 결정한 행위, 즉 자발적인 행위에 대해서만 행위자에게 책임을 묻는 것이다. 자신의 의지와 무관한 비자발적인 행위에 대해서는 책임을 묻지 않는다. 그리고 강요된 행위는 비자발적인 행위의 대표적인 사례이다.

사례 3, 4, 5는 또 다른 비자발적인 행위의 전형적인 모습을 보여주고 있다. 이 세 가지 사례는 사실 '무지에 의한 비자발적인 행위'라는 동일 범주에 속한다. 전후사정을 알았더라면 그렇게 하지 않았을 텐데, 잘 몰랐기 때문에 자신의 의도와는 무관하게 행한 행위에 대해서는 책임을 묻지 않는 것이다.

사례 3에서 지원이는 정강이를 세 번 걷어차였다. 그런데 그 반응은 모두 달랐다. 자신에게 가해진 동일한 행위에 대해 전혀 다르게 반응한 것이다. 세 살 된 꼬마 아이의 경우 "귀여운 녀석!"이라고 말하면서 그냥 꼬마의 머리를 쓰다듬은 것은 그가 정강이를 걷어차는 행위가 어떤 의미이고, 그 행위에 어떤 문제가 있는지를 전혀 모른다고 생각했기 때문이다.

하지만 초등학생과 중학생의 경우는 다르다. 초등학생은 그런 행위가 타인에게 해를 끼치는 행위임을 어느 정도 알 나이다. 따라서 꼬마에게 했던 것과는 달리 꿀밤을 한 대 먹였다. 하지만 그도 아직 어린 아이라, 자신이 꼬마를 귀여워해 주는 모습을 보고 샘이 나서 그랬을 것이라고 생각하면서 그 정도에서 그친 것이다. 지원이 먹인 꿀밤은 아마도 징계라기보다는 교육적 차원이라고 보는 것이 옳을 것이다.

그러나 중학생의 경우는 또 다르다. 중학생이라면 그 사실을 분명하게 이해하고 있다고 해도 무방하다. 따라서 그 중학생의 행위는 고의적인 것이었거나 아니면 실수였다고밖에 할 수 없다. 그 어느 쪽이든 그에게는 책임을 물을 필요가 있다. 설사 실수였다 하더라도 주의를 기울이지 못한 데 대한 책임을 물어야 하는 것이다. 그를 혼내 준 것은 그 행위에 대한 정당한 대가이다.

그 이야기를 들은 친구들도 동일한 행위에 대해 지원이가 서로 다르게 반응한 것이 전혀 이상할 것 없다는 반응을 보인다. 잘 모르고 한 행위와 이해할 만한 능력이 있으면서도 한 행위는 차원이 다르다는 생각은 암암리에 통용되는 상식인 것이다. 모르고 한 행위에 대해서는 책임을 묻지 않는다. 강요된 행위와 마찬가지로 비자발적으로 이루어진 행위이기 때문이다.

사례 4에서 미성년자 성추행범인 형진은 자신이 무죄라고 주장한다. 자신의 모든 행동은 상대방의 동의하에 이루어진 것이므로 자신은 상대방의 신체적 자유를 전혀 침해하지 않았다는 것이다. 나아가 자유의 보호를 지상 가치로 삼고, 오직 자유가 침해되었을 때에만 국가가 개입해야 한다고 주장하는 자유주의 국가에서 그런 행위에 대해 처벌을 가한다는 것은 언어도단이라고 말한다.

독자 여러분은 형진의 의견에 동의하는가? 그는 파렴치한이 분명하며, 전혀 말도 안 되는 이야기를 하고 있다고 생각할 것이다. 물론 상대방이 동의하기는 했다. 그러나 상대방은 어린 아이이다. 아동과 청소년에게 자발적인 의사결정을 위한 경험과 판단력이 부족하다는 사실은 어느 사회를 막론하고 당연시되고 있다. 따라서 그 어린이의 동의는 무의미하다.

형진의 주장이 성립하기 위해서는 두 가지 조건이 갖추어져야 한다. 첫째, 형진은 그 어린이에게 자신이 제안하는 일이 무엇이며, 장기적으로 어떤 결과를 가져올 수 있는지 충분히 설명해야 한다. 둘째, 자세한 설명에도 불구하고 상대방이 그 내용을 이해하지 못할 가능성이 매우 크므로, 그 아이의 법적 보호자인 부모에게도 역시 충분한 설명을 한 후에 동의를 얻어야 한다.

물론 만에 하나 부모의 동의가 있었다 하더라도, 형진이 저지른 행위에 대해서는 용서의 여지가 없다. 그런 경우라면 오히려 부모까지도 처벌받아야 마땅할 것이다. 여기에서 말하고자 하는 바는 다만, 어린 아이의 경우에는 그 자신이 행한 계약이나 합의조차도 효력을 가지기 힘들다는 것이다. 어린 아이가 행한 계약이나 합의는 무지로 인한 비자발적인 행위로, 목에 칼을 들이대고 계약서에 서명할 것을 강요해서 얻어낸 것과 다를 바가 없는 것이다.

법적으로도 미성년자의 행위에 대해서는 처벌을 하지 않는다. 자발적인 의사결정 능력이 부족하다고 보기 때문이다. 어린 아이가 자기 집 유리창을 깼다고 해서 그 아이에게 책임지고 유리창 값을 물어내라고 말하는 바보는 없다. 그 아이의 부모에게 변상을 요구하는 것이 합리적이다. 어린 아이를 혼낸다 하더라도, 그것은 책임을 묻기 위한 것이라기보다는 앞으로는 그런 일을 해서는 안 됨을 알려

주는 교육적인 것이라고 보아야 이치에 맞는 것이다.

그렇다면 무지에 의한 비자발적인 행위는 오직 아동이나 청소년에게만 해당될까? 사례 5는 전혀 그렇지 않음을 잘 보여 준다. 광철은 희선과의 결혼이 그야말로 두 사람의 자발적인 결정에 의해 이루어졌음을 강조한다. 게다가 희선은 어린 아이도 아니다. 그녀는 알 것 다 아는 성인이므로, 자신의 결정에 대해 책임을 져야 할 위치에 있는 것이다.

그러나 희선은 과거에 광철이 한 행위를 알았더라면 그와 결혼하지 않았을 것이다. 광철은 그 사실을 알고 있었기 때문에 숨긴 것이다. 그 상태에서라면 희선을 '알 것 다 아는 성인'이라고 말할 수는 없다. 최소한 그 상황에서는 희선도 앞의 어린 아이들처럼 자발적인 행위가 불가능했던 것이다. 이해를 돕기 위해 좀 더 극단적인 사례를 하나 더 들어 보기로 하자.

친구가 당신의 손에 칼을 쥐어 주면서 자루 속에 돼지가 들어 있으니 좀 잡아 달라고 말한다. 자신은 용기가 없어서 차마 못하겠노라고, 그리고 자루를 열면 돼지가 몹시 날뛸 것이기 때문에 절대로 자루를 열어서는 안 된다고 한다. 당신은 친구를 위해 용기를 내어 칼로 자루를 힘껏 벤다. 그런데 아뿔싸, 그 속에는 돼지가 아닌 사람이 들어 있었다. 그 친구는 말한다. "저런, 네가 사람을 죽이고 말았군."

이 경우에 그 사람을 죽인 것은 당신인가, 아니면 당신의 친구인가? 당신의 친구는 이렇게 말할 것이다. "내가 억지로 네 손에 칼을 쥐어 주고, 네 손을 붙잡아 휘두르게 한 것이 아니야. 네가 자루를 향해 칼을 휘두르는 데 동의했잖아. 너는 성인이니, 네 행위에 대한 책임은 네가 지는 것이 마땅해."

여러분은 친구의 말에 동의할 수 있는가? 당신은 돼지가 든 자루를 베기로 약속했던 것이지, 사람을 죽이는 데 동의한 적은 없다. 친구가 사실대로 얘기했더라면 당신은 절대로 그렇게 행동하지 않았을 것이다. 쉽게 말해서 친구는 당신에게 사기를 친 것이다. 희선의 경우가 이와 다르다고 할 수 있는가?

일상적으로도 우리는 모든 행위에 대해 책임을 묻지 않는다. 오직 자발적인 행위에 대해서만 책임을 물으며, 그것은 논리적으로도 당연한 것이다. 강요에 의한 행위가 비자발적인 행위임은 자명하다. 그러나 책임을 묻기 힘든 비자발적인 행위에 강요에 의한 행위만이 있는 것은 아니다. 무지의 상태에서 행한 행위도 또한 자발적인 행위라고 할 수 없는 것이다. 그리고 뒤에서 살펴보겠지만, 민주주의 사회에서 이 사실은 중요한 의미를 가진다.

인간은 자유롭지 않다 : 결정론

타인에 의해 강요된 행위와 무지에 기인한 행위는 비자발적인 행위로서, 그에 대해서는 책임을 물을 수 없다는 점에 대해서는 앞에서 말한 바와 같다. 그렇다면 타인으로부터의 물리적 위협이나 무지만 없다면 인간은 자유로운 존재일까?

논의의 편의를 위해 소설 속에 등장하는 이야기를 하나 소개해 보겠다.

찌는 듯한 여름날이었다. 다섯 평도 안 되는 좁은 감방에 죄수는 점점 늘어 어느덧 사십 명이 넘어섰다. 모두가 한 번에 누울 수조차 없어서 세 조로 나누어 번갈아 가며 잠을 자고 나머지는 서서 차례를 기다려야 할 지경이다. 게다가 변기까지 방 안에 있다. 똥오줌 냄새와 땀 냄새 따위가 합쳐져 독가스보다 심한 냄새를 풍긴다. 간수조차도 잘 들여다보지 않을 지경이다.

병이 들어 병감으로 옮겨 가는 사람이라도 있으면 모두가 그를 부러운 눈으로 쳐다보곤 했다. 병감에는 사람이 열 명도 안 되고, 약으로 물까지 제공될뿐더러, 거기로 옮겨진 사람들은 맑은 공기도 마실 수 있기 때문이다. 죄수들의 가장 큰 소원은 마음껏 물을 마시고 넓은 자리에서 잠을 자 보는 것이다. 이곳에 들어온 지 석 달째인 나는 공판을 받으러 가는 사람들을 부러워한다. 공판 결과에 대한 기대보다도 사람들도 보고 넓은 장소에도 나가보고 싶은 마음 때문이다.

나는 몸에 난 종기를 핑계 삼아 진찰받는 사람들 틈에 낀다. 잠시나마 시원한 공기도 마시고 넓은 자리도 맛볼 요량이다. 게다가 아우가 어느 감방에 있는지를 알 수도 있으리라는 기대도 한 몫 했다. 소기의 목적을 달성했을 뿐만 아니라 진찰소에서 아우를 만나는 기대 이상의 성과를 얻었지만, 옆 사람과 큰 소리로 대화를 나누다가 간수에게 채찍질을 당하는 아우를 보고는 무거운 마음으로 감방으로 돌아온다.

저녁 때 재판을 받으러 나갔던 사람들이 돌아왔다. 그 가운데에는 아침 점호 때 일본어를 몰라 대답을 늦게 하여 채찍질을 당한 영감도 포함되어 있었다. 재판 결과를 묻자, 영감은 태형 90대를 언도받았노라고 했다. 그리고 70이 넘은 자신이 그 매를 맞으면 죽을 것 같아 공소를 했다고 한다. 나는 사람들을 향해 그를 비난하면서 이렇게 말한다. "여보! 시끄럽소. 노망했소? 당신은 당신이 죽겠다구 걱정하지만, 그래 당신만 사람이란 말이오? 이 방 사십여 명이 당신 하나 나가면 그만큼 자리가 넓어지는 건 생각지 않소? 아들 둘 다 총에 맞아 죽은 다음에 살아 있으면 무얼 해? 여보!"

다른 사람들도 하나같이 노망이 났다느니, 저만 생각한다느니 하는 등의 비난을 쏟아 붓자, 노인은 견디지 못하고 공소를 취하하겠다고 한다. 나는 간수를 불러 영감의 의사를, 아니 우리 모두의 의사를 전하고, 간수는 영감을 데리고 간다. 모든 사람들의 얼굴에는 자리가 좀더 넓어진 데 대한 만족감이 넘쳐났다.

이 이야기는 김동인의 단편소설 「태형」의 줄거리이다. 단지 자신들의 자리가 조금 더 넓어지기를 바라는 마음 때문에 칠십 노인을 죽음으로 내모는 '나'와 다른 수감자들을 보고 어떤 기분이 드는가? 그들이 악마 같은 자들이라고 느껴지지는 않는가? 만약 그렇다면 자신이 저런 상황에 처했을 때 어떻게 행동할지 상상해 보라. 당신은 달리, 보다 고상하게 행동할 수 있을 것이라고 생각하는가?

이 소설은 1922년에 발표된 것으로, 3·1운동 직후 감옥에 미결수들이 넘쳐나는 상황을 배경으로 하고 있다. '나'와 다른 수감자들은 독립을 외치다가 잡혀 온 사람들인 것이다. 숭고한 목적으로 투쟁을 했던 그들을 이렇게 만든 것은 무엇인가? 그것은 바로 더위와 좁은 감옥이었다.

찌는 듯이 더운 여름날 손을 잡고 가자는 여자친구의 요구에, 더위를 많이 타고 땀을 비 오듯이 흘리는 남자가 "야, 더운데 무슨 손을 잡고 가냐?"라고 했다고 해보자. 여자친구가 "자기, 나 사랑하긴 하는 거야? 사랑한다면 어떻게 그런 말을 할 수 있어?"라고 말한다면 그 말이 합리적인 것이라고 할 수 있겠는가? 사랑하지 않는 것이 아니라 그냥 날이 더운 것뿐이다. 그리고 더위를 많이 타는 사람으로서는 더운 날에 손을 잡고 다니는 일이란 엄청난 고역이다.

인간에게 '이성'이라는 것이 있다고 하더라도, 그것은 전적으로 자유로운 신적인 것이 아니다. 이성의 판단력은 여러 가지 환경적인 요소에 의해 제약을 받기 마련이다. 일신의 위험을 무릅쓰고 조국의 독립을 위해 나섰던 사람들이 나약한 노인을 사지로 내모는 상황은 그런 열악한 환경 속에서가 아니면 상상하기조차 힘들다.

더위와 좁은 감방이 그들로 하여금 그런 행동을 하도록 '강요'한 것이나 다름없다. 그들의 행위는 견디기 힘든 환경에 의해 이루어진 비자발적인 것이었다. 그들의 행위를 결정한 것은 그들의 자신의 자유로운 의지나 이성이 아니라 바로 환경인 것이다. 이러한 견해를 '환경결정론'이라 한다.

단순하게 생각하면, 인간이란 별다른 환경의 제약이 없을 때에는 이성의 판단력에 따라 자유롭게 판단하고 행동하다가, 이성의 힘으로 극복할 수 없는 극단적인 상황에서는 환경에 의해 좌우된다고 볼 수도 있다. 그러나 앞 장에서 예로 든 것처럼, 친한 친구가 어느 날 갑자기 자신에게 짜증을 부린다면 그 친구에게 무슨 일이 있다고 생각하는 것이 당연하다. 우리는 아무리 사소한 일에 대해서도 '그냥 이라고는 잘 생각하지 않는다. 모든 일에는 이유가 있다고 생각하는 것이다.

제1원인, 즉 부동의 원동자인 신이 자유로운 이유는 인과관계의 순환 고리를 끊었기 때문이다. 이성의 활동이 자유롭다고 말하기 위해서는 그 역시 인과관계로부터 벗어나 있어야 한다. 그러나 모든 일에 이유가 있다면, 이성은 자유롭지 않다.

동일한 환경에서 인간의 행동이 달리 나타나기도 한다. 흔히 그것이 자유로운 의지의 존재로 여겨지기도 한다. 그러나 인간의 행동을 결정하는 것은 환경뿐만이 아니다. 축구선수 차두리를 예로 들어 보자. 그와 동일한 환경에서 동일한 교육을 받고 자란 사람은 반드시 차두리처럼 되는 것일까? 그렇지는 않다. 그렇다면 차이는 왜 생기는 것일까?

무시할 수 없고, 또 무시해서도 안 되는 요소가 바로 유전자이다. 차두리가 축구를 잘하는 데 아버지인 차범근의 유전자가 커다란 요인이 되었음은 부인할 수 없다. 한국인으로서 최초로 NBA에 진출한 하승진의 아버지는 과거 '거인' 농구선수였던 하동기 씨이다. 그리고 하승진의 누나인 하은주도 또한 유명한 농구선수이다.

스포츠 분야에서만 그런 것은 아니다. 특정 분야에서 대를 이어 소질을 드러내는 모습을 발견하기란 어려운 일이 아니다. 톱 가수의 자녀가 다시 가수로 데뷔하여 성공하고, 유명 연기자의 자녀가 대를 이어 명성을 떨치는 모습도 쉽게 볼 수 있다. 내 주변에서도 학자의 자녀들이 다시 학자가 되는 경우를 쉽게 볼 수 있다.

성인병 진단 시, 의사들이 가장 먼저 묻는 것은 가족력이다. 가족 가운데 동일 질환을 앓은 사람이 있는가 하는 것이다. 겁 많은 성격, 폭력적인 모습까지도 유전된다. 피는 속일 수가 없는 것이다. 그렇게 보면 유전자란 일종의 프로그램이고, 인간은 그 내용에 따라 평생을 살아갈 수밖에 없다. 이러한 주장을 '생물학적 결정론'이라고 부른다.

물론 그 사람들이 그렇게 되는 것은 유전자 탓이라기보다는 어려서부터 부모의 활동 모습을 보고 자라왔기 때문이라고 반박할 수도 있다. 하지만 그렇게 반박한다면 자신도 모르게 환경이 인간의 행동을 결정한다는 이론을 지지하게 된다. 인간 행동의 많은 부분은 유전적·생물학적으로 이미 결정되어 있고, 나머지 상당 부분은 자신이 처한 환경에 의해 결정된다. 인간은 결코 자유롭지 않다.

그렇다면 인간은 이성적이고 정신적인 동물이 아니란 말인가? 동물에 대한 인간의 우월성은 어떻게 되는가? 이런 문제에 대한 겸허한 반성을 통해 전혀 새로운 주장이 생겨나게 된다.

│ 자유론과 결정론의 이론적 근거 : 이원론과 유물론 │

전통적 세계관 : 이원론

철학의 역사는 탈(脫) 형이상학의 역사라 해도 과언이 아니다. 자유주의는 형이상학적이고 상하 위계적인 인간관계를 지양하고, 평등한 계약적인 인간관계를 주장했다. 그러나 신적인 이성에 대한 믿음이라는 측면에서 보면 자유주의자들도 여전히 형이상학적 사유에서 전적으로 벗어나지 못하고 있음은 앞에서 지적한 바와 같다.

자유주의마저도 종래의 인습적 사고에서 자유롭지 못했던 가
장 커다란 이유는 과거의 이원론적이고 이분법적 세계관에서 자유
롭지 못했기 때문이다. 동서양을 막론하고 인간을 바라보는 견해는
언제나 세계를 바라보는 견해와 밀접하게 연결되어 있었다. 그리고
전통적 인간관에 대한 반성이 일기까지 인간과 세계를 바라보는 지
배적인 관점은 이원론적인 것이었다.

　　이원론이란 말 그대로 "세계는 궁극적으로 서로 다른 두 가지
로 원소 혹은 원리로 환원될 수 있다"고 주장하는 이론이다. 여기에
서 '환원'이란 말 그대로 '되돌리다'라는 뜻이다. 탈레스는 만물의
근원이 물이라고 주장했다. 쉽게 말하면 세상 모든 것은 물에서 생
겨났다는 뜻이다. 만약 탈레스의 주장이 옳다면 세상의 모든 존재는
물로 환원될 수 있는 것이다.

　　흔히 이원론은 두 가지로 설명된다. 하나는 형이상학적 이원론
이고, 다른 하나는 심신(心身) 이원론이다. 형이상학적 이원론은 플
라톤의 이데아론과 주자학의 이기론을 떠올리면 된다. 형이상학적
이원론에서는 우주가 전혀 다른 성질을 가진 두 가지, 즉 형이상과
형이하로 이루어졌다고 주장한다. 이데아론의 경우, 우주가 형이하
인 이 세상의 모든 변화무쌍한 것들과 형이상의 영원불변한 실체인
이데아로 이루어져 있다고 주장한다. 이기론 또한 세상은 형이하의
기(氣)와 형이상의 리(理)로 이루어져 있다고 주장한다.

　　심신 이원론을 주장한 사람은 데카르트이다. 데카르트는 (육체
를 포함한) 물질적 존재와 정신적 존재는 전혀 다른 차원에 속한다
고 주장한다. 물질적 존재는 물리학의 법칙에 지배되지만 정신적 존

재는 그렇지 않다는 것이다. 벌써 눈치 챈 사람도 있겠지만, 데카르트는 다음과 같은 중요한 문제에 직면하게 된다. "인간의 정신과 육체는 서로 영향을 주고받는 듯한데, 전혀 다른 법칙에 지배되는 두 가지 실체가 어떻게 상호작용을 하는가?" 데카르트는 뇌 아래쪽에 붙어 있는 '송과선'이라는 곳에서 육체와 정신의 교감이 일어난다고 주장한다. 그러나 그 대답이 궁여지책에 불과함은 말할 나위가 없다. 다른 차원에서 다른 법칙에 지배되는 것들끼리 상호작용을 한다니 말이다. 그렇다면 굳이 이원론이라고 할 것은 또 무엇인가?

사실 형이상학적 이원론과 심신 이원론은 별개가 아니다. 이 책을 유심히 읽은 독자라면 이미 알고 있겠지만 말이다. 형이상학적 이원론에서도 우리의 영혼을 이 세상의 존재들과는 다른 것으로 여긴다. 이데아론에 따르면 우리의 영혼은 형이상의 세계에서 온 것이다. 기독교에 따르면 인간의 영혼은 신의 숨결에서 온 것이다. 동양에서도 예외는 아니다. 동양 사람들은 인간이 혼(魂)과 백(魄)으로 이루어져 있다고 생각했다. 사람이 죽으면 백은 땅으로 돌아가고 혼은 하늘로 올라간다는 것이다.

유심론과 관념론

전통적 인간관에 대한 반성은 필연적으로 이원론에 대한 비판으로 이어지게 된다. 결정론에 따르면 인간의 이성마저도 환경과 생물학적 요소에 의해 지배된다. 그게 사실이라면 혹시 정신적 영역이 따로 존재하지 않는 것은 아닐까 하는 의심을 피할 수 없게 된다. 일원론, 그 중에서도 유물론이 본격적으로 등장하게 된 것이다.

오해를 피하기 위해 다시 잠시 돌아갈 필요가 있다. 지적해 두어야 할 내용은 두 가지이다. 첫째는 고대에도 유물론이 존재했다는 사실이다. 기원전 5세기경에 그리스에서 활동했던 데모크리토스라는 사상가는 세상에 존재하는 모든 것들이 원자로 환원될 수 있다고 주장했다. 이후에 사상계를 풍미한 것은 이원론이고, 그의 사상은 묻혀 버리고 말았지만 말이다.

두번째 내용에 대해서는 독자 여러분께서도 벌써 궁금해 하고 계시리라 생각한다. 논리적 사고 훈련이 상당히 진행되었으니 말이다. 이원론에 심신 이원론이 있고, 일원론에 유물론(唯物論)이 있다면, 유심론(唯心論)도 당연히 있어야 하지 않겠는가? 그렇다, 당연히 있다.

유심론이란 한자 그대로 '오직 마음뿐'이라는 이론이다. 유명한 불교 용어 가운데 세상 만물이 마음에 의해 만들어졌다는 뜻의 '일체유심조'(一切唯心造)라는 말은 유심론을 대변한다고 할 수 있다. 유심론에 따르면 궁극적으로 존재하는 것은 오직 마음뿐이며, 다른 현상은 모두 마음으로 환원해서 설명할 수 있다.

꿈속에서 우리는 먹고 마시고 달리는 등의 행위를 하기도 하고, 건물이 무너지는 것과 같은 현상을 목격하기도 한다. 그리고 그 모든 것이 현실이라고 생각한다. 심지어는 그 경험이 너무 생생해서 꿈이 깨고 나서도 어느 것이 진짜 꿈인지 헷갈리는 경우도 있다. 그러나 꿈이란 마음에 의해 만들어진 것에 불과하다.

고대 중국의 사상가인 장자는 이러한 생각을 좀더 발전시킨다. 여러분은 꿈속에서 또 꿈을 꾼 적이 있는가? 장자는 꿈속에서 호랑

나비가 되어 자유롭게 훨훨 날아다녔다. 아주 기분이 좋았는데, 깨고 나서 보니 자신은 예전의 장자 그대로였다. 그런데 한 단계 더 깊이 생각해 보니 우리는 꿈속에서 꿈을 꾸기도 한다. 그렇다면 꿈을 깬 지금의 상태는 생시가 맞는가? 아니면 지금도 꿈이고, 나비가 되어 날아다닌 것은 꿈속에서 꾼 꿈이며, 이제 진짜로 잠이 깨고 나면 나는 다시 나비가 되어 있는 것이 아닐까?

꿈이란 실제로는 존재하지 않는 것이 마음의 작용에 의해 생겨난 것이다. 이런 사례에서 볼 수 있는 것처럼 우리의 마음은 실제로 존재한다고 생각하는 모든 것을 만들어 낼 수 있다. 여러분이 이 책을 읽고 있는 이 순간이 생시라고 생각하는가? 잘 생각해 보시라. 깨고 나면 찬장 속의 바퀴벌레가 되어 있을지도 모르니까 말이다.

불교에서는 이러한 마음의 작용을 중시하여, 세상의 모든 현상이란 마음에서 기인하는 것으로 보았다. 이러한 생각을 잘 보여 주는 이야기가 있다. 두 명의 중이 길에서 바람에 펄럭이는 깃발을 두고 논쟁을 벌이고 있었다. 한 사람은 바람이 움직이는 것이라 주장하고, 다른 한 사람은 깃발이 움직이는 것이라 주장하는 중이었다. 마침 길을 지나던 고승에게 묻자, 그는 "움직이는 것은 바람도, 깃발도 아니라 자네들의 마음일세"라고 대답했다. 이 말을 들은 두 승려는 크게 깨우쳤다는 것이다.

불교에서는 "색심불이"(色心不二)라고 말한다. 여기에서 '색'은 '존재'를 의미한다. 결국 존재하는 것과 마음은 둘이 아니라는 말이다. 존재하는 것과 마음이 둘이 아니라면, 생각할 수 있는 경우의 수는 다음 두 가지이다. 세상의 모든 현상은 결국 마음으로 환원된다는 주장과 세상의 모든 현상은 결국 물질적인 것으로 환원된다는 주장. 첫번째가 유심론이며, 두번째가 뒤에서 설명할 유물론이다.

불교에서는 모든 현상이 마음에 의해 만들어진 것으로 보기 때문에, 불교에서 말하는 해탈이란 결국 '세계관의 전환'이라고 말할 수 있다. 세상의 모든 것은 마음에 의해 만들어진 것이다. 고통도 기쁨도 예외는 아니다. 이 사실을 안다면 기쁨이나 고통이 모두 부질없이 공허한 것임을 깨닫게 된다. 이러한 사실을 깨닫고 세상을 다시 본다면 이 세상이 바로 극락일 수 있는 것이다.

서양의 전통에서도 유심론과 유사한 사조가 있었다. 바로 관념론이다. 관념론에도 외부 세계의 존재를 모두 사람의 관념으로만 환원시켜서 실재하는 것은 오직 관념, 즉 정신 작용의 산물뿐이라고 주장한다. 경험론에 대해 설명하면서 언급했던 일화를 기억하는가? 관념론자를 마구 때린 후에, "이래도 관념뿐인가? 고통이 있지 않은가?"라고 물으면, 그는 "아프다는 관념 말고 또 무엇이 있단 말인가?"라고 대답한다는 이야기 말이다.

오직 물질뿐, 정신은 없다 : 유물론

유심론의 반대편에는 유물론이 있다. 유심론에서는 모든 것을 마음의 작용으로 환원시켜 설명하는 반면, 유물론에서는 정신적인 것까지도 물질적인 것으로 환원하여 설명한다. 양심, 상상력, 도덕, 종교 등과 같은 정신적 현상은 물질세계와 다른 차원에 속하는 것이 아니라, 오히려 그에 종속된 부수적인 현상이라는 것이다.

앞에서 언급한 것처럼, 중세의 목적론적 세계관이 근대의 기계론적 세계관으로 바뀐 것은 일종의 '패러다임의 전환'이었으며, 그 논리적 귀결이 바로 유물론이다. 세상의 모든 것이 기계의 작동 방식에 의해 설명된다면, 정신적인 것도 예외여서는 안 되는 것이다.

사실 현대에 이르기까지도 육체와 정신은 다른 범주에 속한다는 생각이 너무나 일반적이기 때문에, 독자 여러분들은 "정신 현상이 물질세계에 종속된 부수적 현상이다"는 말이 도대체 무슨 뜻인지 이해할 수 없을 것이다.

또 몇 가지 사례를 들어 보겠다.

내가 고등학교 때 용돈으로 한 달에 300~400만 원을 쓰는 친구가 있었다. 당시 버스비가 100원이었으니, 지금으로 계산하면 그 열 배 이상에 해당하는 돈이다. 그것도 고등학생이 말이다. 물론 그 친구의 집이 매우 부자였기 때문에 가능한 일이었다.

그 친구는 쉬는 시간마다 나를 매점에 데리고 가서는 햄버거며 음료수 따위를 사 주곤 했다. 사실 나는 그 친구 덕에 많은 새로운 경험을 했다. 우리나라 최고의 특급 호텔 나이트클럽에도 가 보았으니 말이다. 그 친구는 그 클럽의 VIP회원권을 가지고 있었다. 내게 그는 정말 '후한' 친구였다.

반면 누구에게나 그렇듯이, 정말로 '짜고', '쪼잔한' 친구도 있었다. 친구들 여럿이서 군것질을 할 때면, 대체로 돌아가면서 한 번씩은 '쏘기' 마련이다. 그런데 그 친구가 자신의 주머니에서 돈을 꺼내는 것을 본 사람은 없었다. 함께 어울려 다니기는 했으나, 대부분의 친구들은 그의 '인색함'에 대해 불만을 가지고 있었다.

그러면 왜 누구는 후하고 관대한 성격을 가지고, 누구는 인색하고 쪼잔한 성격을 가지는가? 영혼과 이성의 자유를 강조하는 이원론자들이라면 개인의 자율적인 의지에 의한 도덕적 행위가 축적되어 그런 인격을 가지게 되었다고 설명할 수도 있다. 하지만 이런 대답에는 선결문제의 오류가 있다. 왜 누구는 도덕적인 인격을 발전시킬 수 있는 의지를 가지게 되었고, 누구는 그렇지 않은가를 또 설명해야 하는 것이다.

결국 전통적인 이원론에서는 신이 영혼을 불어넣을 때부터 애초에 문제가 있었다든지, 수태될 때 일기가 청명하지 못했다든지 하는 형이상학적이고 미신적인 설명을 하거나, 아니면 아예 대답 자체를 회피해 버리는 수밖에 없다.

반면 유물론에서는 그런 식의 설명을 지양하고, 누구나 동의할 수 있도록 관찰 및 검증 가능한 설명을 제시하고자 한다. 앞에서 언급한 두 친구 중 한 사람이 후한 성격을 가진 것은 그의 집이 부자이기 때문이다. 두번째 친구가 쪼잔한 성격을 가진 것은 돈이 없기 때문이다. 두번째 친구도 첫번째 친구처럼 돈이 많았다면, 후해졌을 것이다.

이원론자들의 주장과 달리 정신세계는 물질세계와 독립적으로 존재하는 것이 아니라 오히려 그에 종속되어 있다. '후함', '쪼잔함', '도덕적임', '겸손함', '예의바름' 등과 같은 정신적 특징은 물질적인 요소들에 의해 생겨난 것이다. 물질적 요소가 변하면 정신적 특징도 변한다. 그렇기 때문에 정신세계가 물질세계에 종속적이라고 말하는 것이다. 모든 독자들이 이미 짐작했겠지만, 유물론과 결정론은 동전의 양면이다.

돈이 많아도 짠 사람도 있고, 돈은 없어도 후한 사람도 있다. 이 것이 유물론에 대한 결정적 반론이 된다고 생각하면 오산이다. 결정론에는 환경결정론뿐만 아니라 생물학적 결정론도 존재한다는 사실을 명심하라. 유물론자들의 주장에 따르면 인간의 행위는 물질적 환경이라는 요소와 생물학적 요소 간의 함수관계에 의해 결정된다.

수백억 대의 재산을 가진 사람이 동네 슈퍼에서 상습적으로 껌이나 과자 따위를 훔치다가 적발되어 뉴스에 났다면 여러분은 그 사태에 대해 어떻게 생각할 것인가? "저 사람은 물질적으로 풍요로운 환경에 있었으나, 자유로운 의지를 가진 인간이기 때문에 사소한 도둑질을 하기로 결심한 거야"라고 생각하는 사람은 없을 것이다.

그런 뉴스를 접하면 대다수의 사람들에게서 나오는 자연스러운 반응은 "미쳤어, 미쳤어!"라는 것이다. 여기에서 '미쳤다'는 말은 무슨 뜻인가? 정상적인 행동 방식에서 벗어났다는 뜻이다. 그리고 명시적으로 드러나지는 않지만, 그 사람의 두뇌 구조에 이상이 있음을 암시한다.

이런 일반적인 반응을 보이는 사람은 자신도 모르게 유물론적 사고방식을 공유하고 있는 것이다. 누군가에게 '도벽'이라는 정신적 특징이 있는 이유는 물질적 측면에서 설명할 수 있다. 너무나 절실하게 필요한 것이 있는데 돈이 없거나, 두뇌의 구조에 문제가 생겨서 두뇌가 정상적으로 작동하지 않고 있는 것이다.

일단 한 가지 인정해야 하는 사실은 이원론보다 유물론적인 설명 방식이 과학적이라는 점이다. 이원론적인 설명 방식이 다분히 형이상학적이고 미신적인 모습을 띠고 있음은 앞에서 지적한 바와 같다. 반면 유물론적인 설명 방식은 순수하게 관찰 및 검증 가능한 방식을 지향한다.

물론 그렇다고 해서 유물론이 옳다는 사실이 입증된 것은 아니다. 어떤 물질적 요소들이 어떤 식으로 함수관계를 이루어 인간의 정신적 특징을 결정짓는지를 밝히는 것은 쉬운 일이 아니기 때문이다. 어떤 사람이 저지른 도둑질에 대해서, 물질적 환경의 탓이 몇 %이고 생물학적 요소의 영향이 몇 %인지를 밝히기란 거의 불가능하다. 여태까지 이해의 편의를 위해 물질적 환경에 대한 사례를 주로 돈으로 들었지만, 지리·토양·기후 등과 같은 무수한 요소들이 모두 물질적 환경에 속함을 고려한다면 유물론을 과학적으로 검증하기가 어려움은 쉽게 짐작 가능하다.

하지만 만약 과학이 발달해서, 모든 사람의 인생 경로가 추적 가능하고 두뇌와 신경 구조에 대한 정확한 분석이 이루어진다면 인간들의 모든 정신적 특성을 물질적이고 생물학적인 요소들의 관계로 정확하게 설명할 수 있을지도 모른다. 범죄자의 두뇌를 스캔해서 과거의 경험과 환경 가운데 범죄와 관련된 요소들을 추출하여 분석하고, 의학적이고 생물학적인 검사를 통해 그의 두뇌 구조 가운데 어느 부분에 어떤 문제가 있는지를 밝혀낼 수 있는 날이 도래할 가능성은 얼마든지 있다.

인간은 만물의 영장인데 어떻게 그럴 수 있냐고, 절대로 그럴 리는 없다고 항변하고 싶은 마음이 들지도 모른다. 그러나 그에 대한 유물론자의 대답은 인간이 만물의 영장이라는 헛된 생각을 버리라는 것뿐이다. 영혼이나 정신 따위는 존재하지 않는다. 인간도 그저 복잡한 구조로 이루어진 기계에 불과하다.

과학과 의학이 상상도 할 수 없을 정도로 발전한 시대의 상황을 한 번 생각해 보라. 태상이는 교통사고로 오른쪽 팔을 잃었다. 과거 같으면 불편하게 장애인으로 살아야겠지만, 이제는 그런 걱정이 없다. 병원에 가서 주문만 하면, 내부는 비록 기계이지만 외형이나 기능은 당신의 것과 똑같은 인공 팔을 장착해 준다.

동료가 태상에게 "인공 팔을 장착했으니, 당신은 인간이 아니라 기계군요"라고 말한다면, 태상이는 크게 반발할 것이다. 그렇다면 다시 불행한 사고로 나머지 한 팔과 양 다리까지 교체한 경우는 어떤가? 아니면 목 아래가 전부 마비되어 머리를 제외한 신체 전부를 인공적인 것으로 대체한다면, 태상이는 자신이 기계임을 인정할까? 그는 아마도, "몸을 인공적인 것으로 교체하더라도, 두뇌만 살아 있다면 나는 여전히 인간이라 할 수 있소"라고 주장할 것이다.

여러분도 태상이의 주장에 동조하고 싶을 것이다. 자신이 속해 있는 인간이라는 종의 이른바 '존엄성'을 포기하고 싶지는 않을 테니 말이다. 그러나 그런 생각을 가진 사람들에게 상황은 그리 좋지만은 않다.

과학이 더 발달해서, 몸뿐만 아니라 뇌의 일부분까지 이식이 가능해졌다. 태상이는 이 기회에 자꾸 심해져만 가는 건망증을 치료하기 위해 두뇌의 일부를 초소형 반도체 회로로 이루어진 인공 조직으로 바꾼다. 그러자 예전의 그 동료가, "이제 당신은 정말로 인간이 아니라 기계요. 두뇌의 일부까지 기계부품으로 바꾸었으니 말이오"라고 말한다. 태상이는 다시 반발한다. "내가 바꾼 것은 이상이 생긴

극히 작은 부분이요. 나는 여전히 나요."

그러나 태상이의 논리에는 쉽게 수긍할 수 없는 부분이 있다. 태상가 뇌의 10%를 더 인공 조직으로 바꾼다면 그는 기계인가? 20%를 바꾼다면? 몇 %까지 인간이고, 그 이후부터 인간이 아니라 기계라고 주장할 것인가? 이식 후에도 그는 여전히 전과 같은 기억과 성격을 가지고 있는데 말이다.

길버트 라일이라는 영국의 철학자는 우리가 상식적으로 존재한다고 믿는 '영혼'이란 실제로는 '기계 속의 유령'과 같은 것이라고 주장한다. 여태까지의 설명만으로도 그 말의 의미를 이해할 수 있는 독자도 있겠지만, 보다 자세한 설명을 필요로 하는 독자도 있을 것이다. 이제 어느 정도의 철학적인 글을 이해할 수 있는 능력이 충분히 갖추어졌을 것이므로, 시험 삼아 다른 철학자가 쓴 글을 한번 읽어보는 것도 괜찮을 듯하다.

이 글은 내 철학과 선배인 민찬홍 교수가 몇 년 전 「한겨레」 신문에 기고한 내용 가운데 일부이다.

데카르트에 따르면 인간은 육체와 정신이라는 두 실체의 결합이다. 라일은 이런 종류의 이원론이 데카르트 이후 별로 다치지 않고 강력하게 살아남아 있다고 믿었는데, 몇 년간 심리철학을 강의하면서 느낀 내 소감도 그와 별로 다르지 않다.

수업 첫 시간에 학생들에게 인간의 정신이란 무엇인가를 돌아가면서 말하도록 시켜보면, 인간에게 영화 「사랑과 영혼」에 나오는 것 같은 영혼이 있을 거라고 믿는 사람이 절반은 넘는 것 같고, 육체가 죽은 후에 살아남는 영혼은 선뜻 믿지 않더라도 우리의 내면 깊은 곳 어딘가에 인간의 정신적 삶을 책임지는 '정신' 또는 '영혼' 이라는 실체가 있을 거라고 믿는 학생들이 대다수였다.

라일은 정신 또는 마음과 관련된 일상어의 개념들이 제대로 분석해 보면 인간의 행동 내지 행동의 성향을 가리키는 말들이라고 주장했다. 뇌를 포함하는 인간 육체 외에 '정신' 이라고 불리는 별도의 실체가 인간 속에 들어 있다고 생각하는 것은 '기계 속의 유령' 신화이며, 성향-언어를 실체-언어로 착각하는 범주착오라는 것이다.

이러한 행태주의적인 견해는 심각한 난점들을 피할 수 없다는 것이 이미 잘 알려져 있다. 그러나 영화 「토탈리콜」에서 자신이 누구인지 혼란스러워 하는 주인공에게 화성의 반체제 지도자인 기형 인간이 "당신이 하는 행동이 바로 당신" 이라고 말하는 장면에서 행태주의는 참신할 뿐 아니라 거의 도덕적인 설득력까지 갖는다.

사회주의의 등장과 몰락

결정론과 유물론은 자유주의에 대한 반발이다. 그리고 이러한 사상에 기초한 사회가 자유주의의 그것과 같을 수는 없다. 세계관과 인간관의 변화는 필연적으로 사회의 변화를 수반하기 마련이다. 새로운 세계관과 인간관은 곧 이상적인 사회에 대한 새로운 이론을 의미한다. 사회주의가 탄생하게 된 것이다.

혹자는 사회주의와 공산주의를 구분하여, 사회주의에서는 능력에 따라 노동하고 실적에 따라 분배받는 반면 공산주의에서는 능력에 따라 노동하고 필요에 따라 분배하며, 사회주의에서는 어느 정도의 사유재산이 인정되는 반면 공산주의에서는 사유재산이라는 개념 자체가 없어진다고 설명한다. 이러한 주장의 기원은 맑스에게 있다. 맑스는 인류의 역사가 자본주의와 사회주의를 거쳐 공산주의로 이행하게 된다고 설명한 것이다.

그러나 자유주의와 자본주의가 그러하듯이, 사회주의는 공산주의와 동전의 양면일 뿐이다. 자본주의니 공산주의니 하는 용어는 생산 및 분배의 방식과 관련한 경제적 측면에 주목한 개념인 반면, 자유주의와 사회주의는 그러한 사회 구조가 생겨나게 된 이론적 배경을 개인과 사회의 관계에 기반해서 설명하고자 하는 이론이다.

공산주의는 민주주의의 반대말?

우리나라 사람들은 오랫동안 반공 이데올로기의 지배하에 있었기 때문에, 사회주의 혹은 공산주의에 대해 본능적인 거부감을 가지고 있다. 그리고 아직까지도 많은 사람들은 자본주의를 민주주의와 동일시하고, 사회주의나 공산주의를 독재정치와 동일시한다. 북한이 사회주의 국가이기 때문이다. 따라서 사회주의를 올바로 이해하기 위한 선결과제는 사회주의에 대한 오해와 편견을 제거하는 것이다.

북한의 공식 명칭은 '조선민주주의인민공화국'이다. 북한도, 적어도 명목상으로는, 민주주의를 지향하는 것이다. 대한민국은 자유주의에 기반한 민주주의를 표방한다. 민주주의를 추구하되, 경제적으로는 자본주의를 하겠다는 의지의 표현이다. 반면 북한은 사회주의에 입각한 민주주의를 추구하고 있는 것이다. 사회주의 혹은 공산주의가 민주주의와 모순되는 개념이 아님을 알 수 있는 대목이다.

원래는 모순되는 개념인데, 북한이 어거지를 쓰고 있을 뿐이라고 생각하는 독자들도 있을 것이다. 하지만 그런 분들도 '사민당'이라는 정당 이름은 들어 보았을 것이다. 사민당은 이웃나라인 일본뿐만 아니라, 민주주의의 본고장인 유럽 대다수 나라에도 존재한다. 그리고 그 이름은 '사회민주당'의 줄임말이다. 북한처럼 사회주의를 지향하는 정당들을 민주주의 선진국에서도 쉽게 찾아볼 수 있는 것이다.

프랑스를 예로 들어보자. 민주주의가 사회주의와 모순된 개념이라는 주장이 옳다면, 프랑스에서 사회당이 정권을 잡을 경우 프랑스는 비민주국가가 되어야 한다. 그러나 사실은 그렇지 않다. 실제로 프랑스에서 사회당이 정권을 잡은 적이 있지만, 그렇다고 해서 프랑스가 비민주국가가 되었다고 생각하는 사람은 아무도 없었다. 사회당의 집권은 국민이 진보적인 정책을 원한다는 표시일 뿐이다. 좌파 정책이 마음에 들지 않으면 국민들은 다음 번 선거에서 사회당에 정권을 맡기지 않으면 된다.

유럽에서는 사민당이나 사회당이 집권하는 일을 어렵지 않게 목격할 수 있다. 우리는 사회주의나 공산주의 하면 '빨갱이'라 부르면서 마치 악마처럼 배척하는데, 우리보다 훨씬 오랜 민주정치의 역사를 가진 유럽의 여러 나라들에서는 어떻게 그런 일이 있을 수 있는 것일까?

오해는 민주주의와 사회주의라는 개념에 대한 이해의 부족에서 시작된다. 하지만 사회주의가 무엇인지를 따지기 전에 민주주의라는 개념과 그에 담긴 함의에 대해 조금만 생각해 보면 그 오해 또한 쉽게 걷힐 수 있다. 문제는 우리가 편견과 고정관념에 얽매여, 따져보기를 하려는 생각조차 하지 못한다는 데 있다. 이제 여기에서 한번 시도해 보도록 하자.

몇 년 전 노무현 대통령이 "공산당이 허용될 때 민주주의는 완성된다"라고 발언하여 커다란 파문을 일으킨 적이 있다. 보수적인 언론들의 집중 공격을 받았을 뿐만 아니라, 야당은 대통령의 하야를 요구하고 탄핵을 주장하기도 했다. 노무현 대통령이 공격을 받을 줄 몰랐을 리는 없다. 그렇다면 그는 왜 그런 발언을 한 것일까?

학문적으로 따져 보면 승부는 아주 간단하고도 분명하게 가릴 수 있다. 민주주의란 말 그대로 "국민을 주인으로 하자는 이념"이다. 그리고 진정으로 국민이 주인이라면, 이 나라가 어떤 방향을 향해 가야 할 지 결정하는 것은 바로 국민이어야 한다. 결과에 대한 어떤 예단이나 제한도 있어서는 안 된다.

어머니가 아들에게, "애야, 네 인생의 주인은 너란다. 너야말로 네 삶의 온전한 주인이지. 하지만 가수는 절대 안 돼!"라고 말한다면, 그것이 이치에 맞는다고 할 수 있겠는가? 인생의 주인이 진정 자신이라면, 어떤 삶을 살아야 할지에 대한 결정은 자신이 내려야 한다. 가수는 절대 안 된다거나, 꼭 법대를 가야 한다거나 하는 제한이 주어진다면, 자신이 삶의 온전한 주인은 아닌 것이다.

마찬가지로 국가가 국민에게 "국민 여러분, 이 나라의 주인은 바로 여러분입니다. 우리나라는 민주주의 국가이기 때문입니다. 대한민국의 주권은 국민 여러분에게 있고, 모든 권력은 오직 국민 여러분에게서만 나옵니다. 따라서 이 나라가 어떤 방향으로 나가야 할 것인지는 오직 국민 여러분의 의사에 의해 결정되어야 마땅합니다. 하지만, 공산주의는 절대 안 됩니다. 공산주의를 입 밖에 꺼내기라도 하는 사람들은 엄벌에 처할 테니 그리 아십쇼"라고 말한다면, 위의 어머니와 다를 것이 무엇인가?

"아무리 자신의 삶이라지만, 아무것도 모르는 아이에게 결정을 맡겨 둘 수는 없소. 어린 아이들이 담배를 피우기로 결정한다거나, 강도질을 해서 감옥에 가기로 결정한다면, 그가 자기 삶의 주인이라는 이유로 그것을 방관해서야 되겠소? 보호자가 그 아이를 대리해서 결정을 내려주어야 마땅하오. 이는 국가의 경우에도 마찬가지요"라고 반발하는 사람이 있을 것이다. 이 사람은 논리적으로 타당한 주장을 하고 있는 것인가?

어린 아이의 경우 부모가 대리로 판단을 내릴 수 있고 또 그래야 하지만, 자녀가 자기 삶의 주인이라고 생각하는 부모라면 당연히 자녀의 의견을 충분히 고려할 것이다. 설사 자녀가 절대 불가하다고 생각하는 방향으로 나가려 할지라도, 무조건 안 된다고 말하는 것이 아니라 왜 그렇게 해서는 안 되는지 충분히 설명하고 이해시키고자 노력해야 한다.

부자인 부모님이 일찍 돌아가셔서 어린 나이에 거액의 유산을 상속받은 경우를 생각해 보라. 그 아이가 재산을 어디에 사용할 것인지 혼자 결정할 수는 없겠지만, 그렇다고 해서 법정 대리인이 용처를 마음대로 결정하는 것도 또한 어불성설이다. 대리인은 상속자를 잘 보좌해서, 그가 내리고자 하는 결정의 장단점을 잘 설명하고 이해시키고자 노력하는 것이 당연한 것이다.

물론 국민들의 경우는 이와 또 다르다. 정치적인 결정권을 가진 국민은 어린 아이가 아닌 것이다. 대중은 어리석으므로, 따라서 이른바 '중우정치'(衆愚政治)라는 문제가 발생할 수 있으므로 소수의 현명한 자들이 결정을 내려야 한다고 주장을 할 요량이라면, 이 책 4부 1장 '웬 형이상학과 민주주의?'를 다시 읽어보시기 바란다.

어쨌든 민주주의란 국민이 주인 되는 정치 체제이며, 따라서 국가의 향배는 국민이 정해야 한다. "사공이 많으면 배가 산으로 간다"는 속담은 민주주의의 정신에 가장 어울리지 않는 말이다. 민주주의 체제에서는 사공이 원하면 배가 산 아니라 땅 속으로라도 가야 한다. 지식인의 역할은 배가 산으로 가면 곤란한 이유를 잘 설명해 줌으로써 국민들로 하여금 무지로 인한 비자발적인 행위를 범하지 않도록 하는 것일 뿐이다.

누가 보더라도 배가 절대로 산으로 가서는 안 됨이 자명하다고 항변할 수도 있다. 하지만 거기에는 너무나도 범하기 쉬운 오류가 있다. 왜 그 '누가'에 배가 산으로 가기를 원하는 사람은 집어 넣지 않는가? 최소한, 그 혹은 그들은 그것이 자명하지 않다고 생각한다. 여기에서 그 사람은 다시 절대주의의 인식론적 문제에 부딪힐 수밖에 없다.

결국 국민이 원한다면 자본주의든 공산주의든 할 수 있어야 진정한 민주주의다. 국민이 자본주의 체제를 옹호한다면 자유민주주의가 되는 것이고, 공산주의 체제를 옹호한다면 사회민주주의가 될 것이다.

민주주의란 절차적 개념이다. 반드시 어떤 결론에 이르러야 한다든지, 어떤 결론은 절대 안 된다든지 하는 전제가 있다면 민주주의라 할 수 없는 것이다. 어느 동네에 쓰레기 처리장을 설치할 것인가를 민주적으로 결정하자고 하면서, 자신의 동네는 절대 안 된다고 주장한다면 그 주장을 민주적이라고 할 수 있는가?

노무현 대통령의 발언은 우리 사회에 존재하는 편견을 없애야 진정한 절차적 민주주의가 가능하다는 뜻이다. 그에 대해 반론을 제기하고자 한다면 당연히 "우리 국민들 모두가 공산당을 원치 않아서일 뿐, 그것을 금지하는 것은 아니다"라고 했어야 한다. 그리고 대다수의 국민들이 원치 않는데도 공산당을 만들겠다는 사람들이 있다면, 그냥 놔두면 된다. 진정으로 다수의 국민이 원치 않는다면 그들이 집권하는 것은 불가능할 테니까 말이다.

그들이 불법적인 테러 따위를 하지 않을까 우려할 수도 있다. 그러나 그것은 어디까지나 우려일 뿐이다. 그런 일이 벌어진다면, 그때 가서 그들을 처벌하면 된다. 어떤 사람이 범죄를 저지를 것이라고 예상된다고 해서 그 사람의 자유를 미리 억압하는 것은 법치주의 국가에서는 있을 수 없는 일이다.

민주주의는 순수한 절차적 개념이기 때문에 어떤 정치 체제와도 양립 가능하다. 좀 과장해서 말한다면, 민주주의하에서는 왕정이나 독재정치까지도 가능하다. 영국이나 일본처럼 현대 민주주의 국가 가운데에도 형식적으로나마 왕정을 채택하고 있는 곳이 적지 않다. 국민이 원하기 때문에 왕정을 유지하고 있고, 국민이 원한다면 언제든 왕정을 폐지할 수 있기 때문에 그 또한 민주주의인 것이다.

민주주의하에서 독재정치까지도 가능하다는 것은 사실, 좀 심한 과장이기는 하다. 그러나 순수하게 이론적인 측면에서만 본다면 불가능한 일도 아니다. 내가 무지하게 양심적이고 현명한 사람이라 온 국민의 지지를 받는다고 해보자. 지난 수십 년간 나의 정치 역정을 지켜본 대다수의 국민들은 내가 죽을 때까지 국정을 혼자서 처리해 주기를 바란다. 그들은 나의 반대에도 불구하고 나에게만 해당되는 '일인종신집권법'을 통과시킨다. 나는 혼자서 국정을 좌지우지하는, 말 그대로 독재정치를 종신토록 하게 되었다. 나는 비민주적인 독재자인가?

이러한 민주주의의 특징을 올바로 이해한다면, 사회주의를 민주주의와 모순되는 개념으로 생각하는 오류는 범하지 않게 될 것이다. 이 모든 사실을 인정하면서도, 사회주의는 필연적으로 국민들을 억압할 수밖에 없는 체제이기 때문에 절대로 채택해서는 안 된다고 생각하는 사람들이 있을지도 모른다. 사회주의를 일종의 '절대악'(絶對惡)으로 간주하는 것이다.

우리가 느끼는 혐오와 두려움은 그 대상에 대한 무지에서 비롯되는 경우가 많다. 이는 사회주의에 대해 혐오와 두려움을 가진 사람에게도 적용된다. 게다가 우리 사회에서는 동족상잔의 비극을 겪은 슬픈 경험과 그에 기생해 반공 이데올로기를 퍼뜨림으로써 정권을 공고히해 온 독재정권으로 인해 그러한 무지를 극복하려는 노력조차 진지하게 이루어지기 힘들었다.

그러나 자유와 평등이라는 이상을 주춧돌로 삼은 진정한 민주주의를 성취하기 위한 변증법적 과정이라는 측면에서 본다면, 사회주의란 자유주의의 문제점을 극복하기 위한 노력의 일환으로 필연적으로 거쳐야만 했던 하나의 단계라고 볼 수 있다.

'나와 너'가 아닌 '우리'의 동등한 권리를 위하여

사회주의에 대한 오해는 이것뿐이 아니지만 다른 오해들을 풀기 전에 먼저 사회주의 자체에 대한 설명이 필요할 듯하다. 사회주의라는 개념에 대한 정확한 이해가 없다면 그것들이 왜 오해인지 설명해도 납득하기 쉽지 않을 것이기 때문이다.

사회주의자들은 자유주의자들의 기본 전제 자체를 부인한다. 자유주의자들은 사회가 개인들 간의 계약에 의해 생긴 것이므로, 사회란 개인이 행복을 추구하기 위한 수단이나 도구에 불과하다고 주장한다. 반면 사회주의자들은 개인보다 사회가 먼저라고 주장한다. 이른바 '자연인'이란 존재하지도 않고, 존재할 수도 없다는 것이다.

사회를 벗어난 개인이 존재할 수 없음은 간단한 사고 실험을 통해서도 쉽게 알 수 있다. 자유주의자들의 주장이 옳다면 개인은 사회 구성 이전에도 나름의 정체성을 가지고 스스로 그것을 인식할 수 있어야 한다. 그래야지만 나름의 행복을 추구하기 위해 계약을 통해 사회를 구성할 것이기 때문이다.

그러나 인간은 사회를 벗어나서는 어떤 정체성도 가질 수 없다. 여러분 자신을 소개하되, 자신이 속한 사회와 관련된 내용은 어떤 것도 언급해서는 안 된다고 생각해 보라. 자신이 사회에서 받은 영향을 모두 배제하고자 하는 것이다. 어떤 식으로든 소개 자체가 가능할 것이라고 생각하는가?

직장이나 학교, 가정을 언급해서는 물론 안 된다. 주소나 이름을 언급하는 것도 곤란하다. 자신의 키가 몇 cm인지, 몸무게가 몇 kg인지 언급하는 것도 곤란하다. 도량형도 사회의 산물이기 때문이다. 정말로 곤란한 문제는 나를 어떤 언어로 소개할 것인가이다. 인간의 정체성을 형성하는 모든 내용들은 사회와의 관계 속에서 얻어진 것이다.

인간은 사회 속에서 태어나고 자라나며, 인간 사회의 축적된 지혜인 '문화'를 습득하는 사회화의 과정을 거쳐서 정체성을 가진 사람이 된다. 만에 하나 『정글북』의 모글리처럼 사회에서 벗어난 인간이 존재할 수 있다 해도, 그는 그저 생물학적으로만 인간일 뿐 동물과 다를 바 없을 것이다.

인간은 말보다 느리고, 호랑이만큼 강하지도 않으며, 새처럼 하늘을 날거나 물고기처럼 물속을 자유롭게 헤엄치지도 못한다. 개인으로서의 인간이 사회에서 벗어나 약육강식의 정글 속에 내던져진다면 생존조차 불가능할 것이다. 그럼에도 불구하고 인간이 만물을 지배할 수 있는 것은 사회를 이루어 살기 때문이다.

인간에게는 도구를 사용할 수 있는 능력이 있기 때문에, 설사 무인도에 홀로 남겨진다 하더라도 로빈슨 크루소처럼 지혜롭게 극복해 갈 수 있을 것이라고 주장하는 사람도 있을 것이다. 그러나 도구를 만들고 사용하는 방법도 사회화의 과정 속에서 인간 사회로부터 전해 받은 것임을 잊어서는 안 된다. 인간에게 타고난 초월적이고 독립적인 이성이나 정신 따위는 없다. 모든 것은 사회적이고 물질적인 환경의 산물일 뿐이다. 맑스의 용어를 빌리면, "하부구조가 상부구조를 결정한다."

심오해 보이는 이 말의 의미는 사실 앞에서 결정론과 유물론에 대해 언급하면서 이미 다 설명한 셈이다. 쉽게 말하면 하부구조란 물질적 여건을, 그리고 상부구조란 정신적 활동과 그 산물 일체를 가리킨다. 법체계와 같은 제도, 관습, 도덕규범, 예술, 학문, 언어 등이 모두 상부구조에 속하는 것이다.

하부구조가 상부구조를 결정한다는 것은 고상해 보이는 이 모든 것들이 물질적 여건의 산물일 뿐이라는 말이다. 우리는 흔히 빵을 경시하고 도덕이나 학문 등을 존숭하는 경향이 있다. 그러나 도덕이나 학문도 빵과 무관하지 않을 뿐만 아니라, 환원시켜 보면 결국은 빵 이야기에 불과하다는 것이다.

사회주의를 이해하기 위해 알아야 할 또 하나의 격률은 "능력에 따른 노동, 필요에 따른 분배"라는 것이다. 흔히 사회주의에서는 무조건 획일적인 평등 분배를 추구하는 것으로 알려져 있다. 그러나 사회주의에서 이상적으로 생각하는 것은 획일적인 분배가 아니라, 모든 사람이 능력껏 일을 하고 필요한 만큼 소비하는 사회이다.

왜 능력에 따라 일하고 필요에 따라 분배하는가? 능력에 따라 일을 했다면, 당연히 분배는 성과에 따라 해야 하는 것 아닌가? 다시 말해서 훌륭한 능력을 가지고 있어서 많은 성과를 올렸다면, 그만큼 많이 가져야 하는 것 아닌가? 게다가 모두가 필요한 만큼씩 가진다는 것이 과연 가당키나 하단 말인가? 이 책을 읽는 독자 여러분들도 누구나 이런 생각을 하면서, 사회주의란 말도 안 되는 주장이라고 생각할지 모른다.

그러나 이런 생각은 자유주의적인 사고일 따름이며, 사회주의란 인간과 사회에 대한 전혀 새로운 패러다임에 기초하고 있음에 주목해야 한다. 사람들은 자신에게 가까운 것을 정상적이고 옳은 것이라고 여기고, 자신에게서 멀리 떨어져 있는 낯선 것을 비정상적인 그른 것으로 여긴다는 장자의 말을 기억해야 할 때이다.

더욱이 말도 안 되는 그 내용을 우리 자신도 실행에 옮기고 있음을 안다면 놀라지 않을 수 없을 것이다. 가족의 삶을 생각해 보라. 가족 내에서는 돈을 벌 능력과 필요에 따른 소비가 일치하지 않는다. 대개의 경우 청장년층이 경제활동을 통해 수입을 올리면, 영유아와 노년층은 필요에 따라 소비할 뿐이다.

노년층은 과거에 자신들을 부양했던 사람들이므로, 빚을 갚는 차원에서 그들을 부양하는 것이 마땅하다고 대답할 사람들이 있을지 모른다. 그렇다면 아이들을 부양하는 것은 일종의 노후대책이란 말인가? 그런 식으로 바라본다면, 과거 가족의 부양에 공헌하지 못한 노년층과 미래에 자신의 노후 봉양을 기대할 정도의 능력이 없다고 생각되는 아이들은 애당초 도태시켜야 마땅할 것이다. 신체적 정신적인 장애를 겪고 있는 사람들의 경우에는 말할 것도 없다.

그러나 가족은 모래알 같은 개인들 간의 계약으로 이루어진 집단이 아니며, 자녀 양육이 노후 대책용 보험은 더더욱 아니다. 나의 정체성은 내 가족의 삶과 분리될 수 없다. 내 부모, 내 자식, 내 아내와 남편의 삶은 내 삶의 일부이다. 나아가 그들의 삶이 없다면, 내 삶도 아무 의미가 없다. 그들에게 '필요'한 것을 내 '능력'으로 충당해 줄 수 있다면, 그렇게 해주는 것이야말로 나의 행복이다.

가족은 "능력에 따른 노동, 필요에 따른 분배"를 실천하고 있는 대표적인 사례이다. 그것이 가족을 넘어 사회 전체로 확대되어서 안 될 이유는 없다. 아니, 그렇게 되는 것이 바람직하다. 사회주의에서 궁극적으로 추구하는 이상은 바로 이것이다. 사회 전체가 마치 한 가족처럼 운영되는 것 말이다. 능력이 있는 자는 노동을 통해 자신과 '보다 큰 가족'의 필요를 충족시킨다.

이것이 반드시 자신의 희생을 의미하지는 않는다. 부모가 자식을 부양하고, 세월이 흐르면 자식이 부모를 다시 봉양하는 것, 신체적·정신적인 장애를 가진 사람이 있다면 다른 가족 구성원들이 힘을 합해 그를 돕는 것은 합의에 의한 계약도 아니요, 일방이 상대방을 위해 희생하는 것도 아니다. 가족이 화목하고, 그 구성원들의 삶이 행복하고 풍요로울 때, 나의 삶도 또한 행복하고 풍요로워지기 때문이다.

나의 삶이 가족으로 인해 의미가 있고 풍요로워질 수 있다면, 가족의 외연이 확장될 경우 내 삶의 내용은 더욱 다양하고 풍부해질 수 있다. 동양에서도 고대로부터 이런 사회를 "모두가 하나된다"는 뜻의 '대동사회'(大同社會)라 부르며, 최고의 이상으로 여겨 왔다.

사회주의자의 관점에서 보면 능력에 따라 노동하고 필요에 따라 분배하는 것은 정의로운 사회의 모습이기도 하다. 천하장사가 된 만홍이와 그의 쌍둥이 형 걸봉이의 사례를 기억하는가? 만홍이가 천하장사가 될 수 있는 능력을 가지게 된 것은 타고난 신체적 조건에 좋은 환경이 더해진 덕이다. 반면, 동일한 신체적 조건을 타고 난 걸봉이에게는 그 신체적 조건이 약이 아니라 독이다. 조건이 뒷받침되지 않는 상태에서 한 끼에 라면 10개를 먹어야 배가 부른 몸을 타고난 것은 저주일 뿐이다.

걸봉이가 한 끼에 라면 10개 혹은 그에 상응하는 음식을 '필요'로 하는 것이 그의 탓인가? 만홍이와 달리 성공할 만한 조건이 주어지지 않아서 막노동꾼으로 전전하면서 가난을 겪는 것이 그의 탓은 아니다. 이런 관점에서 본다면 만홍이의 능력도 만홍이 자신의 노력에 의한 자신의 것이라 할 수 없다.

전통적으로 정의란 "각자에게 각자의 몫을 주는 것"이라 정의되어 왔다. 개념 자체가 매우 모호하기는 하지만, 최소한 만홍이의 성과를 만홍이 혼자 독차지하고, 걸봉이의 고통을 걸봉이 혼자 감내하는 것이 두 사람 각자에게 정당한 몫이라고 보기는 힘들다. 유물론과 결정론을 지지하는 사회주의자의 입장에서는 만홍이의 능력도, 걸봉이의 필요도 두 사람 각자의 몫은 아닌 것이다.

능력에 따라 일한 몫이 내 것이 아님은 인정한다 하더라도 "필요에 따른 분배"가 과연 가능키나 한 것인가? 물론 가장 이상적인 모습은 재화가 모든 사람들의 욕구를 충족시키기에 충분해서, 그야말로 모두가 필요한 만큼씩 가져가는 것이다. 그러나 설사 생산력이 극도로 발달한다 하더라도, 모든 사람의 욕구를 충족시키는 것은 불가능하다. 욕구란 가변적이며 상대적이기 때문이다.

모든 욕구를 충족시킬 수 없다면, 차선책은 일단 기본적인 욕구 충족에 주력하는 것이다. 사회의 모든 구성원들에게 최소한의 의식주를 영위할 수 있도록 한다. 이것이 획일적인 평등분배를 의미하는 것은 아니다. 걸봉이에게는 한 끼 식사를 위해 라면 10개가 필요하지만, 수연이에게는 1개만이 필요할 수도 있다. 기본적인 욕구를 충족시킨 후에 남는 재화가 있다면 모두가 동등하게 나누면 된다.

물론 여기에 문제가 없는 것은 아니다. 어디까지가 기본적인 욕구인지 결정하는 것뿐만 아니라, 그 기본적인 욕구가 사람마다 어떻게 다른지를 조사하는 것은 쉬운 일이 아니다. 그러나 바람직한 이상과 목표가 정해진다면 그를 향한 발전은 언제든지 가능하다. 그리고 사회주의에서 내세운 '기본적 필요의 충족'이라는 이상이 현재 복지국가에서 일부나마 이루어진 것도 그러한 발전 양상의 하나인 것이다(이에 대해서는 뒤에서 다시 설명하겠다).

자유주의적 관점에서 한 발 물러나 생각해 보면, 사회주의에서 내세우는 주장이 옳다고까지는 아니어도 최소한 자본주의의 문제점을 다시 한 번 생각해 볼 수 있는 기회를 가질 수 있게 된다. 그것은 다시 한 번 '각자의 정당한 몫'에 대한 문제이다. 사례를 통해 생각해 보도록 하자.

범우는 100억 원의 돈을 투자하여 공장을 지었다. 범우는 공장의 모든 일을 상진이에게 일임한다. 상진이는 전문 경영인으로서 40명의 사원을 거느리고 회사를 잘 운영하여 한 해 20억 원의 정도의 이익을 남기고 있다. 자신과 사원들의 급여로 8억 원 정도를 제한 나머지 10여 억 원은 범우의 몫이다. 개인 회사이기 때문이다.

사원들은 때로 임금 인상을 요구하지만, 상진이가 의논을 하면 범우는 대체로 불가하다고 한다. 일할 사람은 많다는 것이다. 상진은 사원들을 으르기도, 어르기도 하면서 범우의 결정을 관철시켜 나갔다. 그래도 반발하는 사원이 있으면, 해고시키는 수밖에 없었다.

어느날 상진은 외출하다 돌아오는 길에 회사의 15년차 사원인 진모를 만났다. 진모는 공고를 졸업한 후 선반 기술자로 근무해 오고 있었다. 진모는 자신의 집이 근처라며 굳이 상진에게 차라도 한잔 하고 가라고 잡아끈다. 상진은 마지못해 진모의 집에 들러 깜짝 놀랐다. 입사 15년차인 진모의 형편이 자신의 예상에 너무나 못미쳤던 것이다. 그는 다가구 주택에 살고 있었다. 비슷한 다가구 주택들로 둘러싸인 그의 집에는 햇빛도 잘 들지 않았다. 허름한 집기와 가전제품들이 놓인 비좁은 집에서는 퀴퀴한 냄새가 났다. 아이는 셋인데, 방이 두 개뿐이라 첫째인 중학생 아들과 둘째인 초등학교 6학년 딸, 그리고 초등학교 3학년짜리 막내아들이 한 방을 썼다. 유복한 가정에서 태어나 엘리트 코스만을 밟아 온 상진으로서는 생각하기 힘든 일이었다.

진모와 이런저런 사는 이야기를 나누고 나온 상진의 귓가에는 진모가 웃으면서 한 한마디가 맴돈다. "저는 그래도 이제 살 만 해요. 결혼도 했고, 이만한 전셋집도 장만했구요. 젊은 친구들이 고생이지요. 그 월급 가지고는 먹고 살기도 바빠서, 결혼 준비도 힘들어요. 우리 같은 사람들 집 사는 건 꿈도 꾸지 않구요."

일류대학을 나와 별다른 어려움 없이 현재의 지위에 오른 상진은 그동안 사원들의 삶에는 큰 관심을 가지지 않았다. 그는 억대 이상의 연봉을 받았지만, 대다수 사원들이 자신의 1/10도 안 되는 급여를 받고 일하는 상황에서 그들의 처우 개선 요구를 번번이 묵살해 왔다. 상진의 관심사는 오직 어떻게 하면 그들을 별 탈 없이 관리할 것인가 하는 것뿐이었다.

우연찮게 진모의 집을 보고 난 상진은 지적 혼란에 빠진다. 자신이 일반 사원들보다 적게는 서너 배에서 많게는 열 배의 임금을 받는 것에 대해서는 자신이 그들보다 훨씬 중요한 일을 한다는 구실로, 구차하나마 정당화가 가능했다. 그러나 단순히 자본을 댔다는 이유로 매년 10억 이상의 돈을 챙겨가는 범우의 행위가 정당한지에 대해서는 의문을 떨칠 수가 없었다. 게다가 공장 부지의 땅값이 올라 그는 더 큰 이익을 챙겼다.

그는 생산 수단을 제공했지만, 실질적인 가치를 창출해 돈을 벌어들인 것은 자신과 사원들의 노동이었다. 노동자는 자기 노동의 산물을 모두 자본가에게 빼앗기고, 그 가운데 아주 작은 부분만을 임금으로 받을 뿐이다. 그는 아무 일도 하지 않았으므로, 그의 손에 애초와 투자한 만큼의 자본이 남는다 해도 손해는 아니다. 아니, 그것이 오히려 정당한 것이다. 그렇다면 결국 그는 노동자에게 돌아가야 할 몫을 착취한 것이 아닌가?

다른 한편으로 생각해 보면, 범우처럼 회사를 차려서 노동자들이 일할 수 있는 장을 마련해 주는 사람이 없다면 노동자들은 먹고 살기조차 힘들 것이다. 하지만 백 보 양보해서 그런 사실을 인정한다 하더라도, 그 회사에서 창출된 가치를 범우가 독점해서 노동자들에게 쥐꼬리만한 급료를 나누어 주는 것은 정당치 못하다.

범우에게 이러한 사실을 지적한다면? 그는 자신처럼 능력이 있는 사람이 노동자들처럼 능력 없는 사람보다 더 많은 돈을 버는 것은 당연하다고 대답할 것이다. 억울하면 자신들도 돈을 벌어서 회사를 차리면 되지 않느냐는 것이다. 그러나 진모 말처럼 회사를 위해서 열심히 일해도 집 장만은커녕, 가족을 꾸려 생활해 나가기조차 쉽지 않은 사람들에게 그건 너무 가혹한 대답이다.

범우는 부자인 아버지 덕에 이 공장을 차릴 수 있었다. 그의 자식들은 좋은 환경에서 자랄 뿐만 아니라, 그보다 더 많은 부를 물려받을 것이다. 부모에게 물려받을 것도 없고, 좋은 환경에서 훌륭한 교육을 받지도 못한 노동자들의 자녀들이 그들과의 격차를 줄이는 것은 불가능하다.

상진이는 "그럼 나는 무엇인가? 지주들을 대신해 소작농을 착취하고 그 대가로 소작농들보다 나은 생활을 보장받던 마름과 같은 존재인가?"라고 생각하니 씁쓸함을 감출 수 없다. 이제까지와는 반대로 사원들을 대표해 범우로부터 사원들의 정당한 몫을 보장받을 수 있도록 하겠다고 다짐하다가도, 그렇게 하다가는 자신도 범우에게 해고당하게 될 것이라는 생각에 고개를 젓고 만다.

오랜 고민 끝에 상진이는 결론을 내린다. "현재와 같은 체제 하에서 그러한 모순은 해결될 수 없다. 만약 체제 자체를 바꾸어, 국가가 모든 생산 수단을 소유하고 관리한다면 노동자들을 포함한 모두에게 정당한 몫이 돌아가는 올바른 사회가 도래할 것이다. 그러한 새로운 세상은 나 같은 사람 개인의 힘으로 꿈꿀 수 있는 바가 아니다. 모든 노동자들이 착취에 맞서 자신의 올바른 권리를 찾기 위해 들고 일어설 때에만 가능하다. 자본가들은 노동자들에 대한 착취를 멈출 수 없을 것이며, 그 착취가 극에 달하여 노동자들이 새로운 세상을 향해 들고 일어서는 것은 역사의 필연이다."

우리는 자본주의적 사고방식에 익숙해져 있기 때문에, 자본을 투자한 사람이 회사의 주인이 되어 노동자들을 고용하고 그들에게 급료를 주는 것을 당연시한다. 그러나 앞에서 말한 것처럼, 사회주의를 이해하기 위해서는 그런 모습이 당연하다는 생각을 버리고 한 발 물러나 생각해 보아야 한다.

가치를 창출해 내는 것은 '노동'이다. 아무리 땅을 많이 가지고 있다 하더라도, 혹은 아무리 많은 자본을 투자해서 생산 시설을 갖추어 놓는다 하더라도, 그에 노동이 부가되지 않으면 아무것도 생산해 낼 수 없다. 자본가는 생산 기반을 제공했지만, 그 기반은 고스란히 그의 소유로 남는다. 아무런 노동도 하지 않은 자가 어떻게 창출된 가치를 독점하여 노동자들에게 시혜를 베풀듯이 임금을 지불할 수 있는가?

직접 경영에 참여해서 생산성 향상에 기여했다면 그에게도 물론 정당한 노동의 대가가 주어져야 할 것이다. 생산 기반에 대한 감가상각도 이루어져야 할 것이다. 기계가 낡아서 가치가 떨어졌다면, 그에 대한 보상이 이루어져야 한다는 데 이견을 제기할 노동자는 없을 것이다. 하지만 그조차도 자본가에 의해 일방적으로 결정되어서는 안 된다. 현재 노동자들이 그나마 상당히 신장된 권리를 누리게 된 데에는 자본주의에 이런 문제점들에 대한 사회주의의 비판이 커다란 작용을 한 것이다.

상진이가 진모의 생활상을 보고 그런 생각까지 하게 되었다는 데 대해 지나치게 과장된 것이라고 생각하는 독자들이 있을 것이다. 그러나 사회주의가 태동할 무렵 노동자들의 상황을 알게 되면 생각이 바뀔 것이다.

노동자들은 워낙 박봉에 시달렸기 때문에 가장이 벌어들인 수입만으로는 가족이 입에 풀칠도 할 수 없었다. 임산부들까지 공장에서 일해야 하는 것은 물론이었고, 10세 미만의 아이들까지 새벽 5~6시부터 밤 8~9시까지 노동을 해야만 했다.

노동자들은 노예나 다름없었다. 성인 노동자들은 노동 시간을 하루 18시간으로 제한해 달라고 청원하기 위해 공청회를 열 정도였다. 아이들은 발육부진과 만성적인 병에 시달렸고, 성인들은 40세 정도가 되면 노인으로 취급받을 정도였다. 세대가 지날수록 그런 모습은 더욱 심해져만 갔다.

이른바 '아줌마 파마'에도 당시 여성 노동자들의 애환이 담겨 있다. 당시 공장에서는 혹독한 노동으로 피곤에 지쳐 깜빡 조는 사이 여성 노동자들의 긴 머리가 기계에 말려들어가는 사고가 빈번하게 발생하였다. 그러자 자본가들은 여성 노동자들에게 머리를 짧게 자를 것을 강요하였다. 그나마 직장을 잃어서는 생계가 막막했기 때문에 여성 노동자들은 취직을 위해 머리를 짧게 잘라야만 했으며, 그 모습이 보기 싫어서 머리를 뽀글뽀글 볶아 올린 것이다.

우리나라 '아줌마'들이 뽀글이 파마를 선호하는 것도 같은 이유에서이다. 경제적·시간적으로 여유가 있는 계층은 보다 우아한 헤어스타일을 선호한다. 그러나 그럴 여유가 없는 사람들에게 긴 머리는 일하는 데 거치적거릴 뿐만 아니라 관리도 힘들다. 그렇다고 남자처럼 짧은 생머리를 하고 다니기는 어색하다. 따라서 한 번 하면 오래가는 뽀글이 파마를 할 수밖에 없는 것이다.

자본가들이 보기에 노동자들은 땡처리 시장에서 손쉽게 살 수 있는 상품과 다를 바 없었다. 굳이 마음에 들지 않는 노동자를 쓸 이유는 없다. 노동자들이 병이 날까봐 걱정할 필요도 없다. 땡처리 시장에 값싼 상품이 널려 있듯이, 낮은 임금에도 일해야만 하는 이른바 '산업 예비군'은 얼마든지 있기 때문이었다.

반면, 자본가들의 생활은 상상을 초월할 정도였다. 노동자들에게 일주일에 7~8달러의 급료를 지불하면서도, 자본가들은 다이아몬드로 이빨을 해넣고, 100달러짜리 지폐로 담배를 말아 피고, 애완견에게 15,000달러짜리 목걸이를 해주었으며, 75,000달러짜리 쌍안경으로 연극을 관람하기도 했다.

이런 상황에서, 양심적인 지식인라면 상진이와 같은 생각을 하는 것도 무리는 아니지 않을까? 100년이 훨씬 넘은 지나간 과거의 일일 뿐이라고 치부해서는 곤란하다. 현재에도 제3세계에서는 많은 노동자들이 다국적 기업과 독재정권에 의해 유사한 착취를 당하고 있다. 화려한 월드컵의 이면에는 단돈 300원의 일당에 어린이들로 하여금 하루 14시간 동안 축구공을 깁게 한 유명 스포츠 업체의 횡포가 있었음은 잘 알려진 이야기이다.

아니, 그리 먼 곳에서 찾을 필요도 없다. 불과 20~30년 전 개발독재 시대에는 우리나라 노동자들의 상황도 크게 다르지 않았다. 그리고 오늘날에도 악덕 자본가들에게 노동착취를 당하는 외국인 노동자들의 이야기를 심심치 않게 들을 수 있다.

하루 벌어 하루 먹고 살기도 힘든, 그래서 임산부와 어린 아이까지도 새벽부터 밤까지 노동을 해야 하는 환경에서 자란 아이가 부모의 가난하고 고달픈 삶을 이어받았다고 해서 그의 무능력과 게으름을 탓할 수는 없다. 또한 100달러 지폐로 담배를 말아 피우는 집안에서 자란 아이가 부모의 유산을 물려받아 부자가 되었다고 해서 그것이 그의 유능함과 노력의 증거는 아니다.

　자유주의는 과거의 형이상학적 위계질서를 타파하고, 국가의 구성원 모두에게 동등한 정치적 권리가 있음을 선언했다. 그러나 사회주의에서는 동등한 정치적 권리만으로 사회의 구성원들이 주인이 되는 진정한 민주주의가 이루어질 수 없음을 간파했다. 위와 같은 상황에서 정치적으로 동등한 권리가 주어진다 해도, 그것은 노동자들에게 아무 의미도 없는 것이었다. 새벽부터 밤까지 일을 해야만 먹고 살 수 있는 상황에서 투표권이 주어진다고 해서 선거에 참여하는 것이 가능하겠는가?

　새벽에 출근해서 밤늦게 퇴근하는 사람이 도대체 정치에 관심을 가질 수나 있겠는가? 정치에 관심을 가지기 위해서는 최소한의 여가가 필요하다. 신문도 읽고, 뉴스도 볼 정도의 여가는 있어야 정치에 관심을 가지고 나름대로 한마디라도 할 수 있는 것이다. 선거일을 임시 공휴일로 지정하는 데에는 다 이유가 있는 것이다.

　사회주의자들은 경제적 평등에 대한 요구가 정치적 평등과 무관하지 않다고 주장한다. 국가로부터의 간섭을 최소화함으로써 소극적 자유만을 보장할 경우, 가진 것이 없는 무산 계급은 자본가들에 의해 착취당하고 상품화될 수밖에 없다. 작은 국가로는 오직 자본가들만의 자유만을 보장할 수 있을 뿐이다.

　모든 국민이 동등한 정치적 자유를 누리기 위해서는 적극적 자유의 동등한 분배가 전제되어야 한다. 소수의 자본가 계층이 다수의 노동자들을 착취하는 사회가 영원히 지속될 수는 없다. 상처가 곪으면 터지기 마련이다. 자본주의가 극도로 발전하게 되면, 자본주의가 붕괴되고 전 세계적으로 사회주의 사회가 도래하는 것은 역사적인 필연이다. 맑스는 그렇게 예언했다.

사회주의를 위한 변명

맑스의 예언은 실현되지 않았다. 사회주의 혁명이 일어난 곳은 자본주의가 발달한 서유럽이나 미국이 아니라 러시아였다. 사회주의의 도래는 전 세계적인 현상도 아니었으며, 그나마 100년도 못 되어 종주국 소련이 사회주의 정책을 포기하고 말았다. 자유주의 진영에 속한 많은 사람들은 사회주의보다 자유주의가 우월함이 현실적으로 입증되었다고 흥분을 감추지 못하였다.

그 말이 사실인지, 사회주의가 몰락한 진짜 원인이 무엇인지는 잠시 후에 생각해 보기로 하자. 그 전에 사회주의를 위한 몇 가지 변명을 먼저 해야겠다. 자유주의와 사회주의는 패러다임 자체가 다른 체제이기 때문에, 자유주의권에 사는 많은 사람들은 자신이 살고 있는 사회와는 너무나 다른 사회주의 사회의 여러 가지 특징을 이해하기 쉽지 않다. 그리고 보다 심각한 문제는 그러한 특징을 이해하려는 노력조차 하지 않는다는 사실이다.

그것이 심각하고도 중요한 이유는 현존하는 어떤 국가도 고전적 자유주의를 고집하고 있지 않기 때문이다. 자유주의는 사회주의와의 대립과 상호비판을 통해 발전을 거듭해 왔다. 우리는 자유주의 국가에 살고 있다. 우리 사회가 어떤 방향으로 나아가야 하는가를 논하기 위해서는, 우리 사회가 어떤 문제점들을 어떻게 극복하면서 발전해 왔는지 먼저 알아야 한다. 그리고 사회주의에 대한 올바른 이해야말로 그 선행 조건인 것이다.

가장 대표적인 오해는 사회주의가 자유를 억압하는 나쁜 체제라는 생각이다. 이러한 오해는 사회주의 사회의 두 가지 특성에 기인한다. 첫째, 자신이 벌어들인 재산을 자기 마음대로 처분할 수 있는 자유주의 국가와 달리 사회주의 국가에서는 국가가 모든 구성원들의 수입을 거두어들여 다시 분배한다. 둘째, 사회주의 국가에서는 엄격한 폐쇄정책을 쓴다.

사회주의 사회에서는 사유 재산을 인정하지 않으며, 능력에 따라 노동하고 필요에 따라 분배하는 것을 이상으로 한다. 자유주의적 관점에서 볼 때, 상대적으로 능력 있고 부유한 사람들은 재산의 자유를 침해당하는 셈이다.

많은 독자들은 이미 이러한 생각이 오해라는 것을 눈치 챘을 것이다. 자유주의 사회에서 추구하는 자유는 국가나 사회 혹은 타인으로부터 간섭받지 않을 자유, 즉 소극적 자유이다. 반면 사회주의에서 추구하는 자유는 자신이 원하는 것을 할 수 있는 자유, 즉 적극적 자유이다.

자유주의의 시발점이라 할 수 있는 마그나 카르타는 영국의 귀족들이 절대 권력으로부터 자신의 권리를 지키기 위해 투쟁한 산물이다. 여기에서 자유주의의 선구자들이 왕권에 맞선 귀족들이었다는 사실이 중요하다. 귀족들은 국가 권력의 간섭만 없다면 마음껏 행복을 누릴 수 있다. 자본가들은 자본주의 시대의 귀족이다. 그들도 역시 국가 권력이 자신들을 간섭하지 않고, 치안만 유지해 준다면 마음껏 행복을 누릴 수 있다.

유산자들은 소극적 자유만으로도 충분하다. 그러나 가진 것, 배운 것이 없는 무산자들은 상황이 다르다. 영화 「쇼생크 탈출」을 본 독자들은 도서관에서 출납을 담당하던 노인을 기억할 것이다. 수십 년 동안을 감옥에서 보낸 후 모범수로서 가석방이 확정되자, 그는 가석방을 거부하며 인질극을 벌인다.

동료들의 설득으로 가석방을 받아들인 노인은 수십 년 만에 무방비 상태에서 주어진 자유에 어쩔 줄 몰라 한다. 감옥에 들어가기 전보다 자동차가 너무 많이 늘어나서 혼자서는 도로를 건너기도 힘들다. 먹고살기 위해 상점의 점원으로 일하지만, 수십 년 동안 감옥에 있던 사람이라 다른 사람들처럼 자연스럽게 행동하는 것이 쉽지 않다. 결국 그는 자살을 택한다.

노인에게는 분명 자유가 주어졌다. 그러나 그것은 간섭과 제약으로부터의 자유, 즉 소극적 자유일 뿐이었다. 노인에게는 그것만으로 충분치 못했다. 그에게는 사회의 관심과 적극적인 보호가 필요했다. 마치 내 자식이 낯선 곳으로 여행을 떠날 때처럼 최소한의 경제적 뒷받침과 그가 머물게 될 새로운 곳에 대한 정보를 주어야 했던 것이다. 그런 배려조차 없이, "당신은 자유요. 나처럼 행복을 누리시오"라고 말하는 것은 어불성설이다.

자유란 어느 누구도 그에 반대할 수 없을 정도로 고귀한 개념이다. 하지만 모든 사람이 원하는 만큼의 자유를 누릴 수 있는 사회는 역사상 존재하지 않았다. 문제는 누구에게 어떤 자유를 어느 정도까지 보장할 것인가이다. 사회주의는 모든 사람에게 최소한의 인간다운 생활을 영위할 자유를 보장하고자 한 것이다.

또 한 가지 오해는 대다수의 사회주의 국가가 엄격한 폐쇄정책을 쓰기 때문에 자유를 억압하는 체제라는 것이다. 이는 사회주의에 대한 또 다른 대표적인 오해와 밀접한 관련을 가지고 있다. 그것은 사회주의 체제가 빈곤하기 때문에 불행할 수밖에 없다는 것이다.

남북한의 관계에서 볼 수 있듯이, 자본주의 국가에서는 끊임없이 개방과 교류를 제안하는 데 반해, 사회주의 국가에서는 그 제안을 계속적으로 거부하면서 정보 교류와 왕래를 엄격하게 통제한다. 게다가 사회주의 국가들이 자본주의 국가에 비해 경제적으로 풍요롭지 못한 것도 또한 사실이다. 하지만 사회주의의 폐쇄정책이 자유를 억압하기 위한 것도 아니고 사회주의 체제가 빈곤하기 때문에 반드시 불행한 것도 또한 아니다.

자본주의 사회에서는 빈부격차가 벌어지더라도 각자의 능력에 따라 소득을 올리고 그에 따라 소비하는 것이 정당하다고 생각한다. 반면에 사회주의 사회에서는 능력에 따라 노동하고 필요에 따라 소비하기 때문에 빈부격차는 존재하지 않지만, 자본주의 사회에 비해 풍요로움과 화려함에서는 뒤쳐진다. 하지만 풍요로움과 화려함이 곧 행복과 우월성을 보장해 주는 것은 아니다. 다음과 같은 가상적인 사례를 통해 생각해 보자.

우승상금 1억 원, 준우승 5천만 원, 3위 2천만 원, 완주자에게는 500만 원이 주어지는 장거리 달리기 경기가 있다. 이 경주에는 A마을 사람들 30명과 B마을 사람들 30명이 참여했다. A마을 사람들은 능력껏 달려 상금을 타기로 한다. 반면 B마을 사람들은 완주가 힘든 사람이 있으면 능력 있는 사람이 도와주기로 한다. 두 마을 사람들의 평소 사고 및 생활 방식이 달리기 경기에 반영된 것이다.

A마을 사람들 가운데 능력이 있는 사람은 우승 상금을 차지하기 위해 뒤도 돌아보지 않고 달린다. 그러나 B마을 사람들은 자기 팀에 낙오하는 사람은 없는지 살펴보고, 혹시라도 힘이 딸려 힘들어하는 사람이 있다면 그를 부축해서 함께 간다. 그야말로 팀워크를 중시하는 집단인 것이다.

합리적인 논의를 위해 양 팀에서 똑같이 열 명씩이 완주할 능력이 없다고 해보자. 결과는 쉽게 예측 가능하다. 당연히 1등에서 3등까지는 A마을 사람들이 차지한다. A마을 사람들은 20명이 완주를 하고 10명이 중도 포기한다. 반면 B마을 사람들은 누구도 등위 안에 들지 못했지만, 낙오의 위기에 처한 10명도 나머지 20명의 도움을 받아 모두가 완주한다.

1~3등까지를 휩쓴 A마을 사람들은 환호한다. 신문과 방송에서는 A마을에서 1~3등을 휩쓸었음에 초점을 맞춘다. 총 상금 액수로 따져 보아도 A마을이 벌어들인 수입은 2억 5천 500만 원으로 B마을 사람들 전체가 완주해서 받은 돈 1억 5천만 원보다 훨씬 많다. A마을 사람들은 자신들의 사고 및 생활 방식이 B마을 사람들의 그것보다 우월함이 입증되었다고 주장한다.

하지만 보다 넓은 시야를 가지고 바라본다면 그리 간단하지 않다. A마을 사람들이 벌어들인 총 수입 가운데 반이 훨씬 넘는 액수는 전체의 10%에 불과한 사람들의 몫이다. 나머지 90%의 사람들은 전체 수입의 30%정도밖에 안 되는 수입을 나누어 가진다. 게다가 전체의 30%가 넘는 사람들은 전혀 수입이 없이 사회의 낙오자가 된다. 서로에 대한 배려나 희생은 없다. 경쟁에서 처지는 것은 곧 실패한 인생을 의미한다. 인생에서 실패하지 않으려면 언제라도 남을 짓밟을 준비가 되어 있어야 한다.

반면 B마을에서는 상대적 박탈감이나 낙오자 없이 모든 사람이 비슷한 수준의 행복을 느낀다. 평소에 가족과 같은 유대를 유지해 왔을 뿐만 아니라, 그러한 사회가 바람직함을 지속적으로 교육한 덕이다. 사람들은 A마을 사람들의 몰인정하고 이기적인 모습을 보고 한편으로는 놀라고, 다른 한편으로는 인상을 찌푸린다.

그러나 이번 경기를 기회로 마을의 방침에 불만을 품는 사람들이 생긴다. 평소 기록으로 입상권 안에 들 수 있었던 사람이 몇 명 있었다. 일부는 마을의 방침에 공감하며 자신을 희생하는 것을 당연하게 여겼지만, 그 중의 한 명이 대놓고 불만을 토로하기 시작한다. 그는 입상자들이 거액의 상금을 독차지했을 뿐만 아니라, 언론의 스포트라이트가 그들에게 집중되는 것을 보았다. 그는 자신과 비슷한 처지의 사람들에게 "너희들은 아깝지도 않니? 저것이 너와 내 것이 될 수도 있었어. 우리가 이곳이 아닌 A마을에 살았더라면 말이야."

이 이야기에는 많은 내용이 암시되어 있다. 자본주의 사회의 개인주의적이고 이기주의적인 행태가 어떤 폐단을 가져올 수 있는지, 풍요로움을 자랑하는 자본주의가 왜 사회주의보다 구성원들에게 반드시 더 큰 행복을 보장해 주는 것은 아닌지, 그리고 왜 사회주의 사회는 폐쇄정책을 쓸 수밖에 없는지까지 말이다.

먼저 왜 사회주의 사회가 폐쇄정책을 쓸 수밖에 없는지부터 따져보도록 하자. 그러면 나머지 문제에 대한 대답도 줄줄이 소시지처럼 따라 나올 테니 말이다.

사회주의 사회에서는 가족과 같은 인간관계를 추구하기 때문에, 능력이 부족한 구성원까지도 함께 보듬고 가야 한다고 교육받는다. 만약 모든 사회가 다 같이 그런 이상을 추구한다면 아무 문제도 없을지 모른다. 그러나 자본주의 사회가 존재한다면 이야기는 달라진다.

B마을에도 능력이 뛰어난 사람은 있다. 그들은 사회화와 교육을 통해 자신의 능력이 자신만의 것이 아니라는 믿음을 가지게 되었기 때문에, 성과를 기꺼이 동료 구성원들과 나누고자 한다. 특별한 계기가 없었다면 그는 그렇게 소박한 믿음과 태도를 가지고 계속 살아갔을 것이다.

그러나 A마을과의 만남은 그의 신념을 뿌리째 흔들어 놓는다. 지금까지와는 다른 삶의 방식도 있음을 알게 되자, 자신의 마음속에 탐욕이 꿈틀거리며 싹트는 것을 발견하게 된다. 타인을 배려하고자 하는 마음은 탐욕에 묻혀 버린다. 그는 할 수만 있다면 A마을과 같은 곳으로 가서 살고자 한다.

달리기 경주가 아니라 실제 삶에서 능력이 뛰어난 사람들은 의사, 판검사 및 변호사, 엔지니어, 학자 등이다. 그런 사람들이 모두 다른 곳으로 옮겨가서 살고자 한다면 그 사회는 유지될 수 없을 것이다. 사회주의 사회에서 폐쇄정책을 써야 하는 첫번째 이유는 바로 이것이다.

하지만 그것 말고도 또 다른 이유가 있다. 그것은 바로 행복지수와 관련된 문제이다. 일반적으로 사람들은 많은 욕구가 충족되기만 하면 행복할 것이라고 생각한다. 그래서 연세 드신 어르신들은 핸드폰과 같은 문명의 이기를 보면, "세상 참 좋아졌어"라고 감탄하곤 하신다. 그러나 좋은 물건들이 많이 생겨나고, 생활이 옛날보다 편리해진다고 해서 보다 행복해지는 것은 절대 아니다.

앞에서 설명한 바 있지만 다시 한번 되풀이해 보자. 행복은 전체 욕구와 충족된 욕구의 비율로 결정된다. 내가 바라는 것이 열 가지가 있는데, 그 열 가지가 모두 이뤄진다면 나의 행복지수는 당연히 100이다. 전체 욕구가 10이고, 충족된 욕구 역시 10이므로 10/10, 즉 100%가 되는 것이다. 행복지수가 비례적이라는 사실은 단순히 욕구의 충족만으로는 행복해질 수 없음을 암시한다. 아무리 많은 욕구가 충족되어도 전체 욕구가 늘어난다면 행복 지수는 낮아질 수밖에 없는 것이다.

자본주의 사회에서 기업들은 혁신을 통해 경쟁에서 승리하지 않으면 도태될 수밖에 없다. 따라서 끊임없이 새로운 제품을 만들어, 그 제품이 경쟁사의 제품보다 우수함을 선전한다. 실제로 그 제품이 우수한 성능을 가지고 있을 수도 있고 단순한 판매전략으로 우수하다는 이미지를 조작해 내는 것일 수도 있지만, 여기에서 중요한 것은 그러한 홍보전략에 의해 대중들에게는 새로운 욕구가 생겨난다는 사실이다.

새로운 욕구가 생겨나면 행복지수는 줄어들게 마련이다. 줄어든 행복지수를 충족시키기 위해서는 그 제품을 구입해야 한다. 새로이 욕구를 불러일으키는 제품에 대한 구매력을 가진 사람들의 경우에는 문제가 되지 않지만, 그렇지 못한 사람들의 경우 행복지수를 유지하기 위해서는 더 많은 돈을 벌어야 한다. 새로운 기능의 제품이 나올 때마다 그런 악순환은 계속된다.

전에 내가 아는 선생님 중 한 분이 "선진국이 된다는 것은 가장 혼자서 벌어도 먹고 살던 상황에서 맞벌이를 해야만 먹고 살 수 있는 상황으로 변하는 것이다"라고 말씀하신 적이 있다. 이전에는 '필수품'이 아니었던 핸드폰, 초고속통신, 케이블 TV 등 셀 수 없이 많은 물품들이 필수품이 되었으니, 당연한 일 아니겠는가?

초등학교 시절, 내 취미 가운데 하나는 사회과부도를 보는 것이었다. 어느 나라의 면적이 우리나라보다 얼마만큼 넓고 좁으며, 어느 나라의 인구는 어느 정도이고, 어느 나라의 국민 소득은 어느 정도인지 등을 비교해 보는 것이 재미있었다. 당시 내게 가장 인상적이었던 나라는 부탄이었다. 가스 이름이 아니다. 히말라야 지대에 있는 나라 이름이다. 그 나라가 인상적이었던 이유는 일인당 국민소득이 세계 최저였기 때문이다. 나는 그 나라 사람들은 얼마나 비참할까 상상하곤 했다.

그런데 새로운 사실을 알게 되었다. 부탄 왕국 국민들의 행복지수가 우리나라 국민들의 행복지수보다 훨씬 높을 뿐만 아니라, 세계 최고 수준이라는 것이었다. 2006년 영국의 한 대학이 조사한 세계 각국의 행복도 조사에서 1인당 연간 국민소득이 1,200달러(110

만원)에 불과한 부탄 국민들의 행복 지수는 세계 8번째로 나타났다. 부탄의 30배가 넘는 국민소득을 자랑하는 미국이 23위에 불과하고, 우리나라가 102위인 점을 감안하면 놀라운 결과가 아닐 수 없다.

어떻게 그런 일이 가능할까? 영화 「웰컴 투 동막골」을 본 독자들이라면 쉽게 이해가 가능할 것이다. 동막골 사람들은 가난하지만 행복하다. 모두가 똑같이 허름한 옷을 입고, 감자와 옥수수 따위를 주식으로 하면서도, 그들은 행복한 삶을 영위한다. 이유는 간단하다. 욕구 자체가 적기 때문이다. 그들은 자신들이 가난하거나 불행하다고 생각하지 않는다. 얼마 안 되는 양식조차도 외지인에게 베풀 수 있는 여유도 가지고 있다.

헬레나 노르베리 호지가 라다크 인들의 삶을 기록한 『오래된 미래』에서도 동일한 내용을 읽을 수 있다. 해발 3,000미터가 넘는 곳에 자리잡고 있으며, 식물이 일 년에 넉 달밖에 자라지 않는 척박한 그곳 사람들도 동막골 사람들처럼 여유 있고 행복한 삶을 영위한다. 그들도 동막골 사람들처럼 자신의 마을을 찾는 사람들에게 무언가를 베풀려는 마음을 가지고 산다. 호지가 라다크에 처음 가서 가장 깊은 인상을 받은 것은 수줍게 다가와 손에 작은 열매를 쥐어 주고 달아나던 아이들의 모습이었다.

그러나 이 책의 후반부는 비극적인 내용을 담고 있다. 내 마음을 가장 아프게 했던 내용은 라다크의 개발을 담당한 책임자가 개발을 위해서는 라다크인들을 탐욕스럽게 만들어야 한다고 말했던 구절이다. 개발이 되고 외지인들의 발길이 잦아지면서 사람들이 탐욕스러워지기 시작한다. 문명의 이기가 빠른 속도로 도입되면 될수록,

새로운 욕구가 생겨나고 사람들의 행복지수는 낮아만 간다.

동막골에 넓은 도로가 뚫리고, 자동차가 다니기 시작하고, 영화관이 생기고, 전기와 상하수도가 들어오고, 카메라나 캠코더와 핸드폰을 든 외지인들이 드나들기 시작했다고 생각해 보라. 그것이 소위 말하는 개발이다. 동막골 사람들은 영화와 TV를 볼 것이고, 처음엔 신기해하던 것들이 차츰 필수품으로 자리잡게 될 것이다.

본래는 동막골 사람들에게도, 라다크 사람들에게도 돈이라는 것이 거의 필요 없었다. 기본적으로 필요한 대부분의 것들을 자급자족하거나 혹은 교환을 통해 조달했기 때문이다. 그런데 이제 새로이 필수품이 되어 버린 것들을 사기 위해서는 돈이 필요하다. 먹고 살 것만을 경작해서는 곤란하다. 게다가 농작물은 높은 값을 쳐주지 않는다. 새로운 욕구를 충족시키기 위해서는 도시에 가서 막노동이라도 해야 한다.

개발이 이루어진다면 동막골 사람들을 도시 빈민으로 전락할 수밖에 없을 것이다. 그리고 그것은 실제로 라다크에서 벌어진 일이기도 하며, 가까이는 우리나라에서 일하는 동남아 노동자들의 상황이기도 하다. 이는 왜 사회주의 국가들이 폐쇄정책을 쓸 수밖에 없는지에 대한 두번째 이유를 잘 말해 준다. 모든 사람들의 기본적인 필요를 만족을 목표로 하는 평화롭고 정적인 사회의 구성원들에게 자본주의의 화려한 겉모습은 충격적인 선망의 대상일 수밖에 없다. 사람들은 탐욕스러워지는 동시에 불행해지는 것이다.

여기에는 풍요로움을 자랑하는 자본주의가 왜 사회주의보다 구성원들에게 반드시 더 큰 행복을 보장해 주는 것은 아닌지에 대한 대답도 또한 암시되어 있다. 자본주의 사회에서도 끊임없는 신제품에 대한 욕구를 무리 없이 충족시킬 수 있는 것은 극소수의 부자들에 불과하다. 나머지 대다수는 그 욕구를 충족시켜 행복지수를 유지하기 위해 더 많은 노동을 하거나 혹은 불행을 감수한 채 욕구 충족 자체를 포기해야만 한다.

탐욕과 이기주의가 제도화된 자본주의 사회에서는 그들을 배려하지 않는다. 오히려 가난은 무능하고 게으른 탓이라는 질타의 이유일 뿐이다. 한 쪽에서는 수천만 원짜리 옷을 부담 없이 사 입고, 다른 한 쪽에서는 수천 원짜리 옷도 함부로 사지 못한다. 보다 심각하고 비극적인 것은 그런 상황이 대물림되는 것을 막기가 힘들다는 사실이다.

사회주의는 자본주의의 이런 폐단을 비판하며 등장했다. 그리고 이런 사회주의의 비판이 있었기 때문에 인류는 데모크라토피아를 향한 여정을 계속할 수 있었다. 표면적으로는 자본주의가 승리하고 사회주의는 몰락했다. 그러나 역사상의 모든 승리가 그렇듯이 그것은 일방적인 승리가 아니었다. 기독교가 세계 종교로서 자리매김할 수 있었던 것은 여타 종교들의 비판과 장점을 수용했기 때문이었다. 유교는 한나라 때 중국의 국교가 되었지만, 이미 이전의 유교와는 달리 다른 모든 학파의 사상을 종합한 모습을 갖추고 있었다.

마찬가지로 우리가 살고 있는 21세기에는 어느 나라도 사회주의 등장 이전과 같은 형태의 자본주의를 행하지도, 추구하지도 않고 있다. 사회주의 그 자체가 완벽한 사상은 아니었다고 하더라도, 자본주의의 폐단을 비판하고 그에 대한 변증법적 발전의 길을 열어 준 것이야말로 사회주의의 공적이다. 사회주의의 정신을 올바로 이해하고, 또 오해에 대해서 변명을 해주는 것은 그 공적에 대한 최소한의 예의일 것이다.

사회주의의 오류들

사회주의는 결국 몰락했다. 일반적으로 사회주의 붕괴의 원인은 이윤 동기 부여의 실패에 의한 가난과 불행 때문으로 여겨진다. 능력과 무관하게 동등하게 분배에 참여할 권리를 부여함으로써, 능력이 있는 사람이나 능력이 없는 사람이나 열심히 일하고자 하는 마음을 가지지 않게 된다. 따라서 사회 전체적인 생산량이 감소하게 되고, 구성원 각자에게 돌아가는 몫 또한 작아질 수밖에 없다는 것이다.

물론 사회주의 사회는 자본주의 사회에 비해 가난할 수밖에 없으며, 이 또한 사회주의 몰락의 원인 가운데 하나라고 보아도 마땅하다. 그러나 절대 빈곤에만 이르지 않는다면, 가난이 곧 불행을 의미하는 것은 아님은 앞에서 몇 차례 설명한 바와 같다. 따라서 사회주의 몰락의 원인을 오직 그것만으로 치부하기에는 무리가 있다.

생산력과 관련된 또 다른 원인 가운데 하나는 자본주의와의 대결 구도이다. 양 체제 모두는 상대방의 존재를 부담으로 여기고, 자신의 체제를 확장시키고자 노력해 왔다. 이러한 상황에서는 모든 분야, 그 가운데에서도 특히 군사력에 있어서의 경쟁이 필연적이며, 자본주의 국가에 비해 생산력이 떨어지는 사회주의 국가로서는 이중적인 부담에 시달릴 수밖에 없다는 것이다.

하지만 사회주의가 몰락하게 된 가장 중요한 이유는 대다수의 사회주의 국가들이 이념과는 달리 평등하게 운영되지 않아 왔다는 사실에 있다. 제도가 아니라 사람에 의한 운영이 이루어졌기 때문이다. 모든 사회주의자들의 스승인 맑스는 자본주의가 몰락하고 사회주의가 도래할 것임을 예측했으나, 사회주의 국가가 어떻게 건설되고 운영되어야 할지에 대해서는 거의 이론화해 놓지 못했다.

사실 맑스의 예언은 애초부터 엇나가기 시작했다. 자본주의는 몰락하지 않았고, 사회주의 혁명도 자본주의가 무르익은 곳이 아닌 러시아에서 처음 일어났다. 러시아 혁명의 지도자이자 맑스 이후 가장 탁월한 사회주의 사상가 가운데 한 사람인 레닌은 혁명의 완수에는 성공했지만, 새로운 사회를 건설하는 작업이 막 시작될 무렵에 세상을 뜨고 말았다.

레닌의 뒤를 이은 스탈린은 무자비한 공포정치를 행했다. 사회주의의 목표가 개인의 자유를 말살하는 것이 아니라 적극적 자유의 확산임은 앞에서 말한 바와 같다. 그러나 스탈린은 '프롤레타리아(노동자) 독재'라는 명분하에 권력을 마음대로 휘둘렀다. 스탈린은 혁명에 함께 가담했던 동지들을 반대파로 몰아 숙청했을 뿐만 아니라, 수백만 명의 농민을 학살하기도 했다. 피해자가 몇 명인지는 아직도 밝혀지지 않을 정도이다.

모두가 평등한 사회를 만들려는 이상은 공산당 일당 독재체제로 변질되고 말았다. 다른 사회주의 국가에서도 사정은 다르지 않았다. 권력을 잡은 집단은 맑스와 레닌을 숭배했지만, 정작 그들이 목표했던 것과는 전혀 다른 사회를 만들어 놓고 말았다. 그들은 신의 뜻을 빙자해 제멋대로 권력을 휘두르던 중세의 교회와 다를 바 없었던 것이다.

맑스에 대한 신격화는 과거보다 더 심한 형이상학적 독단을 낳았다. 사회주의자들은 맑스가 남긴 말과 글을 금과옥조로 여겼다. 맑스의 말과 글은 그들에게는 성경이었던 것이다. 하지만 성경은 어디까지나 경전일 뿐, 현실의 문제를 해결하기 위해서는 그에 대한 해석이 필요하다.

해석은 언제나 해석자에 따라 차이가 나기 마련이다. 사회주의 국가에서는 그 해석을 공산당이나 권력자가 독점하였다. 성경에 대한 해석을 독점하는 것이 세속의 권력을 장악하기 위한 것이었던 것처럼, 맑스에 대한 해석을 독점하는 것도 또한 지배체제를 공고히 하기 위한 것에 불과했다. 면죄부가 신의 뜻이 아니라 탐욕스런 중세 성직자들의 뜻이었던 것처럼, 사회주의 국가들도 대부분 맑스가 꿈꾸던 이상이 아니라 권력자들의 뜻에 따라 운영되었다.

이와 관련하여 주목해 보아야 할 문제는 사회주의 이론의 자기 모순적인 성격이다. 사회주의자들은 인간의 이성이 신과 같이 모든 상황의 제약으로부터 자유로울 수 있다는 전통적 인간관을 배격하고, 인간의 이성을 포함한 세상의 모든 존재가 변증법적으로 발전할 수밖에 없다고 주장하였다.

하지만 또 다른 한편으로는 인간 사회가 원시 공동체 사회 → 노예제 사회 → 봉건제 사회 → 자본주의 사회를 거쳐 결국에는 공산주의 사회에 이를 것이라고 주장한다. 이는 창조 → 타락 → 종말을 예언하는 기독교의 직선 사관과도 유사하다. 인간 사회는 정해진 목적지를 향해 나아갈 수밖에 없다는 것이다.

그러나 아주 쉽게 생각해서, 세상의 모든 것이 변증법적으로 발전한다면, 설사 그들의 예언처럼 공산주의 사회가 도래한다 해도, 그것은 또 다시 새로운 안티테제에 직면할 수밖에 없다. 그리고 이후에도 변화와 발전은 계속될 것이다. 변증법적 발전을 인정한다면 만에 하나 공산화된 세계가 도래했다 해도 그 자신도 또한 부정될 수밖에 없는 운명임을 인정했어야 하며, 직선 사관을 고수하려 한다면 역사의 변증법적 발전에 대한 주장을 포기했어야 하는 것이다.

이러한 비판은 맑스를 신격화하는 태도 자체에도 그대로 적용된다. 맑스의 주장이 옳다면, 그 자신의 이론도 절대적인 것일 수 없다. 세상 모든 것이 변증법적으로 발전해 나간다면, 그의 이론도 변증법적 발전 과정의 일환일 뿐이며, 또 다른 이론에 의해 극복되고 지양될 수 있어야 하기 때문이다.

또 다른 이론적인 문제점은 인간관에 대한 것이다. 앞에서 설명한 것처럼 사회주의에서는 전통적인 이원론적 인간관을 거부하고, 유물론에 기반한 결정론적 인간관을 내세운다. 일찍이 데카르트는 동물이 기계와 같다고 주장했지만, 유물론적 사고를 받아들일 경우, 인간도 기계와 다를 바 없는 존재가 된다.

과학이 발달하여 인공지능이 완성된다면, 인간도 결국 기계와 같은 존재에 불과함이 밝혀질지도 모른다. 그러나 설사 그것이 입증된다 해도, 우리가 유물론적 세계관을 쉽게 받아들일 수 없는 이유가 있다. 유물론적이고 결정론적인 설명에는 세상의 모든 일들이 이미 필연적으로 정해져 있다는 숙명론이 내포되어 있다. 그에 따르면 우리 모두는 세계라는 커다란 기계의 부속품에 불과하며, 자신과 사회의 삶을 개척하기 위한 노력은 물거품이 되고 만다.

한 가지 흥미로운 점은 맑스의 예언이 실패하는 데 결정적 역할을 한 것이 바로 맑스 자신일 가능성이 높다는 사실이다. 자본주의의 모순을 연구하여, 자본주의가 필연적으로 몰락할 수밖에 없다는 예언을 한 맑스의 이론은 실패할 수밖에 없었다. 그의 이론이 허술한 것이었다면 논할 가치조차 없었겠지만, 그의 이론이 치밀하고 정합적일수록 자본주의의 옹호자들에게는 강력한 경고 메시지가 되었을 것이기 때문이다.

맑스의 경고 메시지를 전달받은 자유주의와 자본주의는 맑스의 예언과 달리, 하지만 맑스의 변증법적 발전 이론에 따라 새롭게 진화하게 된다. 그리고 자유주의와 자본주의의 진화는 데모크라토피아를 향한 여정의 현재 진행형인 복지국가의 탄생을 의미하는 것이었다.

4 _ 데모크라토피아를 향하여

사회주의의 외침은 엄청난 반향을 몰고 왔다. 진정한 자유도 평등을 통해서만 성취될 수 있다는 사회주의의 주장은 소외받는 모든 계층을 대표하는 것으로 여겨졌다. 노동자, 농민, 여성뿐만 아니라 제국주의의 식민통치에 신음하고 있던 많은 나라의 양심적 지식인들과 독립 운동가들 다수가 사회주의 사상으로 무장했다.

우리 역사의 기막힌 비극도 또한 여기에서 출발한다. 일제의 앞잡이 노릇을 하던 동족 악질 순사들에게 쫓기던 독립 운동가들이 해방된 조국에서 다시 동일 인물에게 쫓기는 어처구니없는 신세가 된 것이다. 독립 운동가들 가운데 상당수는 일본 제국주의의 지배를 거부하고 비판하기 위해 사회주의 사상으로 무장했으며, 남한을 점령한 미국은 한참 성장하고 있는 사회주의를 억누르기 위해 일본의 앞잡이들을 다시 고용한 것이다.

상황은 여기에서 그치지 않았다. 해방 전후의 역사에 대해 어느 정도의 지식을 가진 사람이 아니라면 믿기 힘든 일이겠지만, 미군정이 실시한 한 여론조사에서는 남한 국민의 70% 이상이 사회주의를 지지한다고 대답할 정도였다. 대중들이 존경하는 양심적 지식인들 다수가 사회주의 노선을 택했을 뿐만 아니라, 대중들 자신도 모두가 평등한 사회를 갈망했기 때문일 것이다.

이와 같은 현상은 비단 우리나라에만 국한된 것이 아니었다. 자유주의자들도 이전과 같은 주장을 고수할 수만은 없게 되었다. 경제적 평등에 대한 사회주의의 요구를 전적으로 무시하다가는 자유주의의 존립 자체가 위협받을 수도 있었다. 자유주의가 생존을 위해, 그리고 나아가 사회주의와의 대결에서 승리하기 위해 택할 수밖에 없었던 길은 '자기 변화'였다. 그리고 그것 역시 인류 역사가 변증법적으로 발전하는 과정의 일부이기도 했다.

과거 이연걸이 주연한 한 무협영화를 보다가 '흡성대법'이라는 권법에 커다란 인상을 받은 적이 있다. 그것은 말 그대로 상대방이 가진 기술과 내공을 흡수해서 자신의 것으로 만드는 것이니, 실제로 그것을 익힌 사람이 있다면 아무도 그를 상대할 수 없으리라. 만약 상대방의 장점을 수용하지 못하고 온전히 적대시하는 태도로만 대한다면, 설사 상대방을 꺾을 수 있다 해도 자신 역시 치명적인 상처를 입을 수밖에 없을 것이다.

이는 무술에서뿐만 아니라 사상사에서도 마찬가지이다. 서로 다른 두 가지 이론이 충돌할 때, 한 이론이 다른 이론을 누르고 주도적인 지위를 차지하기 위해서는 상대 이론의 장점을 흡수할 수밖에 없다. 서로 대적하던 두 이론의 장점이 더해져서 새로운 이론이 형성됨으로써 인류의 역사는 발전을 이루게 된다.

자유주의는 사회주의의 장점을 흡수하고 그를 통해 자신의 단점을 교정해 나감으로써 결국 사회주의에 승리하게 된다. 사회주의로부터 받아들인 내용은 보다 광범위하고 실질적인 평등에 대한 요구, 아직 형이상학적 틀을 벗지 못한 인간관에 대한 교정, 인간 인식의 한계에 대한 반성 등이다. 이러한 과정을 통해 등장한 것이 바로 복지국가인 것이다.

복지국가에서는 국가가 모든 국민에게 행복한 생활을 영위하기 위한 최소한의 여건을 제공한다. 의식주뿐만 아니라 의료와 교육 등에 있어서 누구도 절대 빈곤의 상황에 빠지는 일이 없도록 보살피는 것이다. 그러기 위해서는 돈이 필요하고, 그에 필요한 재원은 사회 구성원들로부터 거두어 들인 세금에서 나온다.

물론 국민 가운데 일부는 스스로의 생활을 영위하고 남을 정도의 경제적 능력을 가지고 있고, 일부는 자신과 가족만을 부양할 수 있을 정도이며, 나머지는 그나마도 어려운 사람들일 것이다. 그렇다면 자신과 가족만을 부양할 수 있는 사람들은 국가 운영에 필요한 경비만을 부담할 것이며, 스스로의 부양도 어려운 사람들에게는 그것마저도 면제할 필요성이 생긴다. 역으로 많은 여유를 가지고 있는 사람들에게는 더 많은 세금을 거두어야지만 어려운 사람들을 부조함으로써 모든 국민들에게 최소한의 여건을 보장해 줄 수 있다.

보다 많은 소득을 올리는 사람이 보다 많은 세금을 부담함으로써 어려운 계층이 소득을 이전받을 수 있도록 하는 이런 제도를 누진세 제도라고 한다. 현재는 세계의 거의 모든 나라가 복지국가를 지향하고 있으므로 누진세 제도가 당연해 보일지도 모른다. 그러나 국가의 역할을 최소한으로 제한하고자 한 고전적 자유주의의 입장에서 보면 이는 개인의 자유를 보호하기 위해 만들어진 국가가 도리어 재산의 자유를 침해하는 만행에 불과하다.

복지국가란 자유주의와 사회주의가 변증법적으로 발전을 이루어 낸 결과물이다. 그러나 부정적인 시각으로 본다면 사회주의와의 대결 구도에서 살아남고 승리하기 위한 자유주의의 기만적 전술이라고도 할 수 있다. 자본주의의 모순이 격화되어 혁명이 일어나기 전에 빵을 조금 떼어 줌으로써 모순을 은폐하고 혁명의 의지를 둔화시키려는 목적을 가진 것이라고 할 수도 있는 것이다.

이제 평등에 대한 요구는 거부할 수 없는 조류가 되었지만, 모든 종합적이고 중도적인 사상이 그러하듯 복지국가를 추구하는 자유주의자들은 진보와 보수, 양쪽 모두로부터 공격을 받게 된다. 복지국가라는 목표가 자유주의의 이념과 어긋나지 않는 동시에 '정의'(justice)라는 지고의 가치와도 합치한다는 사실을 보여 줄 필요가 있었다. 그러한 과제를 수행한 사람이 바로 20세기 철학의 거목인 존 롤즈(John Rawls)였다.

이성적인 인간이라면 사회가 정의로워야 한다는 것은 누구도 부인할 수 없다. 부자이든 가난한 사람이든, 남성이든 여성이든 말이다. 정의로운 사회라는 목표는 우리 모두가 '합의'를 통해 도출해 내게 될 자유주의적인 이상사회라고 할 수 있는 것이다. 롤즈는 복지국가야말로 이러한 정의로운 사회에 해당함을 보여 주고자 한다.

정의가 지고의 가치임은 누구도 부인할 수 없지만, 문제는 사람들마다 그 '정의'에 대한 견해가 다르다는 사실이다. 임금 협상을 생각해 보자. 노동자든 사용자든 간에 정의로운 결과를 도출해야 한다는 점에 대해서는 동의하지만, 구체적으로 임금을 어느 정도나 올리거나 혹은 내려야 하는지에 대해서는 합의를 도출하기가 쉽지 않다. 누진세를 통해 소득을 재분배하는 문제에 대해서도 부자는 재분배를 하지 않는 것이 정의라고 할 것이고, 가난한 사람은 그 반대일 것이다.

누구나 자신에게 유리한 정의관을 받아들이고자 하는 것은 인지상정이다. 이런 일이 생겨나는 이유는 자신의 몫이 어느 쪽인지를 알고 있기 때문이다. 자신의 몫이 어느 쪽이 될지를 이미 알고 있는 상태에서 공정하고 정의로운 판단을 내리기는 힘들다. 편견을 배제한 공정한 판단을 내리는 방법은 없을까? 이에 대한 중요한 시사점을 제공해 주는 것이 케이크 나누기의 일화이다.

A와 B 두 사람이 케이크를 나누어 먹어야 하는 상황을 생각해 보라. 물론 케이크가 매우 커서 두 사람 모두가 마음껏 배불리 먹을 수 있다면 아무 문제가 없다. 그러나 인류 역사상 모든 사람의 욕구를 충족시킬 만큼 재화가 풍부한 적은 없었다. 따라서 두 사람이 나누어 먹어야 하는 케이크의 크기는 아주 작은 것으로 가정하는 것이 마땅하다.

A는 오른쪽을, B는 왼쪽을 가지기로 정해져 있다면 서로 자신이 가지게 될 몫을 크게 하려고 노력할 것이다. 그리고 갖은 이유를 대면서 그것이 정의의 원칙에 합치한다고 주장할 것이다. 마치 노동자는 더 많은 임금을 받는 것이 정의에 합치한다고 주장하고, 사용자는 그 반대라고 주장하는 것처럼 말이다.

두 사람 모두가 불만을 제기할 수 없도록 케이크를 공정하게 나누는 방법은 무엇일까? 어릴 때 형이나 동생과 빵을 나누어 먹으면서 다투어 본 경험을 떠올린다면 쉽게 해법을 찾을 수 있을 것이다. 형은 자신이 빵을 둘로 나누어 동생의 몫을 정해 주고자 한다. 그러나 동생은 언제나 자신의 몫이 작아 보이기 때문에 불만을 가지기 마련이다. 동생은 형의 몫을 자신에게 달라고 떼를 쓰고, 결국 형에게 꿀밤을 한 방 먹고 울음을 터뜨린다.

동생이 불만을 가진 이유는 둘로 나누는 것도, 누가 어느 쪽을 가질 것인가도 형이 결정하기 때문이다. 형이 나누었다고 해도, 동생에게 먼저 선택권을 준다면 불만을 가질 이유는 없다. 케이크를 공정하게 나누는 방법도 여기에서 찾을 수 있다. 칼자루를 쥐고 케이크를 나누는 사람이 나중에 선택을 한다면, 다시 말해서 자신의 몫을 알지 못한다면 그가 자신의 몫을 가장 크게 하는 유일한 방법은 케이크를 최대한 똑같이 나누는 것밖에 없다.

칼자루를 쥐지 않은 사람에게 우선 선택권이 주어졌으므로, 그는 자신에게 유리한 선택을 하면 그만이다. 반면 케이크를 나누는 사람도 자신이 공정한 분배를 했다면 나머지 하나를 가지는 데 불만이 있을 수 없다. 칼자루를 쥔 사람이 최대한 공정하게 분배를 하도록 하고자 한다면 그 사람에게 어떤 몫이 돌아갈지를 알 수 없도록 해야 하는 것이다.

노동자와 사용자의 사례에서도 양 측에게 최면을 걸어 자신이 사용자인지 노동자인지 알 수 없게 만든다면 어떤 상황이 올까? 케이크 분배에서 칼자루를 쥔 사람처럼 최대한 공정한 분배를 하기 위해 노력할 수밖에 없을 것이다.

우리 모두가 자신이 부자인지 가난한지, 남성인지 여성인지, 흑인인지 백인인지, 도시에 살고 있는지 촌에 살고 있는지 등의 조건을 잊을 수 있다면 사회를 어떻게 운영해야 할지에 대해 보다 쉽게 합의를 이끌어 낼 수 있을 것이다. 롤즈는 그런 상황을 "무지의 베일" 뒤의 "원초적 입장"이라고 부른다.

사회적 규칙을 계약과 합의의 산물로 간주한다는 점에서 롤즈는 여전히 자유주의의 전통에 서 있다. 그러나 그는 합의의 주체가 현실의 개인이 아니라, 모든 편견에서 벗어난 사려 깊은 개인이어야 한다고 주장한다는 점에서 그는 이전의 자유주의자들과 선을 긋는다. 그리고 그 결과 자유주의자들로부터도 공격을 받을 정도로 진보적인 입장을 취하게 된다. 편견에서 벗어난 사려 깊은 개인과 진보적 입장은 어떤 관계가 있을까?

노사 간의 임금 협상에서 양자 모두는 자신이 더 많은 몫을 가지는 것이 정당하다고 주장한다. 그러나 자신이 노동자 계층에 속하는지 사용자 측에 속하는지를 알 수 없게 된다면 일단 보다 신중한 태도를 취할 수밖에 없다. 그렇다면 무지의 베일 뒤의 원초적 입장에 설 경우 사람들은 어느 쪽의 이익을 옹호하게 될까?

모든 사람들이 무조건 약자의 편에 서리라고 생각하는 것은 곤란하다. 그러나 한 가지 분명한 사실은 모든 사람이 약자에 대한 최소한도의 배려를 잊지는 않을 것이라는 사실이다. 무지의 베일에서 벗어났을 때 자신이 그 약자의 처지에 서게 될지도 모르기 때문이다. 반항하는 노동자들은 무조건 때려잡아야 한다고 주장하는 사용자에게 최면을 걸어 그가 노동자인지 사용자인지 모르게 해놓고 노동자를 어떻게 대하는 것이 정당한지 질문해 보는 경우를 생각해 보면 쉽게 이해할 수 있을 것이다.

무지의 베일을 벗었을 때 자신이 왕일지 노예일지 알지 못한다면 노예 제도에 반대할 것이고, 남성일지 여성일지 모른다면 여성을 무시하지 않을 것이며, 백인일지 흑인일지 알지 못한다면 흑인에게도 동등한 인권을 부여해야 한다고 말할 것이다. 마찬가지로 자신이 부자일지 가난한 사람일지 알지 못한다면, 가난한 사람들을 배려하고 그들에게 기회를 줄 수 있는 사회 제도를 만들어야 한다는 점에 쉽게 동의할 수 있을 것이다.

무지의 베일 뒤에서 약자에 대해 배려하는 것은 그들의 본성이 선해서가 아니다. 자신에게 가장 유리한 상황을 만들기 위해 케이크를 최대한 균등하게 분배해야 하는 사람처럼, 무지의 베일 뒤에 있는 사람들이 공정하고 정의로운 제도를 만드는 것도 자신의 이익을 최대화하기 위해서이다. 그들은 오직 이기적이고 합리적인 동기하에 행동하고 있을 뿐인 것이다.

누진세의 경우를 생각해 보자. 합리적인 개인이라면 무지의 베일 뒤의 원초적 입장에서 누진세를 통한 복지 제도에 합의하게 될 것이다. 베일을 벗었을 때 자신이 부자일 확률은 가난한 사람일 확률보다 매우 적다. 부자를 위한 규칙을 만들 경우, 자신이 부자임이 밝혀진다면 좋겠지만, 만일 가난한 사람임이 밝혀진다면 아주 좋지 못한 상황에 처하게 될 것이다. 부자를 위한 법을 만들 경우 좋지 못한 상황에 처하게 될 가능성이 그 반대보다 월등히 높은 것이다.

반대로 가난한 사람을 위한 법을 만들 경우, 부자임이 밝혀진다면 자신의 몫을 나누어 주어야 한다는 생각에 약간의 아쉬움을 느끼겠지만, 가난한 사람임이 밝혀진다면 안도의 한숨을 내쉬게 될 것이다. 결국 부자를 위한 규칙을 만들 경우 무지의 베일을 벗어 보면 좋지 못한 상황에 처할 확률이 매우 높은 반면, 가난한 사람을 배려하는 규칙을 만들 경우에는 좋지 못한 상황에 처할 확률은 없어지는 것이다.

상황을 더욱 안전하게 만들기 위해서는 사회의 최하층에 있는 사람들에 대한 배려를 잊어서는 안 된다. 미래가 불확실할 경우 합리적인 사람이라면 자신에게 최악의 상황이 닥칠 경우를 대비하기 마련이다. 무지의 베일 뒤의 합리적 개인은 자신이 사회의 최하층일 경우에 대비해서 그들을 배려하는 규칙에 합의할 것이다.

이전의 자유주의자들과 달리 롤즈는 개인적이고 집단적인 편견에서 벗어난 객관적 입장에서 사회의 규칙에 합의해야 한다고 주장한다. 그리고 합리적인 사람이라면 그러한 상황에서는 사회적 약자를 배려하는 규칙을 정하는 데 동의할 것이라고 말한다. 자유주의가 진화하여 평등에 대한 요구를 수용하고 복지국가를 정당화하게 된 것이다.

자유주의의 스펙트럼은 매우 넓어졌다. 롤즈는, 비록 자유주의자이기는 하지만, 우리나라에서는 '빨갱이'라고 불릴 수 있을 정도로 진보적인 주장을 내세운다. 이제 이전의 자유주의는 자유지상주의 혹은 자유방임주의라 불러 마땅해졌으며, 한 쪽만을 대표하는 극단적인 사상으로 전락해 버렸다.

| 복지국가의 인간관 |

사상사는 형이상학적 절대주의로부터, 그리고 상하 위계적인 지배 구조를 정당화해 주는 역할로부터 벗어나는 방향으로 발전해 왔음을 알 수 있다. 형이상학적이고 절대주의적인 사고로부터 벗어날 때 평등을 요구하는 목소리가 보다 커지는 것이 당연함을 생각해 볼 때 두 가지 발전상은 동전의 양면이라고 할 수 있다.

독자 여러분들은 아마도 다음과 같은 의문을 가질 수 있을 것이다. 형이상학적 절대주의가 타파되는 것은 민주주의의 발전과 밀접한 관련이 있지만, 이 책 후반부의 상당 부분을 차지하는 소득 재분배니 복지국가니 하는 문제가 도대체 민주주의와 무슨 관련이 있단 말인가? 필자가 논점을 일탈해 버린 것 아닌가?

그러나 복지국가는 진정한 민주주의를 위한 최소한의 조건이다. 다시 말해서 생존의 기본적인 조건에 대한 보장이 없다면 진정한 민주주의란 있을 수 없는 것이다. 경제적 평등과 민주주의의 관계를 보다 정확히 이해하기 위해서는 복지국가에서 전제하고 있는 인간관이 전통적인 형이상학적 인간관과 기계론적이고 유물론적인 인간관의 변증법적인 통일임을 이해할 필요가 있다.

동서를 막론하고 전통적인 견해에 따르면 인간은 다른 모든 피조물과 달리 자신의 영혼 속에 신의 섭리 혹은 우주의 이치를 품부받은 만물의 영장이다. 그는 자신의 존재 가치를 인식하고 가치 있는 삶을 추구하는 유일한 존재이다. 그런 측면에서 오직 인간만이 자유로운 존재이기도 하다.

그러나 이러한 전통적 견해가 형이상학적 절대주의와 밀접한 관련이 있음은 앞에서 지적한 바와 같다. 그리고 형이상학적 절대주의하에서는 모든 인간이 동등한 이성적 능력을 가졌음을 인정할 수 없다는 이론적 문제점이 있다는 점도, 그리고 경제적 평등에 대한 요구를 무능한 개인들의 불평쯤으로 치부하는 태도의 문제점에 대해서도 앞에서 설명한 바 있다. 따라서 전통적 인간관은 데모크라토피아를 지향하는 우리들의 올바른 인간관이 아님이 분명하다.

반면 자유의지론의 안티테제로 등장한 기계론적이고 유물론적인 인간관은 형이상학의 독단을 배제하고 인간과 사회를 보다 현실적이고 과학적으로 이해하는 데 크게 기여하였다. 그러나 그러한 견해를 일관되게 견지할 경우, 인간은 생물학적 특성과 환경의 노예로 전락해 버린다. 기계와 다를 바 없는 존재가 되어 버리는 것이다.

스스로 판단하고 결정할 능력을 갖추지 못한 존재들에게 민주주의란 불필요할 뿐만 아니라 불가능한 것이기도 하다. 그들은 보다 나은 삶을 위한 노력조차도 하지 못하고, 주어진 숙명에 따라 살아가는 존재에 불과하다. 그들에게 스스로 계획하고 결정하며 책임지는 삶이란 불가능하다. 이 역시 데모크라토피아에 적합한 인간관일 수 없다.

인간의 정신을 절대적으로 자유롭고 신적인 존재로 상정하는 입장도, 인간의 정신세계 자체를 부인하는 입장도 지나치게 극단적이고 비현실적이며 편협한 견해에 불과하다. 우리가 지향해야 하는 사회의 바람직한 인간관은 이 두 가지 극단적 주장의 변증법적 통일이다. 그리고 복지사회 또한 그러한 인간관에 기초하고 있다.

두 가지 극단적인 견해에 그와 같은 문제가 발생하는 이유는 우리가 인간으로 '태어난다'고 생각하기 때문이다. 우리는 이성이라는 독립된 기관을 가진 신적인 존재이거나 혹은 동물이나 기계나 다를 바 없는 존재로 태어나며, 그러한 운명을 받아들이고 살아간다는 것이다. 그러나 우리는 인간으로 태어나는 것이 아니라 사회 속에서 "인간이 되어 간다." 인간이 이성적 존재로 태어난다면, 모글리와 같은 존재가 이성적 능력을 발휘하지 못할 리가 없다. 한편, 인간에게 유전적이고 사회적인 환경이 커다란 영향을 미친다는 사실을 부인할 수는 없지만, 유전적이고 사회적인 환경의 제약을 극복한 사람들의 사례를 발견하기란 어렵지 않다. 동일한 환경에서 자란 일란성 쌍둥이라도 항상 동일한 삶을 살지는 않는다.

인간도 태어날 때에는 동물과 전혀 다를 바 없다. 갓난아이는 오직 본능에 따라서만 행동한다. 그에게 자율적인 가치판단을 요구하는 사람은 제정신이 아니다. 그러나 인간이 평생을 그 상태로 살아가는 것은 아니다. 사회 속에서 언어를 통해 '축적된 지혜', 즉 문화를 학습하면서 다양한 행동 방식과 그에 대한 가치 판단법을 배우게 된다.

물론 인간만이 이러한 학습 능력을 가진 것은 아니다. 개나 고양이에게도 이런저런 방법을 통해 간단한 규범을 가르칠 수 있다. 동물 애호가들은 애완동물에 대한 성공적인 배변 훈련과 같은 경험을 기초로 학습 능력이 인간과 동물을 가르는 기준이 될 수 없다고 주장하기도 한다. 그리고 그 주장이 완전히 그릇된 것은 아니다.

그러나 인간의 학습 과정은 동물의 그것과 전혀 다르다. 동물에게 규범에 대한 학습이란 주입과 암기를 의미할 뿐이다. 물론 인간에게도 학습은 주입과 암기에서 시작한다. 하지만 학습의 기간과 양이 늘어날수록 인간과 동물은 차이를 보이기 시작한다. 일정량의 단순한 규범만을 학습할 수 있는 동물과 달리 인간은 거의 무한한 학습 능력을 가지고 있으며, 자신이 학습한 내용들을 비교하고 그 가운데에서 보다 나은 것을 선택하기 시작한다.

비교하고 선택하는 능력은 매우 서서히 생겨나고 무르익어 간다. 오직 자율적이고 도덕적인 존재만이 보다 바람직한 삶을 선택할 수 있다. 그리고 자율적이고 도덕적인 존재는 스스로의 행동에 대해 책임을 지게 된다. 우리는 사회화의 과정을 통해 자율적이고 도덕적인 존재, 즉 인간이 되는 것이다.

자신의 의지와 무관한 외적인 힘에 의해 좌지우지되는 사람이 민주사회의 시민일 수는 없다. 데모크라토피아를 지향하는 사회에서는 마땅히 모든 구성원들이 자신의 행동에 대해 책임을 지는 자율적 존재가 될 수 있어야 한다. 그리고 태어날 때 동물과 다를 바 없는 존재가 인간이 되기 위해서는 사회화 과정을 통해 인간다운 삶을 살 기회가 충분히 주어져야 한다. 그 역할은 국가와 사회가 져야 하며, 그러한 역할을 할 수 있는 국가가 바로 복지국가인 것이다.

회의주의에 기반한 대화와 소통, 그리고 진보

형이상학이 지배하던 세계에서는 지각할 수 있는 세상 '너머'에 보편적이고 절대적인 진리가 존재하는 것으로 간주되었다. 보편적 진리의 존재에 대한 주장은 필연적으로 진리에 대한 인식을 독점하고 있다고 주장하는 소수의 지배에 대한 정당화와 맞물려 있었다.

그러나 형이상학적이고 목적론적인 세계관이 기계론적인 근세의 세계관으로 바뀌면서, 철학의 주된 관심은 존재에 대한 질문에서 "진리가 존재한다면, 누가 어떻게 그 진리를 인식할 수 있는가?"라는 인식론적 문제로 전환되었다.

이에 대답하는 두 가지 방식인 합리론과 경험론 가운데 경험론이 득세하게 되었다는 사실은, 절대적 진리를 포기해야 한다는 논리적 결론을 예비하는 것이었다. 그 관점에서 본다면 정치적 영역에서 계약론을 내세우는 자유주의의 등장은 당연한 과정이었을 것이다.

그러나 경험론자든 자유주의자든 근대의 사상가들이 포기할 수 없었던 것은 인간이 다른 종과 구분되는 고귀한 존재라는 생각이었다. 그러한 생각의 이면에는 인간의 이성이 신에 의해 부여된 것이라는 형이상학적 사고의 잔재가 깔려 있었다. 사회주의자들은 유물론적인 사고를 통해 자유로운 신적 이성의 존재를 부인하고, 모든 형이상학적 잔재를 제거하려 하였지만, 그들의 사회주의에 대한 절대적 신뢰는 그들 또한 형이상학의 절대론적이고 독단적인 측면에서 완전히 자유롭지 못함을 보여준다.

절대주의의 완벽한 몰락은 20세기와 더불어 찾아온다. 20세기초, 인류가 범한 두 번의 어이없는 과오는 인간의 합리성에 대한 신뢰를 뿌리째 흔들기에 충분했다. 단순히 자국과 자민족의 이익을 위해 동족을 죽인 행위, 그 가운데에서도 특히 단지 다른 민족이라는 이유만으로 수백만의 유태인을 학살한 독일인들의 만행은 인간이라는 존재 자체에 대한 반성을 낳게 만들었다.

물론 여기에도 또 따져물어야 할 것이 있다. 이미 그 전에 몇 십 배나 많은 흑인들이 노예화 과정에서 무고하게 죽어 간 사건은 왜 그런 반성을 불러일으키지 못했냐는 것 말이다. 대답은 간단하다. 당시에는 흑인들을 인간으로 보지 않았던 것이다. 어찌 그럴 수가 있느냐고 묻고 싶겠지만, 현재에도 서구인이 비서구인을, 남성이 여성을, 그리고 심지어는 우리나라 사람들이 외국인 노동자를 바라보는 시선을 반성적으로 바라본다면 그에 못지않은 놀라운 결론을 얻게 될 것이다.

어쨌든 20세기는 상대주의의 시대였다. 역사, 문화, 그리고 심지어는 과학에 이르기까지 인간의 모든 이론은 상대적일 수밖에 없다는 주장이 득세했다. 상대주의자들은 자신들의 주장이야말로 과거의 독단과 폭력에 대한 신랄한 비판이자 겸허한 자기반성이며, 오직 상대주의의 정신을 통해서만 겸손과 관용의 문화가 꽃필 수 있다고 주장한다.

얼핏 보면 중고등학교 교과서에 등장할 정도로 그럴싸해 보이는 이 주장이 자기 모순적임을 알 수 있는 것은 또 다시 '따져묻기'의 결과임을 주목하라. 상대주의자들은 모든 것이 상대적이라고 주장한다. 그리고 이는 곧 어느 것에 대해서도 우열을 가릴 수 없다는 말과 같다. 이런 주장에 대해 피상적인 느낌만을 고집하지 말고 그 의미를 따져물어본다면, 현실적인 면과 이론적인 면 모두에서 심각한 문제점을 발견할 수 있을 것이다.

현실적인 측면의 문제점을 먼저 살펴보자. 우열을 가릴 수 없으니, 다른 사람의 일에 참견하는 것도, 다른 사람으로부터 참견을 당하는 것도 거부하게 된다. 이제 독자 여러분들 가운데에도 이쯤에서 눈치를 챌 정도의 혜안을 가진 분들이 많을 것이다. 그렇다! 상대주의는 소통을 통한 사회적 관계를 부인하고 개인들을 파편화시켜 버리는 고립적 사고이며, 궁극적으로는 절대주의 못지않은 폭력성을 내포할 수밖에 없다.

상대주의가 고립적 사고라는 데에는 더 이상의 설명이 필요 없을 것이다. 서로 참견하지 않고 참견 당하지 않는 삶보다 더 고립적인 삶이 어디 있겠는가? 하지만 교과서에서조차 관대함의 이론적 근거로 소개되는 상대주의가 폭력적이라는 말은 무슨 뜻인가?

설명은 간단하다. 서로의 의견과 주장이 상대적이라고 주장하는 사람들 사이에서 의견의 충돌이 일어난다면 대화는 불가능할 것이다. 대화의 목적은 보다 나은 대안을 찾는 것인데, 모든 것이 상대적이고 우열을 가릴 수 없다면 '더 나은 대안'의 가능성은 애초부터 차단되어 있는 것이다.

상대주의자에게 알맞은 생활 방식은 자신과 뜻이 맞는 사람들과만 모여 살거나 혹은 모든 인간관계를 끊고 살아가는 것이다. 그러나 다원적인 가치가 공존하는 현대 사회에서 이해관계의 충돌은 불가피하며, 대화와 소통을 거부하는 상대주의자의 입장에서는 그 충돌을 해결할 방법이 없다. 그가 자신과 자신의 이익을 지키고자 한다면, 그 방법은 결국 폭력적인 것밖에는 없다.

상대주의가 이런 문제점을 가질 수밖에 없는 근본적인 이유는 상대주의의 자체 모순적인 성격 때문이다. 이론적으로 볼 때 상대주의는 성립할 수 없다. 상대주의에서는 양립 불가능한 두 가지 주장을 내세우기 때문이다. 이것이 이른바 '상대주의의 역설'(paradox of relativism)이다.

상대주의자는 절대적 진리란 존재할 수 없으며, 모든 것은 상대적이고 주관적일 뿐이라고 주장한다. 모든 것이 상대적이라면 특정인의 판단이 다른 사람의 판단보다 우월하거나 열등할 수는 없다. 따라서 타인의 판단을 무시하고 자신의 판단을 강요해서는 안 된다. 이러한 상대주의자의 주장은 당연히 절대주의의 독단을 비판하고 경계하기 위한 것이다.

그러나 어떤 주장을 내세우는 사람은 자신의 판단이 상대방의 판단보다 우월하다고 말하고 있는 것과 같다. 특정 주장을 내세우면서, "내 주장은 고려할 가치가 없어"라고 말한다면 어불성설일 것이기 때문이다. 상대주의자는 "모든 판단은 주관적이고 상대적일 뿐이야. 따라서 절대주의자들의 주장을 받아들여서는 안 돼"라고 주장한다. 자신의 판단이 절대주의자의 그것보다 우월하다고 주장하는 셈이며, 이는 그의 첫번째 주장과 모순되는 것이다.

모든 것이 상대적임을 내세우려면 최소한 한 가지 절대적이고 객관적인 진리가 존재해야 한다. 모든 것은 상대적이라는 그 주장 말이다. 그러나 그 주장이 객관적이고 절대적인 진리라면 그 주장을 하는 사람의 말은 참일 수 없다. 결국 상대주의자는 모든 것이 상대적이라는 주장 자체를 포기하거나 혹은 침묵해야 한다.

좀더 쉬운 사례를 들어보기로 하자. 상대주의를 신봉하는 교사가 학생들에게 "모든 것은 주관적이고 상대적일 뿐입니다. 우열을 가릴 수 없으니 자신의 의견을 남에게 강요하지 마세요. 또한 남에게 배울 필요도 없으며, 남을 가르쳐서도 안 됩니다"라고 말한다면 그 말에는 아무 문제가 없겠는가?

그 교사는 두 가지 공격에 대해 무방비일 수밖에 없다. 학생 중 하나가 "그런데 선생님은 왜 우리를 가르치고 계신가요?"라고 묻는다면 그는 아무 대답을 할 수 없을 것이다. 뿐만 아니라 "당신은 거짓말쟁이입니다. 절대적인 진리는 분명히 존재합니다"라고 반발하는 제자에 대해서도 속수무책일 수밖에 없다. 자신의 주장이 그의 주장보다 우월하다고 말할 수는 없을 것이기 때문이다.

결국 현실적인 면에서든 이론적인 면에서든 상대주의는 성립할 수 없다. 그것은 절대주의의 반대편에 있는 또 다른 극단일 뿐이며, 변증법적 발전 과정에서 지양되어야만 한다. 절대주의가 데모크라토피아의 이념일 수 없는 것처럼, 상호간의 소통과 발전의 가능성을 완전히 차단해 버리는 상대주의도 데모크라토피아의 사상적 기초가 될 수 없다.

데모크라토피아의 사상적 기반은 그 두 가지의 변증법적 종합이어야 한다. 절대적인 진리의 존재를 적극적으로 내세우지도 않지만, 그렇다고 해서 그 가능성을 완전히 부인해 버려서도 안 된다. 역으로 상대주의자의 주장을 적극적으로 수용하지도 않지만, 그 가능성 또한 인정할 수 있다.

모든 것에 대한 가능성은 열려 있는 동시에, 모든 것은 언제나 의심과 따져묻기의 대상이 된다. 언제나, 그리고 모든 것에 의심을 품고 따져묻는 회의적(懷疑的)인 태도야말로 데모크라토피아의 이념적 초석이 될 수 있을 것이다.

따져묻는 태도에는 소통의 필요성에 대한 믿음이 전제되어 있다. 소통의 필요성을 부인한다면 따져묻는 것이 불필요할 뿐만 아니라 가능하지도 않을 것이기 때문이다. 여기에는 또한 보다 합리적이고 정합적인 쪽에 승복하겠다는 약속도 포함되어 있다. 그러나 승리한 쪽 또한 언제든 자신의 자리를 내어 줄 준비가 되어 있어야 한다.

어느 누구도 자신의 지리적, 사회적, 시대적 환경으로부터 자유로울 수는 없다. 따라서 모든 주장과 이론은 상대적인 패러다임에 불과하다. 그러나 인간은 다양한 패러다임을 비교하고 평가함으로써, 그리고 패러다임들 간의 변증법적 종합을 통해 보다 나은 새로운 패러다임을 만들어 냄으로써 시대의 요구에 부응한다.

현대인들이 이상향으로 여기는 민주사회, 복지국가도 또한 언젠가 극복되어야 할 하나의 패러다임에 불과할지 모른다. 그러나 데모크라토피아를 향한 여정은 여전히 진행형이며, 그것을 대체할 새로운 패러다임은 그 속에 담긴 인류의 열망을 보다 고차원적인 것으로 승화시킨 것이어야 한다. 보다 많은 사람이 보다 완벽한 자유를 누릴 수 있는 그런 사회로 말이다. 그러한 발전에 역행하려는 모든 독단적인 태도는 결단코 배척되어야 한다.

이 책은 그러한 노력의 작은 부분이다.

찾아보기